U0618757

数学技能与教学设计研究

秦自富 著

吉林科学技术出版社

图书在版编目（CIP）数据

数学技能与教学设计研究 ／ 秦自富著． -- 长春 ：
吉林科学技术出版社，2023.6
ISBN 978-7-5744-0670-4

Ⅰ．①数… Ⅱ．①秦… Ⅲ．①小学数学课－教学研究
Ⅳ．① G623.502

中国国家版本馆 CIP 数据核字（2023）第 136563 号

数学技能与教学设计研究

著		秦自富
出 版 人		宛　霞
责任编辑		孔彩虹
封面设计		树人教育
制　　版		树人教育
幅面尺寸		185mm×260mm
开　　本		16
字　　数		260 千字
印　　张		11.75
印　　数		1–1500 册
版　　次		2023年6月第1版
印　　次		2024年2月第1次印刷

出　　版　吉林科学技术出版社
发　　行　吉林科学技术出版社
地　　址　长春市福祉大路5788号
邮　　编　130118
发行部电话/传真　0431-81629529 81629530 81629531
　　　　　　　　　81629532 81629533 81629534
储运部电话　0431-86059116
编辑部电话　0431-81629518
印　　刷　三河市嵩川印刷有限公司

书　　号　ISBN 978-7-5744-0670-4
定　　价　75.00元

前　言

　　学校课程以促进儿童的成长与发展为宗旨，进行必要的文化组织与学习。不同课程的思想流派对于儿童所需要的"文化"及其组织方式有不同的考量。其中，活动课程就是一种课程形态，又被称为经验课程或经验学习、学生中心课程，其历史发展由来已久。活动课程是以围绕学生的发展需要和兴趣爱好为中心、以活动为组织方式的课程形态，与按照逻辑组织知识与概念的学科课程相对应。现代课程组织正呈现"生活"与"科学"从对立迈向统一的发展进程，这就意味着活动课程与学科课程并不是非此即彼，而是一种整合式超越关系。

　　本书包括小学数学教学的课前、课中与课后各个环节的主要技能，比如课前的教材分析技能、教学设计技能，课堂上的导入技能、讲解技能、提问技能等。本书不仅重视小学数学教学专项技能实训，还注重综合技能训练。每章中都穿插了一些典型教学案例，拉近理论与实践的距离，凸显小学数学学科特点，增强每项教学技能的针对性与实用性。

　　本书可作为小学教育专业的数学教学技能训练教材，也可作为一统教师教学参考用书、教研人员参考资料及小学数学教师在职培训教材。由于本书编写者的水平有限，书中疏漏或不当之处在所难免，欢迎广大读者批评指正。

目　录

第一章 小学数学教学技能的概论

第一节 小学数学教学技能的定义

在课堂教学过程中，教师为了促进学生的学习需要有意识地、有目的地表现出某些特殊的行为或做出一些特别动作，这种教师为了促进知识迁移而表现出的行为方式就是教学技能。

教学技能渗透教学过程的各个步骤和阶段，一般都具有外显的特点，即教师通过自己在课堂内的行为方式表现出来，并作用于学生，影响学生的学习行为，使学生的学习行为产生尽可能好的学习效果。"教学技能"的含义与"教学能力"在某些方面的确有相同和重叠。但"教学技能"的含义更具体、更确切，教学技能一般具有可描述、可观察、可操作、可迁移的特性。"教学能力"一词在使用过程中具有一定的模糊性，人们一般用这个词来形容一个教师的整体教学水平，包括一个人的先天素质、个性心理特征以及日常教学行为的有效程度等。

教学技能是每一个从事教师职业的人所必备的基本职业技能，这些技能是教学这一特殊过程对教师在课堂内进行有效活动的一种最基本的要求和规范。微格教学并不是要受训者将所掌握的教学技能移植于普通的课堂教学中，而是要使受训者通过练习形成一定的技能水平，能够将所掌握的技能融入教学过程中，使教学过程的每一个步骤、每一项活动，乃至每一个细节都具有教育意义，有助于教学的成功。

教学技能与教学艺术也属于两个不同的概念。我们可以运用类似于自然科学的方法对教学技能进行观察、分析和研究，或者可以运用类似于实验室的方法开发新的教学技能。艺术与技能密不可分。从事任何艺术活动的人都必须掌握相应的技能才能胜任。技能是艺术的基础和前提；艺术是技能的光大和升华。对教师而言亦如此，不具备一定的教学技能是绝对不可能使自己的教学具有艺术性的。

综上所述，教学技能就是通过练习而获得的，并能在实践中运用知识经验顺利完成任务的动作方式和智力活动方式。因此，小学数学的教学技能是以小学数学教学实施的主要过程为线索，围绕小学数学教学基础技能展开，结合小学具体案例系统阐述了不同教学角度的实施目标、实施要求和训练要点。

第二节　小学数学教学技能的分类

一、小学数学教学技能分类的意义

（一）有利于教师教学的行为诊断

教师课堂技能培训实践证明，教师的课堂教学技能的相关知识越多，改进或提高技能的可能性就越大，技能水平相对地就越高。小学数学课堂教学技能的分类，具有对教师教学行为进行诊断的功能，其是对教师的微观细节行为进行解析的一种工具。用它可以分析教师在教学中已经习惯了的特殊方式的行为倾向和教学弊端，从而对教师进行有计划的、系统的专门训练。

（二）有利于教师教学的行为调节与矫正

教师的课堂教学技能培训是以课堂教学为载体的。教学反馈是根据听课者在课堂上仔细观察和笔记，课后将观察到和笔记下的情况反馈给执教者。目前，我们用现代化的视听设备，按照教学技能的分类有针对性地将他们的教学行为摄录下来。执教者可以结合反馈信息，自我观察教学过程和分析自己的教学行为，然后再加工、重组、修改完善原来的方案，在多次修改和反复练习、实践的基础上，不断调节与矫正自己的教学行为，使受训教师的课堂教学技能水平得到迅速提高。

二、小学数学教学技能分类的原则与方法

（一）小学数学教学技能分类原则

（1）便于练习。对小学数学课堂教学技能进行分类的首要目的是帮助接受微格教学培训的人掌握这些技能。因此，检验技能分类的一个重要标准就是观察经过分类后的技能是否便于学习者练习。例如把提问技能分为提问次数、开放性提问、高层次提问、探询提问、提问措辞，这种分法主要是考虑提问技能是一个极其重要而复杂的技能，接受培训者，特别是没有任何教学经验的人，在大多数情况下都不可能经过一次综合性的提问练习就能掌握这个技能，而是需要分步骤、分项目来进行，一次只练习一个或两个子技能。

（2）便于研究。对任何事物的研究都是从分类开始的，然后在分类基础上进行对比、测量、分析、解释、归纳等。对教学的研究也不例外，只有先从微观角度对教学的细节和步骤进行观测和分析，才可能对整个教学过程有一个客观、准确、科学的把握。

（3）便于评估。将整个教学过程分解简化之后，指导教师更容易有针对性地对教

学效果进行评估，评估的意见要具体、确切，具有针对性。

（二）小学数学教学技能分类的方法

在通常情况下，人们是根据教师在教学过程中的行为方式来划分技能的。我们可以根据教师在课堂内的行为动作及其目的、表现方式和其他一些特征把它们确定为不同类型的技能群。在每个技能群里，为了培训方便，又分为若干个子技能。技能的分类具有一定的随机性，各技能之间在某些方面也存在交叉重叠的地方。但重要的是，在培训过程中通过对技能进行分类，能使接受培训者迅速、准确地识别、掌握这些技能，并把它们转化为课堂教学行为的有机组成部分。

第三节　小学数学教学技能的训练

小学课堂教学技能训练是根据小学数学课堂教学的需要，提高小学数学教师课堂教学技能水平的训练。课堂教学技能训练是教师继续教育的重要组成部分。教师继续教育功能包括内部功能和外部功能。内部功能是指其对人才成长起的作用和功效。教师继续教育的内部功能，一般具有三个方面的功能：①弥补智能结构的缺陷，弥补智能结构的薄弱环节；②智能的增新和改组，改善线性状的知识序列结构，提高教师的智能素质；③促进人的全面发展，把教师培养成"以一种全面的方式，简而言之，作为完整的人，占有自己的全面的本质"的人。我国的小学教师继续教育大体可分为以下类型。

第一，入门型。一般针对新教师和初级教师而言，旨在帮助他们掌握课堂教学技能，完善学科知识。

第二，补充型。在知识大爆炸时代，作为教师在职前所学的知识有一定的滞后性，同时部分教师的职前所学知识本身不够完善，也不够系统。"补充型"继续教育就是旨在帮助他们更新知识，拓宽知识面，掌握现代教学技术，以适应时代的发展。

第三，提高型。骨干教师和学科领头人的培训大多属于这一类型，主要目的是帮助他们提高知识层次及教育教研能力。继续教育的内部功能及继续教育的类型，从不同层面，使我们对小学数学课堂教学技能训练的含义有了一个较为深刻的理解。当代社会许多客观因素决定了无论是哪种类型的教师都要接受继续教育，都要接受课堂教学技能训练，以求迅速提高原有技能水平，适应社会发展的需要。

一、小学数学教学技能训练的特性

（一）小学数学教学技能训练的针对性

教师群体中因每个教师的个人素质、知识结构及技能水平等不尽相同，如优秀教师往往长中有短，合格教师强中有弱等，呈现多样化。由于课堂教学技能的分类对教师的培训具有诊断意义，可以分析出教师在长期的教学工作中已经习惯了的特殊方式的行为倾向和教学弊端，存在的问题，而且在培训方法上区别于传统的整齐划一的教师培训的呆板方式，采用灵活的"微格"法进行培训，而使得课堂教学的技能训练能够"因材施训"，更具有针对性。受训教师也能够根据自身教学中存在的问题及课堂教学技能的薄弱方面有选择地、有计划地进行个别化的、专门化的训练。

（二）小学数学教学技能训练的高效性

1.缩短教师成熟时间

根据以往经验，一个教师的成熟，都要经历以下三个阶段。

（1）羡慕阶段。在校内外听了老教师或名教师的课，产生羡慕的情绪，但是通过自己实践，又无法把握教学的内容。

（2）模仿阶段。模仿老教师、名教师的同类教案、教学方法。

（3）把握阶段。听了老教师、名教师的课，或看了教案，能悟出其中的道理，并能根据自己的教学实际灵活运用，或者提出自己的想法。

教师的这一成熟过程往往需要3～5年，甚至更长时间。事实上，羡慕阶段、模仿阶段往往是缺乏理论联系实际的表现，这是由理论的抽象性、普遍性同实际问题的具体性、特殊性之间构成的"障碍"。所以这两个阶段的摸索带有一定的盲目性、低效性。课堂教学技能的训练采用"微格"训练的方法，结合教与学中有关理论进行研究、讨论，在实践中学、在学中实践，可以缩短成熟的时间，加速在职教师课堂教学技能水平的提高。

2.缩短技能培训周期

课堂教学技能培训采用了微格培训方法，把复杂的教学系统进行分解，而使培训内容更具有针对性、专一性，避免了传统的整齐划一的培训方式，给教师带来的重复性培训，并将其节省的大量的时间、精力倾注在自己认为需要提高的技能训练上，有效缩短了教师技能训练的周期。

（三）小学数学教学技能训练的综合性

课堂教学技能训练具有高度的综合性。

（1）从课堂教学技能训练的过程分析，尽管各种教学技能各自独立，但都有其适用的范围。在技能训练过程中，需要多种教学技能的有效组合、相互渗透、相互作用。例如"导入技能"训练，在训练中，重点研究导入方式、新旧知识的联系、情境的创设等问题。但是导入过程中必然用到语言技能，还可能用到提问技能、板书技能、演示技能等，只是对这些技能不列入重点考虑的范围内，只重点考虑导入技能的有关问题。可见没有各种技能综合应用，训练是难以奏效的。

（2）从受训教师自身素质分析，课堂教学技能训练具体表现为：头、手、口三个方面的功能，即课堂教学的技能训练不仅与教师的头脑思维紧密相连，而且与教师的手和口难以分离。头是指教师道德、知识和思维等方面的修养和智力技能；手是指教师的操作技能，如三笔字的书写，教具的制作与演示，计算机的操作等技能；口是指教师口语表达的技能。头、手、口三个方面的功能都直接影响着课堂技能训练的总体水平。

（四）小学数学教学技能训练的创新性

1. 创新训练方法

课堂教学技能的训练，主要采用"微格教学"的方法。传统的培训方法，主要是通过老教师、骨干教师、名教师的言传身教，这种言传身教的方法固然重要，但传统培训方法的粗放性和身教的随意性，使受训教师很难把握复杂的教学过程中的细节。而微格教学这种在教育学和心理学理论指导下，以现代视听设备为手段，以系统的课堂教学分类为内容的教学实践系统，不再需要受训教师主要靠心领神会，而主要是通过不断学习，反复地实践，认真地分析、研究，不断地改进来进行。

微格教学把传统的以理论灌输为特点的教师培训，改变为以技能训练为主的教师培训。但是，这种训练没有脱离理论指导。受训教师在接受每一项教学技能训练之前，都要学习相关理论，在训练之中也都有教育专家、专职教师的理论指导，使得教学技能的训练与教学理论有机结合。微格教学把传统的以脑记笔录为主要依据的信息反馈，变成以摄像、放像为主要手段的信息反馈，为技能评价提供了真实而全面的反馈信息。有了这种反馈信息就可以非常客观、准确地评价，并且被评价者可以从录像中看到自己教学的全过程，就像其他人一样参与对自己的评价，使评价更为有效。

在此基础上，被评价者可以提出更佳的改进措施，以调节、矫正自己的教学行为，迅速掌握教学技能。微格教学克服了传统教师培训的粗放性、随意性。受训教师在培训中的被动性，充分体现了微格教学在教学技能训练中的针对性、专一性、主动性、参与性，更显现出了创新性。

2. 创新教学技能

教师教学技能训练的过程，是一个受训教师通过多次地对自己的教学行为进行分析、比较、研究、重组、修改、完善，进而提高教学技能水平的过程，同时也是一个创新过程。当受训教师的技能达到一定程度时，就会自觉地对自己的教学行为进行研究、改进、完善，丰富技能的应用，使得自己原有的教学技能得以发展，并创出新的教学技能。

（五）小学数学教学技能训练的实践性

课堂教学能从运用教学语言技能到板书、板画、绘画技能，从教学设计技能、教学研究技能到运用教学媒体技能，均不是理论的讲授所能使受训教师掌握与提高，都必须通过练习、实践得来。例如，学习计算机，指导教师讲键盘键位、指法等仅仅占据课堂的一小部分，但是学生自己上机操作，要达到每分钟输入 80 个汉字的中等水平是较难的。

因此，课堂教学技能的训练具有实践性特点。

二、小学数学教学技能训练的作用

（一）提高小学数学教师的综合素质

只有运用经过"改造"的课堂教学技能体系才能训练出综合素质较高的教师，以适应当代社会教育发展的要求。面对知识经济的严峻挑战，我国学校教育由传统教育向现代化教育过渡中，教师队伍也面临一个职业技能的换型期。教师职业技能换型指的是教师主动地不断地改变自己的职业技能，以适应变化了的职业活动结构的需要。而教师的课堂教学技能训练是帮助教师进行职业技能换型，提高教师综合素质最有效的途径。通过课堂教学技能训练，既要使教师具有高水平的教学技能，使受训教师从经验型教师变成科研型教师，以适应新时代发展新教育的新任务、新内容、新要求、新标准，还要使教师具有高水平的"运用教学媒体技能"，使受训者学习掌握不断出现的新的教学设备、新技术，以适应新时代新的职业环境和新的工作方式。

（二）提升小学数学课堂教学质量

教师要想卓有成效地进行教学，就必须提高自己的课堂教学技能水平，这是提高课堂教学质量的关键所在。高质量教学的获得，通常有两种模式可循：一是教学的高效率轻负担→高质量；二是教学的低效率重负担→高质量（高分数）。第一种模式是靠教师良好的素质来实现高效率的教学，而相应地使学生的课业负担减到低点，是一种正性机制，良性循环。第二种模式靠的是教师增加课时，加班加点、拼体力、打消耗战、课内损失课外补等加重学生课业负担的做法，是一种负性机制，恶性循环。虽然这种模式也可以提高学生的分数，但很难实现学生素质的全面提高。

以上两种模式说明了高质量不一定都是靠高效率取得的。教学的高效率关键在于教师教学技能的水平，任何一种高效率的教学都离不开教师的教学技能。教师的课堂教学技能可以带来课堂教学的高效率、高质量。因此，课堂教学技能训练有利于课堂教学质量的提高。

（三）促进小学数学的全面发展

教学是动态因素之间多边互动的活动。教师善教，学生才能愿学，才能学好，才能全面发展。这里的"善教"，就是善于运用课堂教学技能进行教学。通过教师在教学中恰当、灵活地运用课堂教学技能所发出的教学信息，引发学生的心灵震动，使学生的情感和意识动力始终处于自觉、主动的最佳心理状态，使教与学的心理始终保持同步，充分调动学生参与的积极性。

例如：设置悬念——能引起学生一种结局未知的认知冲突，并随着知识的发展把学生关心的问题逐步深入。设置疑点——引发学生的心理矛盾，推动思维发展，因为疑问产生心理上的不平衡，结果探求知识的欲望更强烈。设置情境——通过创设与教学相关情境，激发学生的学习兴趣，引发思考。通过对情境的体验，调动学生已有知识和能力，自我探索，由寻求知识的旁观者转化为直接参与者，变被动接受为主动获取，使学生对知识的理解力、想象力和创造力得以发展。设置开放题——所谓开放题，就是答案不唯一或多种解题方法的数学问题。设置开放题是一种提高解决问题能力的训练，在训练中激发每个学生的好奇心，不断地去探索，培养学生利用自身能力和已有的数学知识解决实际问题的能力，并在解决问题过程中培养学生的创新意识及创新能力。

第二章　小学数学教学技能中的微格教学

第一节　小学数学微格教学的理论分析

一、小学数学中微格教学的本质含义

微格教学是师范生和在职教师掌握课堂教学技能的一种培训方法，英文为Microteaching，意思为微型化教学，又被称为"微观教学""微型教学""小型教学""微化教学""录像反馈教学"等。微格教学是一种缩小了的可控制的教学环境，使准备成为或已经是教师的人有可能集中掌握某一特定的教学技能和教学内容。微格教学是一种方法和工具的结合，特别适用于师资培训。所谓方法，就是把教育活动分解为一系列的行为技能，并对它们加以辨认、观察、尝试和掌握。所谓工具，就是运用录像技术，使人们对习得的技能进行深入研究，并使人们得以自我观察。对于教师而言，它是必不可少的最佳的反馈工具。

小学数学微格教学就是将复杂的教学过程分解成许多容易掌握的具体单一的技能，并对每一个技能提出训练目标，在较短的时间内对师范生或者在职教师进行反复训练，从而建立教学技能的培训模式。实际上，微格教学就是一种通过"讲课—观摩—分析—评价"的方法，用录像机、录音装置和实验室式的教学练习，使师范生及在职教师的各种教学行为的训练变成可以被观察、分析和评价的，对所需要掌握的知识和技能进行有选择的模拟。

微格教学可以使师范生和教师有可能集中解决某一特定的教学行为，或者在有控制的条件下进行学习。因此，自微格教学创立以来，许多国家的师范教育工作者进行了许多次的对比实验，证实了微格教学的培训效果和效率均优于传统的方法。

二、小学数学中微格教学的特点与意义

微格教学，从某种意义上说是指受训者处于缩小的、集中的训练状态。在微格教学

中的"缩小"就是对班级人数、教学时间、教学内容的减缩。"集中"则是指教学任务每次将注意力集中于一项特定的教学技能，它不仅应用于师范院校对职前师范生进行实习前的教学技能训练，而且也适应于在职教师的岗位培训。

（一）小学数学中微格教学的特点

微格教学之所以受到重视，并被广泛地应用，主要是由于它具有以下特点。

（1）理论联系实际。从事教育工作，必须以教育科学理论为指导。教育学、心理学、系统论、信息论、控制论均为微格教学及实践活动提供了理论指导。教育学对微格教学的理论指导体现在现代教育思想、教育原则以及教育评价等诸多方面；从心理学角度看，技能分为心智技能和动作技能，而微格教学的目标主要是培训教师的职业技能，在培训过程中，同样也包含这两个方面。系统论、信息论、控制论是横跨多学科的综合性科学，"三论"的基本原理和思维方法对微格教学具有重大的指导作用。在微格教学中的示范、备课、写教案、角色扮演、反馈和讨论等一系列活动，使上述的教育教学理论得到了具体贯彻和体现。

（2）训练内容单一，目的明确。在微格教学中，训练的内容被分解为多个项目技能，每次课只训练一种技能或某一种类型。训练的目的可以制订得更加明确具体。例如：结束技能的训练。一堂课的结束技能有七种常见类型：①归纳总结结束；②练习巩固结束；③扩展结束；④迁移结束；⑤延伸结束；⑥游戏结束；⑦演示结束。训练中，我们可以针对其中的一种技能进行训练，这样便于观察、讨论，反复训练，就容易达到真正掌握这种技能的目的的。

（3）上课时间短，重点突出。微格教学每次实践过程的时间很短，一般只有 5～10 分钟，被培训者在短的时间内练习某项教学技能，如提问技能或演示技能，这样，突出了重点，他们可以把精力集中放在重点上，还可以通过反馈对各自的表现做细致的观察，进行深入的讨论和研究。由于微格教学不受教学进度、教学内容的限制，也不受堂课时间的限制，因而不会影响正常教学。

（4）参加的人数少，反馈及时。实施微格教学时，学生角色不以大班为对象，一般只有 10 名左右的学生，而且学生可以频繁地调换，这样机动灵活会使讨论、评价更加深入，另外，当一节微型课结束后，指导教师和这 10 名左右的学生可以及时交流，让学生进行自我分析和互相分析，从中找出教学中存在的优点和不足。

（5）运用视听设备进行自我教育。在许多情况下，人们自己认识到的不足之处是最容易得到纠正的。微格教学借助现代视听设备记录课堂互动细节，使被培训者获得自己教学行为的直接反馈，并且可以运用放慢速度、定格等手段在课后进行反复推敲、自我分析和再次实践，进行自我教育。现代视听设备的使用，使师资培训的方法从师徒学艺的经验型转变成有目的地进行某一技能培训的科学型。

（6）评价技术科学合理有利于创新。传统训练中的评价主要是凭经验和印象，带有很大的主观性。而微格教学中的评价，因为评价内容比较具体、参与评价者的范围广、评价方法比较合理、可操作性强，所以评价比较科学合理。而在讨论过程中，被训练者可以根据大家的意见，不断完善自己的方案，甚至对同一技能的使用可以提出不同的方案，这样，被训练者通过对教案及其实践的讨论和改进，逐步加深对某一技能的掌握。

（7）心理负担小。在微格教学中，师范生或在职教师不会有太重的心理负担。因为微格教学上课持续的时间短，教学内容少，而且班级人数不多，所以可以把受培训者的紧张感与焦虑感减少到比较低的程度。

另外，微格教学的环境是特殊安排的，是在一定控制条件下进行实践活动，避免了学生的干扰，因而也减轻了被培训者的心理压力，这种训练为培训者将来的教育学习奠定了基础，为在职教师教学水平的提高创造了条件。微格教学激发了教师和师范生参加培训的热情，使教学技能培训工作既落到了实处，又做到了理论与实践结合，促进了教师和师范生教学技能的提高及培训方法的改革。

（二）小学数学中微格教学的意义

微格教学改变了传统的教学观念，是一种培训师范生和在职教师教学基本功的行之有效的方法。它便于师范生掌握和学习较复杂的学业，便于在职教师进一步掌握教学基本功，驾驭课堂教学，提高自己的教学水平。同时，对教师培训方法的改革也具有重要的意义。

1. 对师资培训的意义

教师作为一种专门的职业，与其他职业一样，需要进行专门培训。从微格教学特点来看，它易于受培训者接受。微格教学是针对提高教师素质而开展的一种培训师资模式。它具有理论联系实际、训练内容单一、目的明确、参加人数少、反馈及时、上课时间短、重点突出、运用视听设备进行自我教育评价、科学合理有利于创新、心理负担小等特征，受培训者容易接受。同时，能使受培训者在训练某一技能时，集中大家的意见，做最大限度的发挥，完善某一技能。

从微格教学过程来看，它有利于创造和谐的条件。微格教学培训是在微型课堂中进行的角色扮演，其过程是在事前以微格教学理论进行学习和研究，确定培训技能后，又在观看了教学示范录像的基础上，编写教案，然后进行微格教学实践。在教学实践的过程中运用现代化手段准确记录教学实况，再经过重放录像、自我分析和讨论评价后，对教案进行修改。如果微格教学实践中存在的问题较多，还可以反复实践，以达到最佳效果。这些过程均为受培训者提供了和谐的氛围和条件。

从继续教育宗旨来看，微格教学也符合我国当前教育教学和教师的实际。继续教育指的是对取得合格学历的在职教师以提高政治思想、师德修养、教育理论水平和教育教学能力为主要目标的培训。在我国，对进入工作岗位后的新教师用微格教学方法加以培训，会使他们很快就能成为合格教师。

另外，对一些有多年教龄、教学经验比较丰富的老教师，也可以通过微格教学使他们更新知识和改进教学方法。由此可见，微格教学适应我国教育发展的实际。总而言之，通过微格教学培训在职教师和师范生，可以完善和丰富培训内容，使培训方法趋向科学合理，在培训中做到理论学习与技能训练相结合，真实反馈与有效调控相结合。

2. 对更新教学观念的意义

课堂教学观念是人们对教学的看法，是人类对教学长期观察和思考的结果，这些观念对今天的教学仍具有影响。但是，随着社会的不断发展，人类对教学的看法也会随之改变。

从系统观点出发，课堂教学是由多种要素构成的一个系统活动的过程，各要素之间相互联系、相互作用，显示了教学过程的规律性和复杂性。因而，我们把教学既看作一门科学，又看成一门艺术，要改进教学，对教学进行系统研究，就要把教学分成若干部分进行研究和解决，然后再把各部分综合起来整体考虑。

随着现代科学技术的发展和微格教学的实施，对课堂教学进行科学的分析已经成为现实。例如对视听记录进行定格分析、师生相互作用分析等，都为课堂教学的研究提供了可靠保证。总而言之，微格教学在师范生的培训、在职教师的提高和总结经验及课堂教师研究方面均有不可忽视的意义。

第二节　小学数学微格教学的训练模式

微格教学技能训练是在学习理论、传播理论、系统科学理论的指导下，运用现代教学技术的视听手段进行的基本教学技能训练，是理论联系实际的实践活动，其主要特征是把教师的教学行为分解为各种教学技能，分别加以训练，综合起来进行实践，形成整体课堂教学系统。微格教学的培训对象从师范生发展到在职教师及许多其他行业的从业人员，应用地域也已发展到世界各国。微格教学在发展应用过程中，实践者结合了本国国情，融入了各种教育观念和思想，由此产生了多种模式。

微格教学自 20 世纪 80 年代中期引入我国后，进行了积极的研究和实践，并进行了广泛的交流。起初研究和实践主要集中在吸收借鉴国外微格教学的做法，并在实践中移植到自己的微格教学中。随着研究的深入，各地院校也提出了一些共同关心的问题，如微格教学与传统教法之间的区别及微格教学中的科学方法论问题，教学技能中的教育学、心理学理论基础的问题，适合我国国情的教学技能分类的问题，微格教学的技能训练与完整课教学能力之间的关系问题等。这些问题实际上与国外微格教学所提出的问题是类似的，反映出微格教学中的共性问题。

各地教育工作者在应用微格教学时，都结合了本地区本学校的实际情况，对微格教学的基本模式有所变通和发展，使之成为发展我国师资培训教育的有效方式。例如，在学校内推行的"微格教研"活动就是微格教学的一种变通模式，该模式采用了微格教学的合理内核，提取微格教学流程中的重要环节，采取摄录像方式，供教研组在教研活动时进行局部的定格研讨。这样，既学习了有关理论，也探讨了具体操作方法，从而获得了完整的认识，提高了教师的整体能力和素质。

微格教研的基本结构如下：先进行在特定课题理论指导下的实际教学的现场观摩与实况录像；再重放录像，观摩录像，进行自我反思与直观再现式同步研讨；然后进行理性总结、理论升华；最后还要将理论运用到教学实践中去予以检验、拓展。在一所学校的各个教研组中，推行微格教研活动，将教学技能研究的要求与教研组活动结合，首先是营造了研究气氛。传统的教研组活动，由于教师担任不同年级的课，共同话题较少，在教研组中进行微格教研活动，则形成了浓浓的研究气氛。其次，运用了微格教研方法，为教研组活动定位于教法、学法研究。录像的形象性和再现功能，使教研活动丰富生动。随着资料的积累，更便于做纵向及横向的比较研究。微格教研活动对于经验不足的青年教师是有实际意义的，对于有经验的老教师，也可自我提炼、概括总结教学特点，互相交流，共同提高，起到精化教学的作用。

第三节　小学数学教学技能微格教学的实施

微格教学训练是一项细致的工作，要有效提高教师的教学技能，关键是要紧紧抓好微格教学全过程所包含的理论学习、示范观摩、编写教案、角色扮演、反馈评价和修改教案等环节，这些环节环环相扣，联系密切，削弱其中任何一个环节，都会影响培训的效果。

一、小学数学微格教学的知识学习与辅导

在微格教学实践和发展过程中，融入了许多新的教育观念、教育思想和方法，如布鲁姆的"教育目标分类学"及"掌握学习法"、弗朗德的"师生相互作用分析"理论。微格教学培训是一种全新的实践活动，也有其深刻的理论基础，因此，学习和研究新的教学理论是十分必要的。理论辅导的内容包括微格教学的概念、微格教学的目的和作用、学科教学论、各项教学技能理论。理论研究和辅导阶段要确定好教学的组织形式。通常在学习教学理论时，导师以班级为单位做启发报告，讨论和实践则以小组为单位。小组成员6人左右，最好是同一层次的教师或师范生。指导教师要启发小组成员尽快相互了解，

对所研讨的问题有共同语言，互相成为"好朋友"。

二、小学数学微格教学的教学技能分析

微格教学的研究方法就是将复杂的教学过程细分为单一的技能，再逐项培训。导师可以根据培训对象的不同层次和需要，有针对性地选定几项技能。一般而言，对于师范生和青年教师经过微格教学实践可以及早掌握教态、语言、板书等方面的基本技能；对于有一定教学经验的教师，可以通过微格教学实践，深入探讨较深层次的技能，有利于总结经验、互相交流、共同提高教学能力，以达到提高教师整体素质的目的。在技能分析和示范阶段，导师要做启发性报告，分析各项技能的定义、作用、实施类型、方法及运用要领、注意点等，同时将事先编制好的示范录像给学员观看。

三、小学数学微格教学的观摩与学习

针对各项教学技能，提供相关的课堂教学片段，组织学生进行示范观摩。观看录像后经过小组成员讨论分析，达成共识。这样，学员不仅获得了理论知识，也有了初步感知。

（一）观摩微格教学的示范录像

（1）教学示范录像片段的选择。在选择示范录像时要遵循两条原则：一是水平要高；二是针对性要强。示范的水平越高，学员的起点就越高；针对性越强，该技能的展现就越具体、越典型。

（2）提出观摩教学示范录像片段的要求。在观看示范录像片段时，指导教师要先提出具体要求，明确目标，突出重点，边观看边提问。提示时要画龙点睛，简明扼要，不可频繁，以免影响学员观看和思考。

（二）组织学习、讨论与模仿

（1）谈学习体会。各自谈观后感：哪些方面值得学习；对照录像，检查自己的教学与其存在哪些差距。师范生注重前者，在职教师注重后者。

（2）集体讨论。重点交换各自的意见，在要学习的方面达成共识。指导教师也要参加讨论，重点指导。

（3）要点模仿。示范的目的是使受训者进行模仿。许多复杂的社会型行为往往都能通过模仿而获得。实际上，受训者在观看录像时，就已渗透着模仿的意义，这里的模仿，主要是在指导教师指导下进行重点模仿。另外，指导教师的亲自示范或提供反面示范，对学员理解教学技能也会起到重要的作用。

四、小学数学微格教学的指导备课

（一）组织学员钻研教学技能

（1）充分备课，熟悉教材。熟悉教材是至关重要的，如果对教材理解不透彻不深入，甚至出现片面性或错误，就无法掌握教学技能。

（2）根据指定教材，针对某项教学技能进行钻研。在熟悉教材的基础上，重点应该考虑教学技能的运用。要正确运用教学技能，对该教学技能的钻研是先决条件，指导教师要正确引导学习者钻研教学技能的理论，联系教材，把理论用于实践。

（二）指导学员进行备课

（1）在钻研指定教材和该项教学技能的基础上，编写出教案。

（2）在指导教师的指导下，交流备课情况，学习他人的优点。

（3）对在职教师和师范生要求有别。熟悉教材，理解教材，钻研教材，并结合教学技能备课，对在职教师而言，问题较小；但对在校的师范生而言，则是一个比较大的问题。师范生应先接受教学基本理论和教材分析的培训。指导教师在给他们指定教材时，还要对教材进行适当的分析，以帮助师范生正确理解教材，从而结合教学技能的运用进行备课。

五、小学数学微格教学的角色扮演

角色扮演是微格教学的中心环节，是受训者训练教学技能的具体教学实践活动，在活动中每个受训者都要扮演一个角色，进行模拟教学。它改变了传统的教师讲、学生听的教学模式，给受训者以充分的实践机会，从而使师资培训工作上了一个新台阶。角色扮演的要求主要有两个方面：一方面扮演"教师"者要按照自己的备课计划，在有控制的条件下，训练教学技能；另一方面扮演"学生"者要充分表现学生的特点，自觉进入特定情境。

培养教学技能，必须通过真实的练习与训练，否则就难以形成技能。微格教学中的角色扮演，给学生提供了上讲台的机会，使他们能把备课时的设想和对单项技能的理解通过自己的实践表现出来，同时进行录像。师范生由原来的被动听课者变为教学活动的参与者，充分发挥了学生的主体作用，体现了微格教学的优势。在微格教学实习室内，应有教师、学生和摄像人员。教师由接受培训的学员轮流担任，学生也由学员扮演。每节微格教学课的时间控制在 10 分钟左右。为了使"角色扮演"的效果更佳，微格教学实践应该注意以下四点。

第一，在角色扮演前，指导教师要向师范生说明有关角色扮演的规定。

第二，除了执教者和学生以外，减少模拟课堂上其他无关人员，这样当执教者面对摄像镜头时，能减少紧张情绪。

第三，扮演"教师"者要把自己当成一个"纯粹"的教师，要把自己置身课堂教学的真实情境之中，一切按照备课计划有控制地进行教学实践活动，训练教学技能。

第四，扮演"学生"者要充分表现学生的特点，自觉进入特定情境。有时也可以让学员扮演一位常答错题的学生，以培训执教者的应变能力。"学生"最好是执教者平时的好朋友，这样初登讲台的执教者能获得一种安全感。

六、小学数学微格教学的反馈评议

反馈评议阶段，先由执教者将自己的设计目标、主要教学技能和方法、教学过程等向小组成员进行介绍，然后播放微格录像，全组成员和导师共同观摩。观看录像后进行评议，可以由执教者本人先分析自己观看后的体会，检查事先设计的目标是否达到，以及自我感觉如何；再由全组成员根据每一项具体的课堂教学技能要求进行评议。评议过程由以下环节构成。

第一，学员自评。①照镜子，找差距。由教师角色扮演者分析技能应用的方式和效果，看是否达到了预期目标。②列出优、缺点，肯定成绩，找出不足之处。

第二，组织讨论、集体评议。①评议时应以技能理论为指导，分析优缺点，进行定性评价；②根据量化评价表给出成绩，进行量化评价；③提出建设性意见，提出如何做可能会更好；④指导教师要注意引导，营造一种学术讨论的氛围。

第三，指导教师评议。学习者对指导教师的评价是十分重视的，指导教师的意见举足轻重。因此，指导教师的评价应尽量客观、全面、准确。对于扮演者的成绩和优点要讲足，缺点和不足要讲准、讲主要的。要注意保护学习者的自尊心和积极性，要以讨论者的身份出现，讨论"应该怎样做和怎样做更好"，这样效果会更好些。

七、小学数学微格教学的教案与训练

第一，学员修改教案。根据本人录像，参考技能示范录像和技能理论，对照评议结果，针对不足之处，由学员自己修改教案。

第二，进行重教。根据评议情况，学员进行第二次实践，重复上述过程。

第三，再循环或总结。是否再循环，可以根据培训对象的具体情况及课时安排而定。当然，在课堂教学过程中，各项技能是交织在一起的，任何单项的教学技能都不会单独存在。如培训导入技能，重点研究导入的方式、新旧知识的联系、情境的创设等问题。但导入过程必然用到语言技能，还可能用到提问、板书、演示等技能，只是暂不考虑这些技能，只重点考虑导入技能的应用情况。

因此，当各项教学技能都经过训练并达到一定水平以后，指导教师应安排学习者进行各项技能的综合训练，也只有对教学技能进行综合训练，才可能最终形成教学能力。

第三章　小学数学教学的多元技能

第一节　教材分析与语言技能

一、小学数学教学的教材分析技能

（一）分析教材的编排体系

小学数学教材的内容体系是以数与代数领域的教学内容为主线，将图形与几何、统计与概率、综合与实践等领域的教学内容有机结合起来编排。因此，分析教材的编排体系，教师还必须要有较好的数学知识背景，要能在一定高度下整体把握小学数学知识的逻辑结构，才能进一步分析厘清教材的编排体系。

1. 深刻理解教学内容的数学本质

小学数学教学内容的核心是数学知识，这就要求教师必须很好地把握教学内容的数学本质、设计符合数学本身发生发展规律而又切合学生学习特点的教学过程，使教师教得轻松，学生学得轻松。要很好地把握教学内容的数学本质，教师必须具备与之相关的深厚的数学学科知识——不仅要理解该知识在学科逻辑体系中的地位和作用，把握与前后知识之间的联系，还要了解该知识发生发展的历史过程，更好地理解我们所教的知识，为设计与实施自然流畅、清晰易懂的教学奠定扎实的基础。

理解教学内容的数学本质需要有高观点，要善于运用自身良好的数学学科功底分析所教的教学内容。例如，根据有理数域的概念——全体有理数，如果满足加法和乘法的结合律和交换律，乘法对加法满足分配律，那么方程总有解。换言之，在有理数范围内，所有的有理数运算——加减乘除——都可以无限制进行，绝不会超出这个范围，这样一个数的集合叫做一个域，有理数域是最小的数域。

理解教学内容的数学本质需要有"大视野"，尤其是知识发生发展的历史视角。学习数学的唯一正确方法是实行"再创造"，也就是由学生本人把要学的东西自己去发现或创造出来；教师的任务是引导和帮助学生进行这种再创造的工作，而不是把现成的知识灌输给学生。数学发展的历程也应在个人身上重现，这才符合人的认识规律。

2. 全面梳理基于学理的编排体系

不同的教材其编排体系是不尽相同的，但其学理基础是相同的——教材的内容安排整体上都遵循了从简单到复杂、从具体到抽象的顺序，强调学生的主动建构，体现了知识的逻辑结构与学生认知结构的统一性，但具体的知识关联方式、学习序列安排又不尽相同，体现出某种过程的假设性。即假如学生已经具有了某种知识经验和学习能力，那么，进一步的知识建构将具有怎样的潜在可能性，对可能性的不同选择导致了知识关联方式和学习结构序列的多样性。

分析教材的编排体系和知识之间的内在联系，可以从整体上把握各类知识在小学数学教材中的分布，认清各类知识的来龙去脉与纵横联系，以及它们在整个小学数学教材中的地位和作用。对同一类知识而言，又可以充分认识到所要教的那部分内容，其知识基础有哪些，为哪些后续知识的学习做铺垫等。掌握小学数学教材的编排体系和内在联系后，再着手对所教的一册教材、一单元教材或一课时教材进行深入具体的分析研究，认真研究教材的重点、难点，以有效地为课堂教学服务。

通过列表来梳理教材的编排体系，以教材所在年级为横栏，列出相应的知识点，分析编排的学理基础。例如，教材通常把"分数的认识"分成两段来教，究其原因，小数的学习要比分数容易，这主要是由于小数的计数原理与整数具有高度的一致性。而且，学生关于小数的生活经验也相对丰富，而分数的学习相对比较抽象，学生的经验也不如小数来得丰富，但由于小数是十进分数的特殊形式，作为认识小数的基本工具又需要先学一点分数，因此，教材就先安排"分数的初步认识"，为稍后学习"小数的意义"做准备，待系统学完小数后再安排分数的系统学习。

（二）分析教材的重点难点

所谓的综合解读，就是要综合教材的知识结构和学生的年龄特点、认知规律，确定教材的重点和难点，为进行教学设计和教学实施奠定基础。按理说，确定教材的重点难点应该只跟教材本身有关，这是因为教材编写本身就考虑了学生的年龄特点和认知规律，并不是一个纯粹用演绎方法构造起来的系统。

教材的重点是指一个数学体系、一个单元或者一个课时中起关键作用的概念、原理、方法或理论体系，知识是以此为中心逐层展开的（越靠近中心越重要）。同时，如果不学好这些知识，进一步的学习或应用将难以为继。例如"同分母分数加减法"的教学重点是同分母分数加减法的算理和算法，如果不学好这一知识，"异分母分数的加减法"的算理和算法的学习就无法进行讲解。小学数学教材中，部分内容比较抽象，不易被学生理解；部分内容纵横交错，比较复杂；部分内容本质属性比较隐蔽；也有的内容体现了新的观点和新的方法，在新旧知识的衔接上呈现了较大的坡度；还有些内容相互干扰，易混、易错，这种教师难教，学生难学、难懂、难掌握的内容以及学生学习中容易产生混淆和错误的内容，通常称之为教材的难点。

教材的重难点，通常也是教学的重难点。不同在于，教材的重难点是源于学理分析，是教材编者预设好的，教学的重难点可能随着学生的实际情况的变化而有所变化。例如，学生已经通过另外途径学到了圆面积的计算公式，基本的利用公式计算也已经不是问题，面对这样的情况，尽管教学的难点可能还在于面积公式推导，但教学重点必须要有所调整。在小学数学教材中，教学难点通常包含在教学重点之中。

1.结合知识结构分析教材的重点难点

教材的重难点通常跟教材的知识结构有关，因此，要弄清教材的重点和难点，必须要厘清教材的知识结构，厘清教材的知识结构分为三步：一是小学数学的相关知识体系（如有可能，整合初中、高中知识体系更好）；二是单元知识体系；三是课时知识体系。

教材的重点难点还会因我们对知识本质理解的不同以及随之而来的目标定位的变化而产生变化。例如，在"长方体和正方体的认识"一课，教学的重点是长方体、正方体的特征，难点是长方体的面、棱特征。相关的知识点如下：由六个长方形围成的立体图形是长方体。长方体有6个面，每个面都是长方形，相对的2个面完全相同；长方体有12条棱，相对的4条棱长度相等，分三组；长方体有8个顶点。由六个正方形围成的立体图形是正方体。正方体有6个面，每个面都是正方形，这些面完全相同；正方体有12条棱，长度都相等；正方体有8个顶点。这些知识点是相互孤立不联系的。从这样的视角看待长方体的特征，知识之间是相互联系的，从这样的视角看教材，教材重点仍是长方体的特征，难点就是认识知识之间的联系。如果教材很好地安排了难点的梯度，学生学习还有困难的话，那就要从学生的角度考虑了。

2.结合认知规律分析教材的重点难点

教学材料的编写必然要符合学生的认知规律。从认知规律分析教材的重点难点（尤其是难点）是一个正确的视角。

抽象是数学学科的特质之一，认识抽象的数学对象必定会成为教材的难点。"从具体到抽象"是众所周知的认识规律，关键是要找到数学抽象的具体对应物。例如，在"线段、直线和射线"教学中，教材安排学生过书本上标定的两点画直线，试图通过学生的操作活动得出"过两点只能画一条直线"的结论，但是由于书本上标的点有大小，学生用笔的笔尖有粗细，有可能画出多条直线，因此"过两点只能画一条直线"并不是一个容易得到的结论，不是简单的画图操作所能解决问题，这显然是这一课教学的难点。

导致这一困难的原因是点、线之间的关系不清。"点动成线"是破解这一难点的可行途径，可以分为三步：①为学生演示点的运动，让学生画下点所经过的路线，让学生明确这就是点动成线。②让学生明确我们可以将具体的物体看成点，运动后形成线。如人的走动路线、球的滚动路线、汽车的行驶路线、地球的公转路线等，不论物体的大小，只要我们把它看成点，那么它运动经过的路线不论粗细宽窄都看成线。③将铅笔的笔尖看成一个点，点动也形成线。然后利用点、线之间的关系进行感悟：在纸上点一个点（注意不能涂），再点一个点，借助直尺过这两点画直线，从而得到"过两点只能画一条直线"的结论。

数学知识是一个用演绎的方法组织而成的体系，因而知识之间具有联系的广泛性，这种广泛的联系为我们学习理解知识提供了多样视角，有利于我们深刻地把握知识本质，但过于复杂的相互关系也导致认识上出现困难。

（三）分析教材的教学思路

教材除了呈现所需教学的数学知识之外，还需要对教学过程进行一定的预设，便于教师更好地理解教材意图。分析教材的教学思路需要做三件事：一是进行教学策略分析，把握教学的基本思路；二是进行教学环节分析，把握教学的基本流程；三是进行教学活动分析，对教学进行操作展开。

1. 把握教学的思路

针对不同的教学内容，教材往往会根据内容的性质、难度和师生的教、学水平采用不同的教学策略。解读教材的教学过程预设首先要弄清所采用的基本教学策略，在小学数学教材中，常见的教学策略包括基于意义接受学习的教学策略（奥苏泊尔）、基于发现学习的教学策略（布鲁纳）、基于再创造和再发现学习的教学策略（弗赖登塔尔）。

基于意义接受学习的教学有利于准确、高效地传递知识；基于发现学习的教学反映了已有的人类文化被主体发现并主动内化的过程；基于再创造学习的教学再现了数学原创活动，有利于学生体会蕴含在原创活动中的人类智慧，从而学会创造。显然，这些学习方式都是学生终身学习所必需的。教师教学策略的选择往往影响到学生学习方式的选择。同样，教材的教学策略选择也会影响教师教学方式、学生学习方式的选择，新课程强调学习方式的多样化，这反过来要求教学策略多样化，这就需要教师通盘考虑教学策略选择，创设让学生经历各种方式的学习机会，让学生通过学习过程中的反思、评价，结合自身特点进行取舍、组合，促使学生形成个性化的、能为自己所用的学习方式。

2. 把握教学的流程

"四基"是指基础知识、基本技能、基本思想、基本活动经验。"四能"是指：发现问题、提出问题、分析问题和解决问题四种能力。以此为依据编写的教材，大多数课时的主要教学如下内容：发现与提出问题（或理解问题）、分析与解决问题、应用与巩固（有时包括综合与拓展）。

在发现与提出问题环节，教材通常会创设一个嵌入了隐性问题的情境，让学生经历理解情境，并从情境中发现和提出问题的过程，使隐性问题显性化。在有些情况下，创设的情境中已经提出了问题，那就需要让学生切实地理解问题。问题是数学的核心，教材分析首先要看情境中的问题是不是与新知紧密相关的典型的数学问题，即所谓典型的数学问题三个方面的含义：一是问题的典型性，问题的解决将直接导致知识的形成；二是经验的典型性，问题情境是由丰富的相关活动经验作支撑的数学事实或现实材料，便于学生能自然地从头脑中产生数学问题，比较顺利地完成从原型到模型的认识过程，沟通经验世界与数学世界的联系；三是结构的典型性，问题情境为知识的形成提供了结构性支持，这种结构性支持来自构成两者的各要素之间存在的一一对应关系。在此基础上进一步考虑，根据情境所提供的信息，学生能否提出所需的问题，问题会不会提得过于发散，不便于聚焦本节课所要解决的问题，或者过于收敛，以至于没有问题。

在分析与解决问题环节，需要借助已有的知识经验分析问题，进而引入概念、创造方法以澄清和解决问题。小学数学中的概念主要来自对现实生活中的具体事物与关系的直接抽象，概念学习可以借鉴 APOS 理论做进一步的分析：第一阶段——活动（Action）阶段：概念的引入阶段，是以学生已有的认知结构为基础，综合考虑学生的学情与认识规律，在认真分析所学概念的具体内容与其在概念体系中位置的前提下设置的合适的"活动"，让学生亲身经历，主动建构，从而对所学概念形成较直观的理解。第二阶段——过程（Process）阶段：概念的定义阶段，是对"活动"进行思考，通过一定的抽象得出概念的特有性质，从而初步形成概念的一般定义的"过程"。第三阶段——对象（Object）阶段：概念的分析阶段，是对"活动"与"过程"的升华，将抽象出的概念赋予其形式化的定义及符号，使其达到精致化，成为一个具体的"对象"，并由学生主动将其纳入已有概念体系的阶段。第四阶段——概型（Scheme）阶段：概念的运用阶段，是"对象"阶段中概念本质和概念体系进一步的理解、揭示和实例化，形成综合的心理图式。

小学数学中的方法学习主要是算法学习，也就是程序性知识学习，可以借鉴关于程序性知识的认知三阶段理论做进一步分析：认知阶段，学生用一般原理和方法（产生式）对算法做出陈述性解释，即认知支持程序构建的概念、原理、方法和理论体系；联系阶段，将操作步骤前后联系起来，形成程序；自动化阶段，将程序进一步地完善和协调，达到自动化。在应用与巩固（有时包括综合与拓展）环节，教材分析的重点在于对相关的例题、练习进行层次结构分析。

3. 把握教学操作

教学过程从外在表现来看是由一个接一个的活动构成的。活动分析就需要分析教材安排的每一个活动的目的，以判定活动是否必须。明确目标、呈现教材、活动组织通常可以通过大屏幕呈现活动要求来实现。下面就合作学习进行进一步的探讨。

（1）学习小组的组成，通常采用不同学力水平学生的异质构成。学习小组建设的关键在于营造小组学习氛围，培养团队精神，逐步形成小组学习的分工合作自动化运行机制，而完善的过程评价是学习小组建设的重要推手。小组建设中要让学生理解相互尊重、包容悦纳、合作互助的重要性，理解分工合作的必要性，进而自觉地按一定的规范在小组内行动并不断优化改进以至于自动化，如承担作为主持人、汇报员、参与控制员（主要是督促小组成员参与学习）等的角色职责，学会角色技能，学会在尊重成员个性的同时寻求共识的方法等。并通过对小组成员学习的参与度、参与的组织性、成果有效性与创造性等方面的团队评价促使互惠共荣学习团队的形成。

（2）合作交流点的选择。合作学习的任务设计通常从教材的重点、难点、易错点中产生。在教学难点处使用小组学习，有利于学生之间的相互启发、促进理解。理解力中下的学生需要一定量的重复来逐步深化理解、熟练技能，因此在教学重点处使用小组学习能起到多次讲解、多次多种形式操练反馈的作用。在易错点处展开小组合作学习，有利于学生更好地辨析概念、反思错因、积累学习经验，以便更好地检查自己的学习情况，进而对自己的学习进行调节、修正和控制。交流评价通常在知识形成处、辨疑处、解难处展开，先暴露思维后评议优化。

（四）分析教材的优化空间

教材分析的根本目的是在分析的基础上理解教材，进而驾驭教材，更好地为教学服务。为更好地展开教学，我们需要在充分理解教材意图的基础上，进一步分析如何优化教材，基本的视角包括：一是对开不同版本的教材进行比较研究，取长补短优化教材的结构和细节；二是加强数学的本体性知识研究，把握本质，从本源问题出发优化教材的问题设计；三是加强学情研究，立足学生实际优化教材的学习路径设计；四是结合自身实际，发扬专长优化教材的呈现方式。

（1）优化教材的结构细节。教材是编者和广大实验教师长期教学研究的结晶，教师的日常教学也通常是以某个版本教材作为基本依据来展开的，但往往不重视从其他版本的教材中汲取营养，实际上，各个版本的教材在结构设计、细节处理上往往各有所长，当然也难免会有所欠缺，这就需要我们通过比较研究，发现其他版本教材的优点，来优化自己所教教材的结构和细节。教材比较主要有横向比较与纵向比较两种方法。横向比较主要是同一时期不同版本的教材比较，纵向比较主要是同一出版社不同时期的版本比较。

（2）优化教材的问题设计。问题是数学的核心，数学的概念、原理、方法和理论体系都是在解决问题的过程中创生的，研究数学的本体性知识不仅需要高观点、大视野，还需要有一种坚持到底的精神，把推动数学知识创生的那个本源问题找出来，把它做一些现代化的处理后用于教学，成为推动学生参与课堂学习的原动力。找到了本源问题，就可以用于优化教材的问题设计。基于本源问题的教学强调将数学自身发生发展的动力转化为学生面对问题的学习动力，这就为解决这一问题指出了方向，基于本源问题的教材分析始于对数学发生发展的动力分析。概念教学要为学生提供丰富的例证，便于学生通过抽象概括把握概念本质。通过让学生反复经历基于原型的发散学习，深化概念理解，为今后的进一步学习奠定基础。

（3）优化教材的教学路径。结合学情的教材分析，就是要活化教材，赋予教材生命，从而造就充满生命活力的课堂。学情研究的途径主要有两条：一是可以通过适当的调查研究；二是结合以往的教学经验。学情研究主要反映出两个方面的问题：一是教材的逻辑起点与学生的现实起点不一致；二是前概念对学习的影响。学情研究对教材优化的作用主要体现在教学路径的优化上。

（4）优化教材的内容呈现。教师进行教材分析或者从事教学工作的最高境界可能就是"我即课程""课程即我"。因此，教材分析一定要结合教师自身特点、特长，把自己的文化素养、人生经历融入课程理解和教材分析，使课程与课程实施者融为一体，以完善教材内容与呈现方式、丰富课程资源。

二、小学数学教学的语言技能

良好的教学设计仅仅使高水平的课堂教学成为可能，要使"可能"变为"现实"，还必须做好教学的实施工作。实施课堂教学，是实现小学数学教学目标的主要渠道。

（一）小学数学教学语言技能的原则

在课堂教学中，教师是学生学习的组织者、引导者、合作者，教师的组织、引导和合作都离不开教师的语言，教师的语言是教师教育智慧的体现。语言课堂教学主要是运用语言的形式向学生传道、授业、解惑。教学语言技能是教师在课堂教学上运用语言传递知识信息、组织课堂教学、指导学生学习、进行师生交流的行为方式，它不独立存在于教学之中，却是一切教学活动最基本的教学行为。数学课堂教学过程就是数学知识的传递过程，在整个课堂教学过程中，数学知识的传递，学生接受知识情况的反馈，师生间的情感交流等，大都依靠教学语言来实现，教学语言是主要的信息载体。因此，教师的语言表达方式和质量直接影响着学生对知识的接受，教师的语言表达能力直接影响着教学效果，对于教师的授课技能，起决定作用的是教师的语言技能。

数学教学语言是指教师在进行数学教学活动这一特定的环境中所使用的语言。数学教学语言的内容主要表达本学科的知识，必然受数学学科语言性质的制约，具备专业语言的性质和特点。因此，它既具有自然语言和学科专业语言的双重性，又具有书面语言和口头语言的双重性。由于小学数学语言的特点、小学数学语言与数学思维之间的关系以及小学生学习数学语言的心理特征，小学数学语言的教学应遵循以下原则。

1.科学性原则

数学是一种研究存在的形式或关系的学科，是一种用符号化、精确化的语言来表现"抽象的抽象"的形式化科学，它是对现实世界更合理、更准确的一般反映，因此数学的科学性是最重要的。数学的概念、法则、规律都需要用准确简练的教学语言表达，使其符合本学科的科学性。数学语言往往一字之差，会有不同的含义，如"除"与"除以"，"降低了"与"降低到"，"计算"与"运算"，"时间"与"时刻"等。这就要求数学教师的教学语言必须具有科学性，用语规范、精练，语义确切，能准确无误地表达概念，推导公式，总结规律。准确规范表现在：数学语言中所表达的对象和意义是确定的、正确的、无歧义的。

2. 严谨性原则

所谓严谨，就是要符合逻辑。数学是一门严谨的科学，严密的逻辑结构是小学数学语言的特点。数学符号语言和数学形式化都体现出数学对严谨性的要求。数学中的概念、法则、定义、定理等，其语言的逻辑结构是非常严密的。对于任何一个数学命题，严密性应体现在：条件必须是充分而不矛盾的，独立而且是最少的；结论必须是合理的。条件不能过剩，更不能不足。例如，把矩形的定义说成"四个角是直角的平行四边形是矩形"，这就属于条件过剩。因为平行四边形有对角相等，同旁内角互补的性质，定义中的条件只要有一个角是直角就够了。

小学数学语言教学的严谨性原则要求教师在小学教学中数学语言必须条厘清楚、层次分明、叙述严密、因果关系恰当、符合逻辑。教师在小学数学语言教学中如果逻辑混乱，缺少条理，即使语言再生动、精练，也只能是一盘散沙，会给学生造成不良影响。

3. 简洁性原则

为了反映事物或事物之间的关系，文学家要求语言生动、形象，语句中往往要增加一些形容词加以修饰，这对文学而言是必要的，但对数学而言，却是无用的。小学数学语言的主要特征之一就是简洁性，小学数学语言的简洁性要求教师教学时语言要简洁明了，用最简练的语言表达最丰富的内容。小学数学语言的简洁性主要是借助数学符号来实现的。在小学数学语言中，用一个符号（数字、字母、运算符号或关系符号）代替自然语言表示的东西，这样可以缩短语言表达的"长度"。

4. 启发性原则

数学被誉为思维训练的体操，在小学数学语言教学中进行思维训练更具有价值。小学数学语言教学的启发性原则是指在小学数学语言教学中紧紧抓住学生的思维，善于引导，激发学生的求知欲和学习兴趣，启发学生思考问题。人的思维活动总是由于碰到问题并产生解决问题的愿望而引起的，贯彻启发性原则首先要求教师要善于创设问题情境。教师在小学数学语言教学中，围绕教学内容，创设一个人人都能思考的问题情境，使学生的主动性和潜在能力得到充分发挥。

5. 可接受性原则

小学数学语言的教学要与学生的心理发展、语言发展、认知发展相适应。比如，在低年级，形象描述易于学生接受，从而具体、形象、生动的文字语言占绝对优势，随着学生年级的升高，逐步向抽象、概括、理性的方向发展，符号语言的成分在小学数学语言的教学中逐渐增大。所以，可接受性也是小学数学语言教学的一个基本原则。为了贯彻可接受性原则，小学数学语言的教学应从易到难，循序渐进，逐步加强。教师可先从模仿着手，让学生在理解的基础上记住一些重要的规范语言，然后再逐渐提高要求，使学生能准确牢固地掌握小学数学语言。数学定义、定理、公式、法则的叙述，往往言简意赅，便于学生理解掌握。对于一些较复杂的小学数学语言，学生往往难以理解，不妨采用分解的方法进行教学。此外，教师还应随时注意学生听课的反，适时调整教学过程，使小学数学语言教学更符合学生的要求，取得更好的教学效果。

6.形象、通俗原则

贯彻可接受性原则还要求教师在小学数学语言教学中要深入浅出，把抽象的语言具体化、形象化，这样可促进学生发挥想象力，使学生的思维状态自然而然地进入数学思维情境之中，启其心扉，促其思维。教师形象生动、通俗明白的语言，可以使抽象的概念具体化，深奥的知识明朗化，复杂的问题简洁化。

7.示范性原则

示范性之所以成为小学数学语言的教学原则之一，是因为教师处处模范地使用小学数学语言，对学生学习小学数学语言具有潜移默化的作用。数学又是专业性很强的学科，它拥有很多自己的专业术语，如果使用不当或不完整，就可能导致歧义。因此，教师在备课时就应充分考虑小学数学语言如何使用，给学生做出示范。有些教师不注意自己的教学语言，随意性很大。教师的小学数学语言艺术是需要通过自己不断的学习和长期的实践，在数学教学过程中逐步提高。

（二）小学数学教学语言技能的要素

数学教学语言的构成要素是教学语言技能的基本教学行为，熟练掌握这些基本的教学行为是实现该项教学技能的保证。

1.教师态势语要素

口头语言是数学教学表达的重要工具，但不是唯一工具。教师在教学中的一些非语言行为同样起着表达思想、交流情感的作用。这里的"非语言"主要指身体的动作变化所传递的信息或表现的意义——态势语。

态势语是口语的辅助形式，是通过身姿、手势、表情、目光等非语言因素传递信息的一种语言辅助形式，又称为体态语。通常使用的态势语有面部表情、手势语与姿势语等。我们平常的小学数学课堂中，大多只注重说话及黑板等教学用具、教学媒体的运用，似乎不太重视教学中的肢体语言，其实肢体语言在教学中是十分重要的。

（1）姿势语。教师的姿势语给学生以第一印象，能产生磁铁般的吸引力。教师的站姿要端庄、稳健、挺直、精神饱满。教师讲课时站累了，可做稍息的站姿，要注意克服教学中常见的不良习惯。

（2）手势语。教师的手势语是教态美在三维空间的延伸，恰当的手势可以增强语言的表现力，以手势助说话，使语言更富有感染力，吸引学生的注意力，引发学生的参与，促进学生的理解，更能积累学生的信心，体验成功的喜悦，从而很好地提高课堂的有效性。在课堂教学中，手势使用得当，可以增强语言力度，强化要传授的数学知识，给课堂增添亮色和活力。教师在教学过程中，根据教学内容，针对不同教学对象，适当地选用不同含义、不同指向的手势语，可以使教学内容生动形象。当学生自己参与到手势语的交流中来时，可以唤起学生的注意力。

在课堂教学中教师的手势一定要适度。教室毕竟与舞台不同，应强调自然和真实，无须刻意追求某种形式，不过应该遵循五个原则：①手势要适度，包括速度、频率、幅度、角度等；②不要过多地重复一个手势，以免学生感到乏味；③不要把手势结束得太快，以免学生感觉突然；④要保持手势自然、适度；⑤有的教师在课堂上基本没有手势，这显然也不恰当。因此，教师要根据自己的性格特点、教学风格及教学内容等不断探索并形成自己独具特色的手势。教师在上课时，可以让同事专门观察并评点自己的手势，也可以通过摄像将自己的手势录下来加以分析。教师首先应该意识到手势存在的意义和重要性，然后不断加以改进和完善。手势运用得好，不仅有助于教师的课堂教学，而且有助于与其他人的交往与沟通。

（3）表情语。教师在教学中的表情语可以分为两种：一种是常规性的，做到和蔼、亲切、热情、开朗，常带微笑，这是教师面部表情的基本要求，它能使学生产生良好的心理态势，创造和谐轻松的学习氛围；另一种是变化的面部表情，如根据教学进程和学生掌握知识的情况做出赞赏、遗憾、鼓励的表情，随教学情境变化与学生发生的感情共鸣等。教师的表情语能使课堂教学丰富多彩、生动而充满活力和吸引力。

（4）目光语。课堂上师生之间的学习交流常常靠目光来联系，教师讲课时要扩大目光语的视区，用和蔼亲切的目光去捕捉学生的视线，始终把全部同学都置于自己视角范围内，并用广角度的环视表达对每个学生的关注。针对不同的学生使用不同的目光点视，如对听讲认真、思维活跃的学生投去赞许的目光，对思想开小差的同学投以制止的目光，对回答问题胆怯的同学投以鼓励的目光等，这样无形中就起到了控制课堂的作用。课堂教学中教师的目光要闪亮，用丰富明快的眼神使口语表达更生动传神。

（5）空间距离。教师讲课时，站位以讲台后边为主，根据教学需要可适当变化，缩小与学生之间的空间距离，使师生关系密切。例如走下讲台，站在前排或深入学生座位之间去指导、帮助学生；走近后排学生，使他们感到亲切等。上课走动不宜频繁，以免分散学生注意力；不宜脚步匆匆，也不宜过于迟缓。教师与个别学生交谈时的空间距离要适中，一般对小学低年级学生可用近距离，可用拍学生的肩以示亲近；对小学高年级学生尤其是异性学生，空间距离不可太近，以免引起学生反感。

2.教学口语要素

教学口语是指教师在课堂上面对学生完成课程内容所使用的口头教学语言。课堂，既有空间的确定性，又有时间和对象的确定性。为了增强语言的感染力，不仅对语言内容有所要求，还要对声音形式有所要求。教师应重视声音的音高、音量以及语速的变化和组合，要通过语流松紧疏密的变化来传情达意，做到音随意转、气随情变、抑扬顿挫、和谐变化，以此激发学生的兴趣，启发学生的联想，丰富学生的情感，它要求教师的语言要稳定清晰，始终能积极、轻松、有序地表达。

（1）语言规范，使用普通话。普通话的标准只有一个，就是以北京语音为标准音，以北方话为基础方言，以典范的现代白话文著作为语法规范。在实际教学中，教师发音不标准、不规范将影响学生的理解。

（2）吐字发音清楚。教师语音吐字的清晰度直接影响着学生对教学语言内容的辨析。清晰的吐字发音能够吸引学生的注意力。教师应尽量做到咬字紧而不死，吐字力度灵活，掌握强弱不同的多种吐字技巧；应保证各个音素整齐完全，不能使发音含糊于有无之间；咬每一个字时，"出口"和"收音"都要分明。

（3）音量适当、语速适当。语音由音高、音强、音长、音色四要素构成。音量是指语音的音强，它由发声时力的大小决定，平时上课，宜以中强度音量为主。音量过大，学生反而听得不真切，还容易造成听觉疲劳。音量大小应以最后一排学生能听清为宜。教学中，发音要有足够的底气，就是通过肺部的运动产生足够的发音动力。教学时应注意克服语尾弱化、虚化问题，最后一个字的字音消失，或者说长句子时不能连贯和完整的毛病。另外，音量要有变化。教师在教学过程中，为了适合教学内容发展的需要和交流时情感变化的需要，音量要有所变化，用以显示教师教学语言的层次感和声音的错落感。

语言的速度是指讲话的快慢，其快慢是否科学合理，对教学效果的好坏有直接的影响。在日常生活中，每个人讲话的速度是不同的。但是教学语言是一门专门的工作语言，不应该用日常习惯的语言速度去讲课，而必须受课堂教学自身规律的制约，。发送信息的频率太高，会使学生大脑对收取的信息处理不及，势必会造成信息的遗漏、积压，而导致信息处理的障碍。因此，语言速度过快或过慢对学生的学习都会产生不良影响。一般而言，在学生注意力集中，精神饱满时，讲话速度可以快一些，声调可以低一些；在学生思维疲劳，注意力分散时，讲话速度可以慢一些，声调可以高一些。电影、电视解说的速度为每分钟250～300字，课堂教学的语言速度还要慢一些，以每分钟200～250字为合适速度。

（4）语调自然适度，声韵达情。语调是指讲话时声音的高低升降、抑扬顿挫的变化。教师有声语言的表达应有抑扬顿挫、轻重缓急的变化，赋予声音以生命力，使其能够更生动、更深刻地传导出教师的意图。抑扬指语句的起伏高低，根据表达内容和情感的不同，语势可以上扬、下抑或保持不变；顿挫使教师语言层次更清晰，更有立体感，有语法停顿、感情停顿和逻辑停顿之分。语法停顿是语法结构需要的自然停顿，感情停顿可以满足教师表达情感的需要，逻辑停顿可以更准确地表达语义和逻辑关系。轻重是对语音强弱的处理，或增强，或减弱，若能恰当运用，可以突显词语的语义特征，增强对学生的吸引力；缓急指教师语速上的变化，缓与急是相对而言的，这里很难给出一个具体的标准。

教师语速受讲解内容的制约，过快或过慢都会给学生带来心理上的不适感。因此教师应避免使用缺乏对比的单一语速，尽可能缓中有急、急中有缓，通过语速的快慢变化，将内容和思想的差异表达出来。

（三）小学数学教学语言技能的分类

1. 导入语

教学中为了提示学生为学习做好准备，协调教学活动，推进学习进程，教师常常使用导入语言。一段精妙的导入语，能把学生分散的思维一下子聚拢起来，扣住学生的心弦，较快地激发学生探新觅胜的兴趣，并立即形成学生想学、爱学、急于学的气氛。导入语犹如一条纽带，把已知和未知联系起来，把学生的思路引入探求新知识的轨迹。对各种不同的导入语，在设计和实施中，为了达到预期目的应注意以下五点。

（1）导入语要具有较强的目的性和针对性，针对教材的不同内容和学生实际设计出适当的引语。

（2）导入语要与本节所学的知识具有较强的联系，做到温故而知新，要与新课重点紧密相关，并揭示出新旧知识的内在联系。

（3）导入语要具有较强的直观性、启发性和趣味性，使学生产生丰富联想，起到设疑激趣的作用。

（4）导入语时间要适度，少则一句话、两句话，最长不应超过两分钟。否则喧宾夺主，影响讲课进程。

（5）导入语应以"问题意识"为首要，积极创设问题情境，真正激发学生的探究欲望。

2. 过渡衔接语

良好的开端是成功的一半，上课开始的导入语能够吸引学生，为上课定调。课堂教学过程中各环节转换时的过渡语，可以使教学环节自然衔接，上下贯通，把一课内容连成整体，给学生以系统感、层次感。过渡性语言既有承上又有启下的作用。所以科学得体地运用问题之间的连接语，既能确保课堂教学的衔接紧密、转换自然，使教学结构完整、内容贯通、思路相承，又能确保学生在探究问题时的心理自然衔接，保持探究的欲望。过渡语可以有顺承式，总结上个环节，为下一步学习指出方向；也可以有提示式，指出上下环节的关系，对下面学习做提示；还可以有悬念式或设疑式，由前面的学习推导的结果，提出一个悬念，巧妙引入下一步学习。

3. 小结语

小结语又称课堂教学的结尾语、断课语，是指一堂课或某一教学环节、阶段将要结束时，教师对前面的教学进行巩固和强化所用的总结性语言。

（1）加深印象，增强记忆。教学是由一系列既有联系又有区别的阶段组成的，知识点比较分散。如果教师在教学的最后环节能从所教内容中总结归纳出最重要、最基本的内容，提纲挈领地加以强调，就可以起到加深印象、增强记忆的作用。

（2）指导实践，培养能力。学生感知、理解、记住了知识，并不等于完全掌握了知识。如果教师在下课前，指导学生进行一些有针对性的练习，或对课后的学习活动提出一些要求，对于巩固知识，培养能力是大有益处的。

（3）承前启后，过渡自然。任何知识都有严密的逻辑性和系统性。每节课后或每个章节之后，用小结的方式帮助学生将所学的知识系统化，并在总结的基础上预告新的学习内容，使前后内容连接紧密，过渡自然。

（4）形成评价，进行反思。学生在解决问题中的失败常常不是由于数学知识的缺乏，而是由于他们对所学知识的非有效的应用，学生的评价和反思的意识水平在解决问题的过程中起着很大作用。教师应通过设计并清晰地讲述促进学生反思的问题来促进学生反思和应用所学的内容。

4. 引导启发语

数学教学的目的之一是培养学生的思维能力，在"自主、合作、探究"课堂教学中，"引导"是指通过教师的语言，引导学生积极思维、联想、比较与综合，让学生的脑筋积极开动起来，师生、生生合作，共同完成所探究的任务。引导性语言是教师活动向学生活动过渡的衔接点，是引导学生去积极动脑动手，探求问题答案的语言。它的要求是不急于让学生寻找答案，而是活跃学生的思维，为学生指点出解题的切口或思路，以便学生顺利找到答案。

引导启发语的特点在于提出问题后，分析条件，分析结论，联系有关知识，寻找条件和结论的联系，探索性地提出解决方案，并用一系列小问题做导引，逐步接近结论。采用的语言多是带疑问的语句。引导启发语可以控制话题和思维流向，问题和悬念又具有无穷吸引力，吸引着学生的注意力和兴趣，吸引他们去探索真理。

5. 评价语

课堂评价语言要尽可能让学生感受到民主与平等，这样有利于师生双方互动与交流。特别是当学生的价值取向与教材、与教师的理解有偏颇时，教师的评价语言更应亲切、真诚，才会让学生感受到教师对他的尊重。当然，老师的评价要注意实效，既不要大肆夸张，也不要泛泛而谈，要客观公正地反映学生的长处和缺点。评价的语言要富于变化；评价应体现教师的"因材施评"；教师评价的语言应该机智，更应该易于接受和乐于接受，要真诚、朴实。

第二节 讲解与提问技能

一、小学数学教学的讲解技能

讲解技能就是教师在课堂教学中以语言为工具，向学生传授知识和思维方法、启发学生思维、传递情感的一类教学行为。讲解技能是小学数学教学的中心技能，在课堂教学中的使用率极高。讲解技能有两个显著的特点：一是教学媒体的单一性——以语言为唯一媒体；二是信息传递的单向性——由教师传向学生。

讲解技能有明显的优点：一是使用简单方便，经济实用。只要教师的教学语言技能掌握得好，就能灵活方便地运用讲解技能。操作简便，不需要其他教具。二是系统性强。教师可以把知识分成几部分，分析各部分之间的关系，把概念、原理等系统地传授给学生，使学生得到完整的理论。三是重点突出，抗干扰性强。对于重点和难点部分，教师可以反复强调、大量举例，帮助学生理解，从而避免了枝节问题的干扰。四是信息的传输量大，省时省力、高速高效因此教师们在教学中很愿意运用讲解技能。

但是，单纯地使用讲解技能，也有明显的缺点。一是在讲解时，学生处于单纯接收信息的被动地位，不利于调动学生的主动性。二是单纯的讲解信息通道单一，不利于调动学生的多种感官，共同参与教学活动，因此信息的保持率不高。三是单纯的讲解不利于因材施教。由于我国采取的是班级授课制，一个教学班有 30～50 人，教师在讲解时只能照顾大多数。四是不能使学生形成技能。技能的获得只有通过练习，学生单纯地"听"讲是无法形成技能的。五是反馈不全面、不准确。尽管教师力图从学生的眼神、表情、动作中收集反馈信息，但所获得的信息毕竟是不全面、不准确的。显然，单纯的讲解不利于小学生学习数学。为了避免上述缺点，提高讲解的效率，教师在实际教学中总是综合运用提问、板书、演示、电教等多种技能，使这些技能与讲解技能有机地结合在一起，形成一个技能群，共同完成课堂教学任务。

（一）小学数学教学讲解技能的功能

（1）讲解技能的首要功能是向学生传授知识，使学生充分了解知识的内在联系，进而形成系统的知识结构。特别是在小学，使学生掌握完整、系统的数学知识是十分重要的。

（2）教师的讲解可以为学生提供科学思维方法的示范。通过分析、归纳、推理等一系列思维活动，揭示知识的内在联系、形成过程，使学生得到正确的思维方法。小学生可以通过模仿教师的讲解，逐步学会思维的方法，提高分析问题、解决问题的能力。

（3）教师在讲解时渗透了自己对数学、科学文化的热爱，对祖国、对社会主义的热爱。这些情感会感染学生，使学生对数学产生浓厚的兴趣，加强他们为祖国学习的使命感和责任感，从而对学生进行学习动机和学习目的的教育。同时，教师在讲解时严谨周密的治学态度，也是对学生进行思想教育和行为习惯教育。

（二）小学数学教学讲解技能的要素

1. 引入要素

学习离不开注意力。从感知到思维，每一个认识过程都是从注意力开始的。小学生的有意注意缺乏自觉性，表现为自己不会主动确定目标，需要教师或其他人给定目标，需要别人不断地提醒和关照。一旦没有外来的帮助，小学生，特别是低年级学生常常不清楚或是忘掉给定的学习目标，注意力分散。基于这些特点，教师在讲解开始时，必须向学生发出信号，引起小学生的注意，帮助他们完成注意力的转移。教师所发出的信号，我们称为引入。在小学数学课上，教师发出的信号大体有提问、提示、读应用题、观察实验和演示等几种。引入和导入不同。引入只是使学生心理趋于学习目标，引起或是完成注意的转移。

2. 例证要素

小学生掌握数学知识和发展数学能力，需要经历一个从具体到抽象、从感性到理性、反复实践、逐步理解的过程。小学数学课的讲解是通过解答或剖析具体的例题、事例、实验、演示等范例中的问题，向学生阐述一般规律，使学生通过具体的范例学习，逐步过渡到一般规律性的数学知识的抽象概括。由此可见，小学数学范例的讲解是必不可少的要素。有经验的教师常把选择范例作为一节课讲解内容的关键。选择范例应注意以下四点。

（1）范例要具有典型性。要讲解的概念、原理、规律、方法等本质因素，在范例中要有鲜明的体现。

（2）范例要符合学生的认知水平和生活实际，也就是具有可接受性。

（3）范例要具有系统性。教师选择范例时要明确范例与新旧知识的联系，明确范例在数学知识系统中的地位和作用。

（4）适当选取变式的范例。

范例的阐述是十分重要的，它是讲解的核心。教师不仅要通过范例的阐述向学生传授知识，引导学生学习知识，更重要的是教师通过阐述为学生树立解决数学问题的典范。通过一系列的阐述，使学生对新知识形成清晰的网络，进而完善知识结构。小学生的模仿力非常强，教师怎样讲，学生就会怎样想。只有教师讲得严谨，学生才会学得准确。因而教师在阐述时一定要精心安排先后顺序，恰当运用逻辑语言，使阐述形成意义连贯、层次分明、逻辑严密的完整体系。教师的阐述不是单纯地把知识灌输给学生，而是通过阐述不断启发学生，帮助学生完成从感性知识到理性知识的飞跃，从学习具体的范例到一般规律的概括归纳。学生只有积极思考，才会体验到发现、成功的愉快，才能激发学习数学的兴趣。

3. 强调要素

为了使学生理解和掌握知识，教师在讲解时必须要对知识的重点进行强调。小学生的注意力不能长时间保持，也需要教师通过强调，来吸引学生的注意力。在小学，有很多数学知识不只需要学生理解，还要求他们记住，甚至终身不忘。例如，运算顺序、运算法则等。这就需要教师在整个教学过程中都要反复强调。教师运用语言的变化、适当的重复、板书、提问、练习、归纳总结等方法进行强调。强调的内容一般是概念、法则、公式等。教师应该通过知识的形成过程，对数学的基本方法、基本思想给予必要的强调，同时也强调结论，使学生既掌握了数学知识，也具备了能力。

4. 反馈与调整要素

小学生的自我控制能力较差，理解能力比较低，单纯地讲解不利于学生的学习，教师在讲解时必须加强反馈。反馈的作用有两点：一是通过对学生学习的评价、肯定，激发学生的学习兴趣，保证学生集中注意力；二是通过反馈了解学生的学习状况，及时调整讲解内容和讲解策略，并通过反馈强调知识重点，以保证学生对知识的理解。

反馈的方式有多种。一种是教师通过对学生的目光、表情、动作的观察获取反馈信息，这是常用的方法。教师必须根据学生的听讲状态调整讲解内容或讲解策略。另一种反馈是教师提出问题，通过学生回答进行反馈，这也是常用的。数学教学要求反馈及时，年龄越小的儿童，反馈越要及时。提问是一种及时的教学反馈，所以，低年级讲解时的提问频率明显高于中、高年级。通过提问获得的反馈信息准确、全面、及时，既便于教师准确了解学生学习状况，又便于教师对学生的错误及时纠正。因此，教师在讲解时，一定要采取多种方式获得学生的反馈信息，有效地调整讲解过程，及时纠正学生的错误，提高讲解效率。

5. 语言要素

语言是教师讲解的工具。数学教师的语言应该是准确、规范、富有逻辑性和启发性的。对于小学数学教师而言，语言更应该生动有趣，通俗易懂。教师在讲解中运用语言技能时，应注意以下四点。

（1）准确性。教师在讲解时阐述例证，推导结论，提出问题和解答问题时，语言都应该准确无误，符合科学性。

（2）逻辑性。教师讲解时的语言要条厘清晰，层次分明，且具有说服力。恰当地运用数学专业术语，为学生提供思维严谨、步骤清晰的模仿范例。

（3）生动性。数学问题往往是枯燥、单调的，但教师可以根据小学生的年龄特点，用生动的语言去吸引学生。

（4）启发性。教师要善于从教材内容出发，针对教学重点、难点，启发学生积极思考，使学生学会怎样分析问题，解决问题。

（三）小学数学教学讲解技能分类

讲解技能的分类是一个复杂的问题。在教学实际中，讲解技能经常和其他教学技能共同使用，使分类变得更为复杂。在小学数学教学中很难遇到大段的、长时间的单纯讲解。

1. 说明性讲解

说明性讲解又可分为两种：一种用于说明初级的、具体的概念，通过讲解让学生知道"什么是"，这种讲解叫做概念的说明性讲解。另一种是说明简单操作步骤的讲解，通过讲解让学生明确"怎样做"，这种讲解我们把它称为操作的说明性讲解。

（1）概念的说明性讲解。数学概念是抽象的、严格的、系统的。而小学生的学习特点是容易接受那些具体的、直观的感性知识，对于那些抽象的理性知识就比较难以接受。针对小学生的学习特点，小学数学教材采取了多种方式对概念进行处理。

（2）操作的说明性讲解。在小学，说明操作过程和操作步骤的讲解比较常见。如笔算乘法的步骤、解应用题的步骤等。操作的说明性讲解的特点是教师根据具体操作的范例说明操作步骤，在学生实际操作基础上对操作步骤归纳强化。

2. 推理性讲解

推理性讲解是教师通过对一系列推理活动的阐述，使学生逐渐形成概念、法则、公式等新知识。同时在知识形成、领会过程中逐渐学会推理方法。因而教师的讲解不仅要给学生揭示知识的形成过程、内在联系，而且通过教师的推理活动给学生提供模仿的范例，以培养学生的逻辑思维能力。

（1）归纳性讲解。在讲解法则、定理、公式和解答问题时经常用到归纳推理，我们把这种讲解称为归纳性讲解。小学数学教学中用的大部分是不完全归纳法。用不完全归纳法推导出的结论不一定正确，还需要严格论证。这里需要说明的是，小学教材中用不完全归纳法推导出的结论都是正确的，都是经过严格论证的。只是由于小学生的认识水平有限，有许多严格论证不是他们所能接受、所能理解的。但是，不完全归纳法适合小学生特点，便于小学生理解、接受。因此在小学数学中经常用不完全归纳法讲解。运用归纳性讲解时，教师所举的实例必须是学生熟悉的，其中所涉及的知识、技能必须是学生牢固掌握的。只有这样，才能引导学生顺利完成归纳，进而获得知识，学会方法。

（2）演绎性讲解。教师在讲解时用学生已学过的定义、法则、定理、性质、公式等去解决新的计算题、应用题和其他问题都会用到演绎推理，我们把这种讲解称为演绎性讲解。演绎推理是严谨的。演绎推理的主要形式是三段论：大前提，小前提和结论。在进行演绎推理时，学生所学过的定义、法则、公式、定理、性质都可以作为大前提使用。

教师在运用演绎性讲解时，语言要准确、简洁，注意示范性。同时，尽可能引导学生使用逻辑语言回答问题。如："因为……所以……""如果……那么……"等。这样不仅有利于学生理解知识，而且有利于培养学生的逻辑思维能力。

（3）类比性讲解。在小学数学教学中常用到类比推理进行讲解。我们把这种讲解称为类比性讲解。类比性讲解在小学数学教学中应用比较广泛。教师可以运用类比性讲解引导学生学习法则、公式、规律等数学知识。例如，我们由除法中除数不得为零，类比推出分数中分母不能为零，比的后项不能为零。由乘数是两位数的笔算乘法法则类比推出乘数是三位数乃至多位数乘法的笔算法则。小数大小的比较、加法法则等也都可以从整数的有关性质、法则类比推出。由于类比推理是根据两类事物的某些属性相同，推测它们的另外一些属性也可能相同的思维方式，所以教师在运用类比性讲解时可以引导学生根据已有的知识去推测新问题，获得新知识。同时，也培养了学生类比推理能力，这对于学生今后学习数学和获得新知识是十分重要的。

归纳推理、演绎推理、类比推理都是小学常用的逻辑推理。这三种推理的联系是非常密切的，经常交互使用。但这三种推理又有着明显的区别：归纳推理是由个别到一般的推理，演绎推理是由一般到个别的推理，而类比推理则是由特殊到特殊的推理。不完全归纳推理和类比推理所得出的结论只有经过严格证明，才是正确的。教师在运用推理性讲解时，既要注意讲解时所用的语言通俗易懂，便于小学生接受和理解，又要注意逻辑的严密性，绝不能出现科学性错误。

3. 释疑性讲解

释疑性讲解的特点是教师先提出问题，通过对问题的逐步分析，找出解决问题的方案、设想，最后解决问题。应用题的讲解是这类讲解的典型。教师在讲解应用题时使学生不仅学会知识，而且学会逻辑思维的一般方法、一些数学思想和数学方法。因此，教师在讲解应用题时，既要合理组织好讲解材料，让学生积极思考，又要通过自己的讲解给学生树立正确运用逻辑思维和数学方法的典范，为他们提供模仿的依据。释疑性讲解可以说是高层次的讲解，它是前面两类讲解的综合应用，同时又是提问、演示、练习、板书等与讲解技能的融会贯通。除了讲解应用题时要用到释疑性讲解，还有一些如四则运算、通分、面积公式等也用到这类讲解。

（四）小学数学教学讲解技能的原则

（1）目的性原则。讲解的目的要明确具体。教师要根据一节课的教学目的，明确每一段讲解内容的目的。这是教师在讲课时要考虑的首要问题。教师一定要明确：讲解是启发学生思维，而不是代替学生思维。

（2）计划性原则。教师对讲解内容要有周密的计划、详尽的安排。首先，要明确讲解内容的顺序，选用怎样的范例，先讲哪些内容，后讲哪些内容，怎样讲才能吸引学生，才能使学生接受和理解。其次，要考虑内容之间的联系，使讲解内容成为一个完整的、连贯的体系。这样便于学生理解、记忆。最后，要考虑讲解与练习的衔接。讲练结合的成功与否，往往是一节课的关键。

（3）针对性原则。讲解的程序设计、内容安排都要根据教学内容和学生的实际情况来确定。讲解应根据知识的重点、难点、形成过程和数学思想方法有所侧重。教师在讲解时要针对学生易错、易混的知识要素适当提问，加强反馈，及时矫正。对于重点知识、基本技能、基本方法，教师在讲解时要及时强调，帮助学生巩固。教师的讲解既要符合数学的学科特点，又要符合学生的年龄特点。讲解要通俗易懂，尽量符合学生年龄特点。从学生的感性认识和熟悉的事例引入，同时，教师在讲解时还要符合数学学科特点。数学的逻辑性是非常严密的。教师的讲解是学生模仿的依据，教师讲得严密，学生才能学得系统。

（4）配合性原则。教师在讲解时必须和其他技能密切配合，才能提高讲解的效率。例如在讲解时教师借助提问加强反馈；教师边讲解边板书；边讲解边演示；边讲解边实验都是教师常采用的方式。这样做，一方面借此激发学生的学习兴趣；另一方面使学生多种感官同时参加学习，提高学习效率。教师在讲解时可以通过语言声调、速度的变化吸引学生注意，进行强调。体态语言在教师讲解中的作用是很大的，教师的一个手势、一个微笑都可以起到意想不到的作用。教师在讲解时还应该对学生的学习行为给予鼓励和肯定，以激发学生的热情。总而言之，教师在讲解时要采取多种措施，提高学生的学习兴趣。

（5）适当性原则。讲解的时间不要过长。小学低年级控制在 5 ~ 7 分钟，中、高年级可以适当长一些，但不要超过 15 分钟。讲解的时间过长容易使学生疲劳，注意力分散，反而降低讲解的效果。

二、小学数学教学的提问技能

提问技能是教师运用提出问题、观察学生回答，并对学生回答做出反应的方式，促进学生参与教学，了解他们的学习状态，启发思维，使学生理解和掌握知识、发展能力的一类教学行为。

课堂教学是一种认识活动，是由教师精心设计、严密组织和具体指导的，使学生用较少的时间，利用走捷径的方法获取较多的知识与技能，使身心得到发展的一种特殊的认识活动过程。教学活动是师生的双方活动。师生之间的交流是十分重要的。正确运用提问技能是解决师生间交流问题的有效方法之一。教师提问时，学生要听清教师的问题，这就要求学生主动把自己的注意力集中在教师对问题的表述上；然后学生积极开动脑筋分析教师的问题，与自己的认知结构进行比较，找出答案；最后还要组织语言，把答案表述出来。即使是不回答问题的同学，也把别人的答案与自己的答案迅速进行比较，并且很快做出反应。在这个过程中，学生主动参与了教学活动，并且师生之间、学生之间在思维领域的交流是十分充分的。

提问技能是课堂教学一个十分重要的技能。这个技能渗透了教师对教材的深入理解和对学生的了解，体现了教师引导和提高学生的能力。提问技能用得好不好，对课堂教学的影响极大。

（一）小学数学教学提问技能的功能

1. 引起学生兴趣

通过教师提出问题和组织学生探究问题的答案，可以使学生产生兴趣，对学习内容本身产生一种积极的注意倾向，同时还伴随着一种积极的情绪状态。这种情绪状态鼓舞着学生主动而愉快地学习。在一节课中，始终保持这种情绪状态，并使之达到若干次高潮。通过探究问题的答案，对学生的直接兴趣进行指引，学生对特定专题产生解决问题的自觉定向。随着问题的不断提出和解决，使学生的这种解决问题的定向随着教师思路不断向前发展，直至完成本节课的教学任务，达到教学目标。这种兴趣和动机的不断培养，可以激发学生对数学学科的全面兴趣。

2. 激发学生积极参与教学活动的兴趣

提问可以为学生提供反应机会，激发他们积极参与。在教学活动中学生的参与程度至关重要。单纯地教师讲，学生听，学生也参与了教学活动。但学生处于一种被动地位，这时教师讲述的内容和结论，学生也可以接受，但是对于记忆、理解和应用较为不利。通过教师的提问，学生思索，搜寻答案，与自己的知识结构进行比较，进而可能会发现新问题，甚至反问老师，这样得到的知识很自然地与学生已有的知识结构融为一体，对于理解、记忆和应用都是十分有利的。

3. 促进交流

通过提问可以架起沟通思维和情感的桥梁。教师对于学生回答的反应，肯定、表扬、订正、补充和再启发等，不仅促进了师生之间的知识交流，也可以促进师生之间的情感交流。特别是在小学，师生之间的情感交流十分重要。小学生的学习行为、学习兴趣、学习动机受感情支配的成分很大。小学生对教师的喜爱、敬佩可以转化为对该学科的喜爱，并产生学习兴趣和动机。

4. 培养与发展提问能力

通过提问一方面发展获取、组织和评价信息的能力；另一方面也可以培养学生的语言表达能力。在探求问题答案的过程中运用旧知识，经过观察和推理，使小学生获取新知识。在教材的逻辑结构和学生的认识结构之间建立联系，进而发展小学生的定向思维能力。经过发散提问，提高小学生的想象力。通过反复的再造想象，发展小学生的创造想象，使小学生能把课堂知识与现实生活联系起来。运用知识迁移规律进行分析、比较、综合，把知识有机组织在一起，使知识系统化。通过对问题答案的表述，使小学生能准确、完整、简洁地把自己的想法表达出来，提高小学生的口头表达能力。

5. 及时反馈教学信息

通过提问可以了解小学生的学习状态、知识水平，诊断阻碍学生思考的关键，以及知识漏洞和知识缺陷，使教师能给小学生以恰如其分的指导。否则，教师不了解学生情况，只能平均使用力量，对知识进行全面论述，针对性不强。了解学生情况以后，可以重点进行指导。

（二）小学数学教学提问技能的要素

提问技能适用于教学过程的各个阶段。在导入、讲解、练习及结束的过程中都可以应用提问技能。在提问时，可能综合应用到语言、演示、板书、实验等多种技能，构成一个技能群。但是就提问技能本身而言，它有自己的构成要素。

1. 提问技能的结构与措辞

（1）提问的结构。教师根据教学内容和学生的认识实际，以系列化提问的方式将教学目标的实现以一系列由浅入深的问题，组成一个连续的教学讨论框架。这里的教学目标，可以是整节课的教学目标，也可以是某一阶段的短期目标。这一系列问题的编排顺序、逻辑结构、递进关系、终结目标以及问题与目标之间的内在联系等，就构成了提问的框架。为完成这一系列问题，教师应该提供一些特殊信息，如资料、方法等。有效地使用板书和图示，帮助学生对问题做出适当的反应，形成系统全面的认识。

（2）提问的措辞。提问的内容、结构设计好之后，教师要用语言把问题表述出来。提问语言的构成就是提问的措辞，提问的措辞构成了提问的第二个要素。提问的措辞是影响提问质量的一个重要因素。提问的语言、措辞必须明确简练，指明思考的前提和思考的方向。

2. 提问的答案需要明确

教师在设计提问的时候，应把问题的答案同时考虑清楚。答案是提问的一个重要组成部分，不能只管问不管答。对于问题要求的答案范围、答案中任务的数量以及问题的难度都应该明确。

提问的难度应该适宜。比较简单的问题应该有，这对于活跃课堂气氛、调动积极性和引导思路有一定的作用。但一般的问题应该有一定难度，使小学生经过思考以后才能回答，这样的问题对于启发学生的思维、培养学生的能力作用很大。难度过大的问题应采取一定的措施，如做一些准备题，先进行启发和引导，或将难题进行分解等。对于问题的难度，教师在设计问题时应考虑周全。总之，不论问题答案的范围大小、难度如何，答案必须明确。

3. 提问中的停顿

提问时，教师表述完问题之后的停顿是必不可少的。

（1）停顿可以给学生提供思考的时间。除了速算练习，小学生反应和思考的时间越少越好外，一般的课堂提问，都应该给小学生一定的思考时间。教师在提出问题后停1～3秒。在这段时间里教师应保持沉默，不要干扰学生，更不要解释和催促。催促会打乱学生的思路。停顿的时间不宜过长，最长不超过五秒钟。停顿的时间过长会使人产生压抑感。

（2）提问以后的停顿可以给学生以问题有难度的信息。在教师提出问题之后，有的学生会马上给出答案，甚至会脱口而出。但这时教师保持沉默，用眼睛巡视全班给以暗示。小学生会意识到答得不准确，于是重新整理思路，进一步深入思考。

（3）教师提问以后停顿一下，沉默几秒。在这段时间里教师也可以得到小学生对问题反应的初步信息。表面上是沉默，但是教师的大脑却在紧张地工作。观察小学生的反应，迅速地分析、判断，决定下一步行动。

4. 探查指引要素

提问时，在小学生的初次回答以后，为了帮助学生对最初的问题形成更合适的答案，教师可进行探查指引。

（1）澄清。小学生的回答表述不清楚、意义含糊或基本意思对，但表述的语言混乱，逻辑性不强。这时，要求小学生对初次的回答进行概括，使答案的意义更简明，这样的处理叫做澄清。

（2）支持。小学生的初次回答观点正确，但是论据不足，表述不清或不准，对观点支持不力。这时要求学生为自己的观点提供论据，进一步支持自己的观点，使之更有说服力，这种提问叫做支持。

（3）修正。小学生的初次回答，某一部分或某一个观点是错误的。教师要求学生重新判断和组织一个答案，来修正原来答案中的错误。这种提问叫做修正。教师一般应指出回答中的合理部分，同时指出错误部分、矛盾所在，或提供某些暗示。帮助小学生发现错误、修正错误，进而给出正确答案。

（4）附议。在集体讨论中，给学生个人提供机会来表达其是否同意别人的观点，或对别人的观点进行评价，这样可以加深理解，防止学生未经认真思考，过于简单地接受或否定某些观点。

（5）关联。在小学生初次回答之后，要求学生再次确定他的回答与问题之间的关系，这种问题的答案一般是一个推理或说明一种因果关系，这种问题常常是训练学生的推理能力，引导学生的思路。要求学生进一步阐述答案与问题之间的逻辑关系，防止小学生答非所问，文不对题。

（6）举例。在小学生初步回答以后，有可能过于概括或答案不太明确。此时如果要求小学生做进一步的理论阐述，学生就要进一步梳理思路、组织语言，可能效果不会太好。在这种情况下，可以要求学生举出具体的例子来支持自己的观点，这样，可以训练小学生例证的技能，甚至还可能由于对例证的选择和阐述，引发小学生对问题答案更深刻的理解，激发出灵感，从而能对问题进行深层次的表述。

（7）提高。在小学生初步回答以后，如果回答正确，可以就学生的答案提出相关的、较高层次的问题，如一些原理、公式、法则等。通过提问检查，如果学生掌握得比较好，可以进一步提问学生，引导小学生把答案与旧知识进行比较、建立联系、整理知识结构等，或者进一步解决灵活应用的问题。

5. 反应要素

教师对学生的回答必须做出反应，给出恰当的评价。教师对学生回答的反应会影响提问效果，以至于影响整节课的效果，甚至影响对小学生学习积极性的培养、知识漏洞的弥补等大问题。将对小学生的进一步参与起到重要的作用，教师必须十分重视。教师在设计提问时，就应该预想学生可能给出怎样的答案，并且预先考虑好处理方法，确定怎么纠正，怎么引导或怎么启发。这样，对小学生的答案做到心中有数，处理起来会更主动。当然，小学生的答案可能出乎教师意料，这种情况常会发生。遇到这种情况，可以用以下方法进行处理。

（1）鼓励。本着鼓励的原则，不管学生回答正确与否，肯定学生回答问题的积极性和答案中的正确部分。同时，教师也应该鼓励学生之间的互相交流、互相补充、彼此订正甚至争论，使小学生之间互相启发。

（2）分析。在小学生回答以后，教师的分析可以从以下方面进行：首先是分析学生回答的正确程度，指出学生的答案中哪些部分是正确的，哪些部分是错误的。其次，小学生的回答可能答案是错误的，但思路是正确的，也可能思路就错了。教师通过分析帮助学生厘清思路。最后，可以指出小学生误答的原因，可能是对问题的理解有误；也可能忽略了问题的条件；还可能是推理的根据不正确等。还可以分析个别学生的答案与大多数学生的理解有哪些区别。总而言之，分析要实事求是、切中要害。

（3）二次行动。根据教学内容和教学进程，在提问之后可以转入下一个教学环节。也可以经过分析、评价之后再次提问。应用探查技能要素，进行二次行动。

（三）小学数学教学提问技能的分类

对于提问进行分类是一个复杂的问题。按照不同的标准有不同的分法：按提问思路可以分为诱导提问、疏导提问、台阶式提问、对比提问和迂回式提问等；按提问的形式可分为设问、反问、追问等；按认知水平可分为回忆提问、理解提问、运用提问、分析提问、综合提问、评价提问等。不同分法各有所长。分类的出发点不同，结果就不同，性能也不同，往往有很大差异。

（1）回忆提问。新知识的学习，一般都是在旧知识的基础上进行的。在教学过程中，常常要用到旧概念、旧公式、旧法则。通过回忆提问，使小学生复习旧知识，建立新旧知识之间的联系，以旧带新，这是常用的一种课堂提问，这种提问的答案是唯一确定的，小学生没有思考的空间。小学生只需要回答一组词、一句话或一个公式、一个法则。简单的回忆提问限制小学生的独立思考，他们没有表达自己思想的机会。教师不应过多地将提问局限在这一层次上。

（2）判断提问。判断提问是一种只回答"是"与"否"的提问，或称二择一提问。在讲解一个比较复杂的问题时，常常要先用概念、法则等进行一些初步的、简单的判断，或者根据小学生的经验判断一下是非。这是为下一步的推理或讲解扫清道路，这类提问要求学生迅速进行反应。回答这种问题时不需要进行深刻思考。只要对教师提出的问题回答"是"或者"不是"，"对"或者"不对"即可，允许小学生进行猜测。使用判断提问应有节制。每一节课只能用少量的判断提问。有些课堂看上去很活跃，师生之间交流很多，但是仔细分析，学生除了回答是、不是以外，很少有较高层次的思维活动。这种课堂教学的水平是很低的，所以判断提问往往与追问相联系。由一个简单的判断提问引路，逐步展开问题。

（3）确认提问。在初步学习了新概念或法则之后，将概念或法则与具体的事物之间建立起联系，如图形、实物、符号等，这就是确认提问，它也是简单提问。只需进行简单的、直接的判断就可以回答。小学生可以利用刚学过的概念，确认一下实物，使概念与实物之间建立起联系。再如学习了简单方程的概念以后，出一组式子让学生判断它们是不是方程，然后叙述方程的定义，用定义支持自己的观点。在回答确认提问时，学生巩固了对知识的理解和记忆。这种提问比判断提问稍难一些，常常要答出确认的根据。

（4）观察提问。培养小学生的观察能力在小学数学教学中是十分重要的。主要有对图形、对算式和对数量关系的观察等。通过观察提问可以教给小学生观察的方法。引导小学生掌握观察的顺序、重点和中心等，使观察更全面、更细致。然后组织语言把观察到的现象完整、准确、有条理地表述出来，这种表述侧重于结果，一般不包括推理和想象。

（5）比较提问。比较提问是将正在学习的新知识与以前学过的旧知识进行比较，找出新旧知识的内在联系；将类似或同类的概念、公式、法则进行比较，找出细微变化、区别或联系；也可以采取列表的方法进行比较。这种提问可以加深小学生对知识的理解和记忆，有效地防止混淆。在讲解和小结时常常用到。

（6）推理提问。逻辑推理常用的方法有综合法、分析法和归纳法等。在小学应该反复渗透，特别是在应用题的教学中，使小学生从感性上了解它，并且会应用。

（7）概括提问。概括提问是引导小学生用简洁、精练的语言对一些事物、现象、过程、规律等进行语言描述。通过概括得出概念、公式、法则。回答这种提问，小学生要组织语言，准确地描述事物的属性、事件的过程或规律。由小学生自己归纳出概念、公式、法则等，可以充分发挥小学生学习的主动性，有利于小学生的记忆和理解，对于发展小学生的语言表达能力和逻辑推理能力有很大帮助。

（8）应用提问。在学习了公式、定理、法则之后，联系以前学过的旧知识，设计一个问题情境，运用提问，引导小学生应用刚学过的知识解决问题。在小学数学教学中这是很重要的。通过应用提问，可以使小学生巩固新学的知识，加强对新知识的理解和记忆；同时也可以将新知识与旧知识联系起来，建立完整的知识体系；还可以提高解决问题的能力。

（9）迁移提问。利用数学中有些知识内在联系密切、解题方法相同或思维方式类似的特点，应用知识迁移规律，运用迁移提问逐步解决新问题，这是小学数学教学中常用的方法。这种提问有利于小学生用前一思维模式去思考类似的新问题，或以旧知识为基础将旧知识定向延伸，采取转化的方法，以旧带新地学习新知识。

（10）评价提问。在学习过程中，经常的、恰如其分的评价是十分重要的，在学习中应该鼓励学生进行判断和给出判断的理由，这样会使他们回答问题的思路十分明晰。评价提问包括对他人的观点进行评价，分析他人的结论是否正确、理由是否充分、表达是否准确以及估价答案的价值；评价提问也包含对方法优劣进行评价。通过比较，判断不同方法的适用条件、简繁程度以及各自的优缺点等；评价提问还包括对学过的知识进行评价。评价其意义、作用、地位及其在知识体系中的位置，以此来判断其重要程度。对评价提问的回答是一种高级思维形式。小学生要运用多种知识进行联系、比较、综合、判断，最后根据自己的推理得出一个价值结论。在进行这种提问之前，应让小学生建立起正确的价值观念，给出估计、判断价值的原则、方法和标准，以此作为评价的依据。

（11）延伸提问。在教学过程中，把小学生已经掌握的知识再向前延伸一步，对于开发小学生的智力是很重要的，这种延伸提问主要是多向延伸，进行发散思维训练。这对于小学生更深刻地理解知识、发现知识的内在联系、找出理论与生活实际的关系、发挥学生学习的主动性是很有帮助的。在做完思考题之后，可以再向前延伸一步，引导小学生找规律或组织小学生自己编类似的题。

（12）想象提问。充分发挥学生的想象力，打破思维定式，进行发散思维训练，对于开发小学生的智力非常重要。想象提问就是通过提问，发挥小学生的想象力，启发学生思维的一种很好的形式。一般小学生的知识主要受到直接见闻的影响。小学生在学习时将通过感官直接感受到的事物与通过语言、文字得到的知识，通过再造想象重现出来，经过加工整理，建立相应的知识体系、技能体系。然后通过创造想象，扩充知识、技能的范围，将知识、技能与实际相联系，扩大应用范围。这是学习的一个重要方面。

（四）小学数学教学提问技能的原则

（1）提问必须有目的性。教师应围绕教学目标、教学重点和难点设计提问的框架结构，精心设计关键问题和主问题。教师在处理学生的答案时可以运用探查指引，对答案追根寻源，从不同角度探讨；组织学生讨论，使答案更完整、更深刻。

（2）提问要有针对性。教师在设计问题时要考虑小学生的年龄、知识基础、接受能力等特点。在小学，低年级学生与高年级学生相比，知识面、能力水平、思维方式和心理特征差别很大。教师在问题的难度和表述等方面都要照顾到这些特征，针对学生的具体情况设计问题。

（3）提问要有计划性。教师应该在备课时精研教材、深入了解学生，在此基础上设计提问。不但设计好问题本身，而且应设计好提问前的知识准备、启发诱导的语言和必要的提示。还应该预想学生的可能答案，分析可能误答的原因、错误的性质，制定出相应的处理方法。不可在准备不充分的情况下仓促提问，这样可能因考虑不周而出漏洞或使学生产生误解，影响教学进程和效果。

（4）提问应该简明。问题的表达要简明易懂、措辞准确，该用数学语言的必须用数学语言，能用日常用语的要用日常用语。尽可能使语言规范，避免误解，问题的答案也应明确。教师提问的语言要亲切，态度要和蔼。应体现出探寻、鼓励的语气，营造出一种讨论的气氛。

（5）提问应注意普遍性。尽量使每个学生回答问题的机会相等。提问对象过于集中，会对其他小学生产生不良的心理影响。即便是回答问题学生的座位，也应均匀地分布在教室的各个部位，对于前排、后排和两侧的学生都应该照顾到，使绝大多数学生都有主动参与的机会。

（6）提问必须有结论。每一次提问，在小学生回答之后，教师必须给出结论。对小学生答案的处理应该注意鼓励和启发。对小学生答案中的正确部分应该肯定，鼓励小学生积极思考、踊跃回答问题。对答案中的错误部分，注意分析误答的原因，进一步启发和引导。尽量在教师的启发下由小学生自己找出正确答案。即使是比较简单的问题，教师也应该给出一个简单的评价语。尽管在备课时做了充分的准备，也常会出现小学生答案出乎教师意料的情况，此时教师一定要冷静思考，灵活应变，迅速分析误答的原因，妥善处理。

第三节 板书与绘图绘画技能

一、小学数学教学的板书技能

板书，是教师讲课时，在黑板上显示的文字、符号和图表等传递教学信息的书面表达形式，它是课堂教学的重要教学手段之一。板书的特点在于把教学中的书面语言诉诸学生的视觉，这就为课堂教学的形象化提供了条件。

小学数学的特点：高度的抽象性，严密的逻辑性，广泛的应用性。而小学生思维发展的特点是以具体形象思维为主要形式逐步过渡到以抽象逻辑思维为主要形式，二者形成了小学数学课堂教学中不可回避的矛盾。然而，板书却可以化解二者之间的矛盾，因为板书可以为揭示知识规律提供必要的观察材料，可以清晰地反映知识的形成过程，突出教学的重点，对学生思维能力的发展起到积极的作用。因此，有经验的教师总是把课堂教学中的讲解（或叙述）、板书、课堂练习等方面组成一个有机的整体，做到相互渗透，相互补充，成为完美的课堂教学艺术。

板书技能是教师为了完成课堂教学任务，在教学过程中利用黑板，以凝练的文字、符号、图、表等形式传递教学信息的行为方式。板书技能是教师钻研教材、驾驭教材、组织教学的能力的反映，也是教师的知识结构与教学艺术水平的重要体现，同时，也渗透着教师的教育理论水平及审美素养。好的板书是教师联系教学实际，潜心构思，调度剪裁教材的创造性劳动。合理的总体布局、提纲挈领的内容、规范的例题解答与优美的图形设计、适当的色彩搭配、必要的线条勾画，以及端正秀丽或苍劲有力的字体等，都可以构成一件独特的艺术品，从而使教学效果倍增。因此，做一名教师，就要掌握这项教学技能，并不断努力地提高这一技能水平。

（一）小学数学教学板书技能的分类

1. 按板书作用分类

按作用分主要有：主板书与副板书。主板书是教学内容的提纲、重点及主要公式等，通常写在黑板的中心部位，并占大部分板面，且一直保留到全课结束。副板书是对主板书的补充、提示及说明，或要临时写的内容。因此，副板书可安排在主板书的两边，并可以根据教学的需要随时擦掉。

2. 按板书思维方式分类

（1）归纳式板书。将教学内容归纳概括成简单的式子、词句等板书形式。

（2）分析式板书。分析式板书是把事物的整体划分成各个部分的板书形式。板书过程是一个由"未知"看"须知"逐步靠拢"已知"的过程。这种板书多应用于应用题教学。它可将解题的思维过程直观地、逐层地、逐步地展示出来。

（3）对比式板书。对比式板书是将相互联系而又相互区别的部分集中在一起而设计的板书。这种板书可使相关的教学内容形成鲜明的对照，使学生清楚地看到它们的联系与区别。

（4）总分式板书。总分式板书适合于先讲整体结构后讲细微结构的教学内容。这种板书条厘清楚，从属关系分明，有利于学生掌握所学的知识体系，形成了完整的认知结构。

3. 按板书形成分类

（1）提纲式板书。提纲式板书是按教学内容和教师的讲解顺序，以纲目的形式展示要点的板书形式。这种形式通常以精练的语言、序号排列的方式出现，有利于学生把握知识要点、便于理解记忆。

（2）表格式板书。表格式板书是将教学内容以表格形式展现出来的板书形式。这种板书根据表格设计的内容，提出相应的问题，让学生思索后提炼出简要词语，填入表格。通过归纳分类，能使复杂的关系条理化、系统化。

（3）线索式板书。线索式板书是借短线、箭头及方框按一定的逻辑顺序，将教学内容的各个局部依次连接起来，表示它们之间的连贯关系的板书形式。

（4）图示式板书。图示式板书，是由一定意义的线段、箭头、数字、符号或图画、图解构成的板书形式。这种板书有形象、直观等特点。能引起学生的兴趣、注意、思考、记忆，也有利于学生理解与掌握所学的知识。

（5）运算式板书。运算式板书是用于例题的演算、公式推导的板书形式。这种板书文字量小，逻辑性强，一目了然。

（二）小学数学教学板书技能的要求

（1）板书要体现出教学重点，提纲挈领，简明扼要。板书的内容要为教学服务，要紧紧围绕教学目的，把教学的重点简明扼要地展示出来，有利于学生理解、掌握和记忆所学的知识。

（2）条厘清楚，层次分明，便于归纳、总结、概括。好的板书是数学课堂教学内容的深化和浓缩，是要把教学内容经过分析、综合、归纳、概括，使之条理化、系统化、形成知识网络，不是教学内容的简单罗列。

（3）板书要具有规范性。书写要规范。板书的字要讲究工整、规范、准确。用语要规范，字、词、句，算式、符号的选用、搭配、对比、呼应等，要规范。板面要规范。上下左右，整体布局，安排合理；字体大小，色彩搭配，恰到好处。姿态要规范。教师在写板书时，身体直立，动作自然。

二、小学数学教学的绘图绘画技能

小学教学中的绘图是指对几何图形的绘制，教学时以黑板、挂图、投影、电视、电脑等为载体，通过直观教学手段，使学生便于观察，认识几何图形的形象特点，有利于空间观念的形成。小学数学中的绘画一般指简笔画。简笔画是日常生活中经常接触的一种绘画形式。把简笔画运用到教学中，作为教学的辅助手段，帮助学生变抽象为直观，刺激学生的视觉，培养观察能力，加深对教学能力的理解、掌握和记忆。绘制几何图形和简笔画，是小学数学教师必备的教学技能。在教学中教师能够根据具体教学内容快速、正确、形象地画出有明确要求的图形，可以节省大量的教学时间，提高教学效率，也可以激发学生的学习兴趣，引起学生的注意，帮助学生很好地理解较为抽象的教学内容。

（一）小学数学教学几何图形的绘制

（1）线的画法。

第一，实线。实线有时用于画图形的轮廓、有时用于画图形内部的阴影。画轮廓线一般用粗实线，画阴影线一般用细实线。

第二，虚线。虚线用于画一些平面图形（如三角形、平行四边形、梯形）的高线，画立体直观图被遮住的部分的棱等。其粗度为粗实线的画线时画出的小线段要等长、断空要等距。断空部分的长度要小于画出的小线段的。

第三，点划线。点划线用于画轴对称图形的对称轴和圆柱、圆锥的轴线。点划线的划长可为15毫米左右，断空可为2毫米左右，中间画一个点。点划线的粗度可为实线的。点划线应越过图形轮廓线一段。

第四，直线。用笔紧靠直尺或三角板的一边在纸上或黑板上画出的即是直线。

第五，线段。与直线的画法类似，所不同的是画线段时要把两个端点画出来。画给定长度的线段，可用刻度尺画出。在线段两端画垂直的短竖线（尺寸线）。标法可写在两箭柄中间。箭头尖端要恰好顶在尺寸线上。

第六，射线。把线段的一端无限延长就得到了射线。

第七，平行线。画平行线常用的几种方法：方法一：利用"两直线与第三条直线相交，同位角相等时，两直线平行"作平行线。方法二：利用"两直线与第三条直线相交，内错角相等时，两直线平行"作平行线。方法三：利用"垂直于同一直线的两直线平行"作平行线。

第八，垂线。画垂线可以用三角板、直尺或丁字尺来画。

（2）角的画法。

第一，直角。直角可用三角板来画，也可用量角器来画。

第二，锐角和钝角。用直尺或三角板画出的小于 90° 就是锐角；画出的大于 90° 的角而小于 180° 的角就是钝角。

第三，平角和周角。用直尺或三角板画一个两边成一条直线的角，这个角就是平角；如果它的两条边重合成一条射线，这个角就是周角。

（二）小学数学教学统计图的绘制

（1）条形统计图的画法。条形统计图是用一个单位长度表示一定的数量，根据数量的多少画成长短不同的直条，然后把这些直条按照一定的顺序排列起来。

（2）折线统计图的画法。折线统计图是用一个单位长度表示一定的数量，根据数量的多少描出各点，然后把各点用线段顺次连接起来。

（3）扇形统计图的画法。扇形统计图是用整个圆面积表示总数，用扇形面积表示各部分所占总数的百分数。这种统计图可以清楚地表示出各部分同总数之间的关系。

（三）小学数学教学简笔画的绘制

简笔画，就是用简练的线条直观而形象地勾勒出某一物象的特征和神态的一种绘画形式。教学简笔画，是教师根据教学内容及教学需要而绘制的简笔画。简笔画作为教学的辅助手段，以黑板、投影片、挂图为载体，直接为教学服务，帮助学生理解教学内容。简笔画通常采用单线法，笔笔都要抓住事物的特点，做到"简"而不失其形象。笔笔画准就要靠平时多练。刚开始学画，要养成用笔的良好习惯。用笔要实、要稳，能用一笔画的线，不用两笔画。在下笔前先看好物体的比例和各部分的关系。注意用笔的先后顺序。注意掌握一些规律，尽量用最少的符号、线条表达最优化的形象效果。

简笔画常用的画法具体如下。

（1）一笔画法。一笔画，就是用一笔把一个物象的整体形象画出来。动笔之前，要考虑整体的轮廓，然后设计好笔的"行走"路线，选好笔的起点和终点，做到心中有数，防止线条重复。画时，要运笔流畅，一气呵成；练时，要由简到繁，循序渐进。

（2）几笔画法。几笔画，也叫一、三、五笔画。如画一个苹果，一笔画出苹果的外形，再用两三笔画出苹果的柄和叶，苹果便成形了。

（3）几何画法。对于各物象，可以通过几何图形的组合来表示。几何画法只要求形似。

（4）骨架画法。骨架画法，在画人体的动态时常用。把组成骨架的脊椎、头、肢用直线和曲线画出各种动作。画时要注意：人物的重心要稳、动作要合理。

第四节　教学设计与研究技能

一、小学数学的教学设计技能

（一）小学数学教学设计的意义

一般而言，教学设计是研究教学系统、教学过程和教学计划的系统方法。简而言之，教学设计是教师根据教学目标及教学大纲要求，结合学生实际和教材内容，拟定教学要求，确定教学方法，选定教学手段，并策划自己执教课堂内容的教学过程。它具体体现为教学课程设计、教学单元设计和课堂教学设计。从小学数学课堂教学技能训练的角度讲，课堂教学设计是我们每个从事具体教学工作的人所要研究的重点。

作为课堂教学的总体规划和设想，教学设计是整个教学过程最关键的一步。它不仅是课堂教学的依据，而且其设计水平将直接影响课堂教学的质量和效率。课堂教学中是否充分调动了学生的积极性、主动性，是否培养了他们的能力和创新意识，在很大程度上取决于教师对这堂课的教学设计。由此可见，教学设计在教学过程中的地位及重要性。

教学设计不仅仅是单一的教学技能，它是根据教学目标与教学内容的需要和学生的实际，合理地选择和运用几种教学技能，将它们有机结合，通过多种单一教学技能之间相互联系相互作用，使之形成一个有机整体。因此教学设计技能训练的目的在于：使教师了解教学设计的基本思路、原则、内容和方法，经过适当的训练掌握分析教学内容，确定教学目的，设计课堂教学结构，选择教学媒体，进行学习评价的基本方法，促进教学改革，优化课堂教学，提高教学质量。

1. 教学设计的特性

（1）计划性。课堂教学设计说到底就是对整个教学过程中的各项工作做一个计划。比如教学目标的选定，教学重点和难点的确定，教学方法与手段的筹划等。

（2）超前性。既然教学设计是对教学的预谋和筹划，那么它就应具有一定超前性。在对教材进行总体规划时，教师通过思考判断教材内容、学习环境和教师行为可能引起的效果以及学生可能做出来的反应，并借助想象在头脑中拟定教学蓝图，以便达到教学的目标。

（3）创新性。教学是一种创造性活动，是一种培育未来人才的劳动，因此教学设计要体现出创新精神。

（4）可行性。教学设计是整个教学过程的设想和计划，因此教学设计的结果是形成一种最优的教学方案，也就是一种经过优化的劳动程序。因为它有科学的目标、合理的教学步骤、最佳的方法和手段，因此具有可行性。

2. 教学设计的步骤

教学设计总体设计的原则应先从总体划分出大框架，然后再对每个教学细节做具体的精雕细刻。课堂教学设计大体可分为以下步骤。

（1）分析教材总体脉络。

（2）制定教学目标：①思想品质培养；②知识掌握；③能力的运用。

（3）确定重点难点及突破方法和手段，并对教材原有基础进行取舍处理。

（4）教学过程的设计以及教具、电教手段设计。

（5）设计教学手段（情境、语言、讨论等）。

（6）形成教学方案即教案。

3. 教学设计的原则

（1）以问题激发兴趣。一切成功的教学设计，先要解决学生由"要我学"到"我要学"的问题。长期以来，我们学生手中的教材具有双重性。不仅有生动、形象、有趣的方面，也有抽象、难懂、枯燥的方面；不仅有系统、完整的知识系统，还有复杂、零散的方面。这无疑给学生们的学习增加了许多的麻烦和困难。因此，教学设计要通过对教材的巧妙处理和教学组织谋划，调动学生，使他们想学而且爱学。

（2）揭示规律。所谓规律就是事物本身固有的必然本质联系和必然发展趋势。教师进行教学设计时，要牢牢抓住教材的典型性、代表性的知识内容和关键环节，使教学过程化繁为简，化难为易，从而举一反三。教学设计中的揭示规律就是让学生不拘泥细节，既让学生掌握知识，又提高能力。

（3）精讲精练。在有限的时间和空间内，要完成众多教学任务，最好的办法是精讲精练。教学设计就是以完成教学任务和学生真实水平为依据，以科学艺术的教学方法适度讲解，以艺术训练措施做针对性的适量练习，使学生更快、更好、更扎实地掌握教材中的知识内容。这必须有好的教学设计做保障。在进行课堂教学之前，精心设计教学方案极其重要。

（二）小学数学教学设计的要求

教学设计关系到课堂教学的成败，是整个教学过程的关键。因此要激发学生求知欲，这就为课堂教学设计提出了更高要求。

1. 注重教学的结构设计

教学设计中无论是教学目标，还是教学过程，都要渗透教学结构的每个步骤中去。

（1）新颖激趣的开篇——导入新课。数学知识是一个结构性、系统性很强的学科，教学是循序渐进的，从未知到已知，从易到难。因此教学伊始应创设一个教学情境，使学生迅速进入学习氛围。

（2）开启思维大门——新授。学习是他人不可替代的特殊的认知活动，因此教学设计中，不应停留在简单给予学生知识，而应向学生揭示知识发生的过程、解题思路、方法和规律，鼓励学生质疑，充分发挥学生的思维能动性。思维是数学的核心，因而教师应在教学设计中突出思维的练习，努力置学生于主动、积极探求的位置。

（3）精练到位的信息回路——练习。小学数学课堂应以"练习为主线"，通过练习消化巩固知识，并及时了解学生对新知识的理解程度。教学设计的练习需要注意适度练习。

（4）意味深长的结尾。每节课的教学设计中要为后面授课做好铺垫或激发学生继续探究的热情。

综上是教学设计中的要求，简言之，教学设计有"四字诀"：一新，教学设计要新颖有特色，即教学形式上多变，教学方法上立足创新，教学内容上充实，让学生有常学常新之感；二巧，构思巧妙，从学生认知特点、规律和大纲特点出发，独具匠心地设置教学结构，使学生在巧中享受快乐；三精，教学设计时要精讲精练，使学生深入理解教材，又使他们在学习中活跃起来；四活，教学设计应采取一切方法、手段，使教材"活"起来，使学生"活"起来，思维"活"起来，这要求教师设计要灵活，形式多样。

2. 注重教学目标的设计

教学目标是教学设计的首要环节，它既是教学设计的出发点和目的，也是教学的主线，它制约着教学内容、方法、手段、结构等方面，对整个课堂教学过程起着指导作用。因此教学目标要明确，课堂教学设计应建立在认识培养目标、情感发展程序目标和操作能力培养目标的全面实现上。

（1）整体性，即全面性。所谓整体性，是以全面提高学生素质为出发点。小学数学的教材是按螺旋上升编排的，具有很强的系统性、整体性。因此教学目标设计应准确把握教材的思路，处理教材，寻找教学设计的"源"。因此教学目标的设计应着眼于整体。将目标确定后，再加以分解并精雕细刻，把单元目标具体化、明确化，有规律地确定具体的、全面的课堂教学目标。同时也应根据学生的实际情况和生理特点，制定一套能掌握知识、训练能力、培养品质的目标要求。还要注重非智力发展因素，培养学生良好的学习习惯。

根据教学设计的整体性，更要培养整体意识。具体而言：第一，在充分发挥各环节要素综合功能的时候，更要精心设计科学合理的组合，以便发挥各环节要素的功能；第二，教学时间的科学合理分配和教学速度的恰当规划是教学过程整体优化的重要标志；第三，教学过程是个整体，教学时要体现教育综合功能的各项目标，重视教材的内在教育，如思想逻辑、教育美学、辩证唯物观等，使之内外统一，形成整体；第四，把某堂课或某节课的教学设计融入整个教学设计的综合规划之中，使之前后关联，产生系统的整体效能。

（2）差异性。教学设计不仅要顾全整体，更应根据认知个体（学生）的实际的知识储备、智力水平、学习习惯等诸方面存在的客观差异。换言之，既要重视教学的统一要求、目标的一致性，更要重视个别差异，突出教学目标个别差异性和阶梯性。简而言之，教师不仅要准确掌握教材的整体思路，更应去分析学生的个别差异，在教学设计时首先考虑学生原有的知识水平和经验。其次，教师在设计教学时要充分考虑全体学生的学习主动性和积极性，根据个别差异性去引发每个学生的兴趣，让他们爱学、会学。最后，应考虑如何把全体学生领入教学的环境之中去，因此教学设计一定注重差异性。

（3）层次性。小学数学的知识结构整体性强、系统性强。一个单元或章节往往是由好几个内容构成的，是通过连续的几个课时教学来完成，因此整体的教学设计必须具体、有层次，分步落实。这里所说的层次不仅包括教材的层次，更包括不同层次的学生。因而教师在教学设计中必须根据教材的整体设计目的及学生的思维差异，择取教材中精华的东西，以完备的形式和科学方法把每本教材、每章内容及至每堂课中的练习、新授、提问、演示分清层次，设立目标，使它们之间相互结合，相互促进，相互提高，使教学目标的实施体现有序、紧凑的层次性，从而体现教材目标的整体性。

3. 注重教学过程的设计

教学过程的设计是教学设计的重要环节，因为教学过程就是探求达到教学目标的教学手段和途径。一切教学任务都是靠教学过程来完成的，要想把素质教育落到实处，关键的就是优化教学过程。只有教师设计出最优的教学方案，才可能达到最优的教学效果，才有可能实现素质教育的目标。因此在教学设计中要注重教学过程。

（1）重视研究每个认知个体的知识基础。任何新知识都是旧知识的延伸发展，所以教师要深入了解每个学生为学新知而准备的旧知的掌握状况，也就是应了解学生已经知道哪些知识，哪些知识掌握得较为扎实，哪些知识掌握得不好等，从而来确定教学的途径、方法。在学习过程中，学生的思维往往在已知与未知之间难以接通。因此在设计教学过程中，要从学生实际出发，既重视全体学生的情况，又照顾个别学生的困难。通过教学过程设计从以往的"重"教（即从教师角度出发），转变为重视学生能力的"重"学（即如何发挥学生主体作用）。

（2）合理组织教学内容，促使学生主动组建自己的知识体系。组织教学内容是课堂教学设计的又一重要方面。因为任何一节课绝不能把教材内容一成不变地搬上课堂，因而在课堂教学设计中要求合理地组织教学内容。教学内容是教师与学生传授的桥梁，是选择教学方法、教学手段的依据，所以要依目标确定教材重点、难点、知识结构和前后衔接。因此在教学设计中应精心设计教学内容，并且内容的处理必须紧紧围绕学生主动构建自己知识体系而服务。

第一，教学内容的处理设计必须有利于体现知识结构。学习知识的过程就是把数学知识内化为认知结构的过程。因此教师必须钻研教材，吃透教材，读懂教材，透彻理解教材，使之化为自己的知识体系，从而既忠实于教材，又灵活运用教材。做到重点突出，深入浅出，有恰当的容量、密度、难度和层次性，从而更好地为学生构建知识体系服务。

第二，教学内容的组织设计必须有利于完善学生的知识结构。对教学内容组织设计，不仅注重处理教学内容，还要激发学生"内化"的动力，在教材的基础上对教学内容进行艺术加工，根据教学目标和学生认知特点，把抽象数学教学内容组织得生动、活泼，增强课堂的感染力和学生的好奇心。因此教师要认真设计教学内容，使学生主动构建新知。

（3）灵活选择教学方法，利于学生"自学"。教学方法是为了完成一定的教学任务，师生在教学过程中所采用的手段，是教学设计的重要环节。要根据各自的特点和局限，灵活选择教学方法。但教学方法的设计要围绕教学原则、教学目标、教学内容，及至学生、老师的特点来有选择地综合不同的教学方式、手段。

二、小学数学的教学研究技能

数学教学研究是一种认识过程，是人们用有目的、有计划、有系统的严格而科学的方法，研究本学科的知识体系，认识教育现象，探索与发现教育规律，深化教育改革，全面提高教学质量的一种创造性活动。

数学教学研究的目的不在于一成不变地记录资料，发现某个问题的特点与规律，而是要经由概括、演绎与实证的方法，建构出一套科学的理论，形成理论化的知识体系，用一组精要的理论性架构来描述、解释及预测复杂的事实。因此，真正的科学知识并不是记录验证的零星事实，而是研究者所建构的科学理论。所以，科学研究既要重视设计程序、可验证性，又要重视逻辑关系，合乎逻辑。我们的教学研究就是在收集事实的基础上，提出假设、编制研究方案，按照研究方案收集资料，然后分析资料，整理结果，进行定性定量分析，探求规律，进而将规律系统化，形成科学理论。

近年来，随着教育科学研究的不断深入，科学技术的不断发展，教学研究也出现了新的发展趋势。由教学研究的生态化、现场化及跨文化向教学研究的综合化、现代化与数字化过渡，主要是指强调采用多种方法和从多学科的角度去探讨教育现象及规律，而且在教学研究时已大量采用录音、录像、电脑等手段，准确地记录收集的资料，并且可以反复看、听，所得资料客观，分析资料准确。同时，对研究结果进行数量化分析，使教育教学研究日臻科学化。

（一）小学数学教学研究的意义

（1）开展教学研究，为深化教改提供科学依据。小学数学教学要为培训个性得到健康发展的，适应社会主义建设事业需要的人才服务，就必须把自己的工作建立在高度的科学水平上，必须经常开展教学研究工作。用小学数学独特的教学规律来实施教学，才能提高教学质量。

（2）探索教学规律，为教学实践提供理论指导。教学研究，是探索教学规律的有效途径。教师的中心是教学，它作为一种活动是有其客观规律性的，只有教师按照客观规律的要求去做，教学活动才能获得最好的效果。教学规律产生于实践之中，是从实践中发现、归纳、总结出来的，并能指导实践。

（3）丰富教学研究成果，促进学科向纵深发展。任何一门学科的发展，都要靠本门学科的研究成果的积累与创新，才能发扬光大。广大教师常年工作在教育、教学的第一线，具有丰富的教育、教学经验，了解教学的实际状况，能从实际出发，做到理论联系实际，切实提出具有理论和实践性很强的课题进行研究。因此成果具有教师的个性特征，要把这些借助个人理解和感觉的成果统合起来，丰富和完善，形成反映事物本质和规律的、能够在一定范围内应用的知识，才能促进学科的纵深发展。

（4）提高教师的教学研究素质，促进教学工作。我国广大人民教师与学生相处较多，因此，他们较为了解学生，可以发现教育实践中的问题。树立教师的数学研究意识，自觉学习科学理论知识，提高理论水平。在理论指导下，设计教学研究方案，通过研究实践，又不断提高理论认识水平和教学水平，并在此基础上进一步总结经验，在更大范围内将教育理论与教学实践相结合，探讨具有普遍指导意义的教育、教学规律，推进教学质量的提高。

（二）小学数学教学研究的方法

要进行数学研究，必须根据所研究问题的性质和研究过程中的需要，采取不同的研究方法。运用于教学研究的方法有许多种，如观察法、调查法、实验法、统计法等。每一种研究方法都有其独特的功能和作用，但也都有其各自的局限性。因此，一个研究课题往往需要几种研究方法的相互结合，才能正确地揭示出事物的本质。

（1）观察法。观察法是人类认识事物最早，也是最古老的一种方法。专题研究中的观察法是指人们通过感官或借助一定的科研仪器，有计划地考察教育教学现象的一种常用的研究方法，它具有简便易行，获得资料可靠性高的优点。观察的第一手材料形象、直观、生动。由于现象处于自然状态之中，因此观察结果人为因素少，比较客观和真实。外界环境对观察对象形成的影响比较大，研究中的测量只能感知，不能定量分析。要求观察时要冷静、细心、耐心，同时做好观察记录和保密工作。

（2）调查法。调查法是研究者通过访问、谈话、问卷、测验等方式，有目的、有计划地搜索资料，然后通过对材料的整理、分析，从中概括出一定的结论或规律的科学研究方法。调查时要注意目的明确，对象广泛，要有代表性，要尊重客观事实，实事求是，要消除被调查的思想顾虑。调查法具有涉及范围广，收集资料速度快，手段多样的特点，但投入人力物力也比较大，其中问卷和谈话是两个最基本的调查手段。

（3）实验法。实验法是在人为的严密的控制条件下，有计划地逐步操纵实验变量，观测与这些实验变量相伴随的现象的变化，探究实验因子与反应现象之间的因果关系的一种方法。实验法必须在理论假设的指导下，在教育实验中，控制无关变量，操纵自变量，观测因变量，在一定时间内，将收集到的效果资料进行比较分析，反复验证，揭示其因果关系及教育教学与人的发展规律。运用实验法时要注意对无关因子的控制要严格，否则就不能突出实验因子的效果；实验者在实验前要分析检查以前的学习对于各实验因子所产生的转移作用，如存在着差异就要加以消除。实验法有三种组织形式：单组实验、等组实验和轮组实验。这三种实验法各有利弊，单组实验是在不同的时间阶段进行的，等组实验法是在不同的被试者身上进行的，因此，结果的精确性都难以保证。轮组实验法最为复杂，但最可靠、最准确。具体应用时要根据实验要求和实际可能选择使用，且组织要严密。

（4）统计法。统计法就是对观测、调查和实验所搜集到的数据资料进行整理、计算、分析解释和统计检验的原理和方法。统计法的内容可分为描述统计、推断统计和实验设计三部分。选用统计法最主要是从研究途径和实验中的变量的种类两大方向来考虑，描述性研究，着重于理论的介绍、比较或评价；实验性研究主要借助实验方法对提出的理论进行论证；假设性研究主要是利用各种研究手段，对所构造的命题或假设进行综合性检验或论证。

第四章 小学数学教材分析技能

教材广义上泛指一切与教学相关的材料，包括教科书（习惯上称课本）、练习册、学具等；狭义上教材特指教科书。本章讨论的重点是教科书，兼及其他。如无特别说明，本章所指的小学数学教材即是指小学数学教科书。

小学数学教材是编者根据《义务教育数学课程标准》（2011版）（以下简称《课标》），结合数学本身的特点和学生的认知规律精心编写而成的，是编者综合广大教师、教育教学研究工作者长期积累的教学经验和研究成果的智慧结晶。因此，无论是新教师还是老教师，在教学前都要认真分析领会编者的编写意图，在此基础上科学地甚或创造性地组织教学内容，选用教法，精心编写教案，实施教学，以圆满达成教学目标，完成教学任务。所以说，教材分析是教师的一项重要基本功，是教师备好课、上好课的前提。

我们常说，教师的教学不应是"教教材"——就教材照本宣科，而应该是"用教材"——在理解的基础上创造性地使用教材教学，其前提就是要准确地理解教材，如何才能做到这一点呢？本章拟给出教材分析的四个基本策略，即第一，整体解读，分析教材的编排体系；第二，综合解读，分析教材的重点难点；第三，过程解读，分析教材的教学思路；第四，批判解读，分析教材的优化空间。帮助教师通过掌握一定的程序和方法，逐步熟悉教材、把握教材进而驾驭教材。下面作具体说明。

第一节 整体解读，分析教材的编排体系

小学数学教材的内容体系是以数与代数领域的教学内容为主线，将图形与几何、统计与概率、综合与实践等领域的教学内容有机结合起来编排。小学数学的教学内容是由《课标》规定的，因此，分析教材的编排体系必须弄清《课标》的课程内容体系设计。小学数学的教学内容是数学的，《课标》所规定的是作为教学任务的数学，它与作为学科知识体系的数学有着千丝万缕的联系。因此，分析教材的编排体系，教师还必须要有较好的数学知识背景，要能在高处整体把握小学数学知识的逻辑结构。在此两者基础上，才能进一步分析厘清教材的编排体系。

一、解读《课标》，整体把握中小学阶段的衔接过渡

前文已经就如何解读《课标》做了说明，尤其是关于教学理念的解读，这里不再赘述，只就《课标》的课程内容解读作进一步的说明。

按目前国内的办学体制，《课标》第一、二学段的内容属于小学数学教学内容，第三学段属于初中教学内容。很显然，九年义务教育数学教学内容应作为一个整体来考察。为便于从整体上把握小学数学教学的重点和难点，指导教材分析和教学实践，我们把小学数学知识内容按其与初中学习之间的关系分成四类。

一是小学学了，初中不再学，但在小学、初中及以后的学习与生活中都有广泛应用，其概念、原理、方法和理论体系对初中数学学习有重要支撑作用的知识。这类知识主要包括数与代数领域中"数的认识"与"数的运算"两个部分。"数学"之所以被称为"数学"，乃是因为数的概念与运算是这门学科的根基，所以，这两个部分一定要学好。自然数（包括整除性）、分数（百分数）与小数的概念、运算与应用问题既是初中学习有理数、实数的概念、运算及解决应用问题的基础，又是在此基础上，把数的运算一般化，学习关于字母的代数运算的重要基础，更是今后学习更抽象的数学的基础。例如：在数的运算中，最重要的是运算意义、数与计数单位的概念和运算律（包括加法交换律、结合律，乘法交换律、结合律、分配律），在应用问题中，最重要的是基本的三量关系，传统教学中有11类基本应用问题：部分数、部分数、总数三量关系应用问题2类；每份数、份数、总数三量关系应用问题3类（具体包括单价、数量、总价，速度、时间、路程，工作效率、工作时间、工作总量等三量关系）；大数、小数、相差数三量关系应用问题3类；1倍数、倍数、几倍数三量关系3类（当倍数小于1时，就是分数应用问题）。随着数系扩充，这些要素不断被用于新的数系中加以应用和考察，不断形成新的、包容性更大的数学体系。进而，整数的概念、性质与运算被一般化为整式的概念、性质与运算，分数的概念、性质与运算被一般化为分式的概念、性质与运算，等等。

二是小学学了，初中不再学，但在小学、初中及以后的学习与生活中都有广泛应用的知识。主要包括图形与几何领域中关于测量的知识，具体是：长度、周长、面积、体积、容积的概念；相关计量单位的含义、观念与换算；长方形、正方形、圆的周长、面积计算公式，平行四边形、三角形、梯形的面积计算公式，长方体、立方体、圆柱的侧面积、表面积和体积（容积）计算公式，圆锥的体积计算公式；某些测量、作图的技能与估计方法。另外，还包括比、按比例分配与正反比例（在初中科学学习中有广泛应用）、比例尺以及统计与概率领域中关于统计的知识。这些知识也一定要学好。

三是小学学了，初中还要重新学（更准确、严谨、深入学）的知识。课程设计、教材编写有一个基本的原则叫"螺旋上升"，即某一知识的学习不是一次完成的，而是通

过不同阶段逐步深化认识来实现的。这种"螺旋上升"可以在学段内实现，也可以通过跨学段实现。小学数学中这类知识主要包括图形的认识、图形与运动、图形与位置、式与方程、随机现象发生的可能性与事件的概率等。往往由于既无必要或者也无可能把这些知识一次教学到位，因此，教学要注意一个基本原则：混而不错，即可以教得比较含糊，但不错。所以，教学不要"深挖洞"——把后面的知识提前教，但要设法"广应用"——以帮助学生丰富数学理解、积累活动经验、培养应用意识。

四是小学学了，初中不再学，有重要的生活应用或跨学科应用的知识。这类知识可以通过结合生活或其他学科的实践学习或综合学习来进行。主要包括表示方位的前、后、左、右、上、下；货币单位元、角、分；时间单位年、月、日、时、分、秒；质量单位克、千克、吨等知识。

二、解读知识，深刻理解教学内容的数学本质

《课标》规定了小学数学的教学内容，其核心是数学知识。这就要求教师必须很好地把握教学内容的数学本质、设计符合数学本身发生发展规律而又切合学生学习特点的教学方式，使教师教得轻松，学生学得轻松。要很好地把握教学内容的数学本质，教师必须具备与之相关的深厚的数学学科知识——不仅要理解该知识在学科逻辑体系中的地位和作用，把握与前后知识之间的联系，还要了解该知识发生发展的历史过程，更好地理解我们所教的知识是如何以及为何会成为如今的面貌，为设计与实施自然流畅、清晰易懂的教学奠定扎实的基础。"不谋万世者，不足谋一时；不谋全局者，不足谋一域"，此之谓也。

理解教学内容的数学本质需要有高观点，要善于运用自身良好的数学学科功底，"居高临下"地分析所教的教学内容。例如，根据有理数域的概念——全体有理数，如果满足加法和乘法的结合律和交换律，乘法对加法满足分配律，那么方程 $a+x=b$，$ax=b$ 总有解。换句话说，在有理数范围内，所有的有理数运算——加减乘除——都可以无限制进行，而绝不会超出这个范围，这样一个数的集合叫做一个域，有理数域是最小的数域。可以考虑如下问题。

（1）如果 a、b 是整数，$ax=b$，则 x= ？

有（分数的除法定义），x=b：（分数的比值定义），x=（利用等式性质，两边同除以 a）。

（2）不论 a、b 取什么值，x 总有唯一解吗？

分类讨论：①当 $a \neq 0$，$b \neq 0$ 时，x 有唯一解；②$a \neq 0$，b=0 时，x 有唯一解，即 x=0；③当 a=0，$b \neq 0$ 时，x 无解；④当 a=0，b=0 时，x 有无数解。综上所述，当 $a \neq 0$ 时，x 有唯一解。

在小学数学中，规定除法的除数、分数的分母、比的后项不能为0，却不能很好地解释这究竟是为什么。为此，许多低年级老师在教学除数不能为0时，想了许多办法：如提出"把一些物品0个分一份，可以分几份？""把一些物品平均分0份，每份有几个？"这样的问题以解释除数为0的不合理性，这样的解释其实也是颇为牵强的，不如当时直接告知，待时机成熟，再来解释其合理性。

（3）想一想，x可以是小学里学过的什么数？

就 $x=\dfrac{b}{a}$（$a \neq 0$）分类讨论：①当 $b < a$ 时，x 是真分数，真分数<1；②当 $b \geq a$ 时，x 是假分数，假分数 ≥ 1。就 x 是假分数进一步分类讨论：当 b 是 a 的倍数时，x 是整数（由此整数也可以看成分数的一种特殊情况）；当 b 不是 a 的倍数时，x 是可以化成带分数。

就 a、b 是否互素分类讨论：①当 a、b 是互素数时，x 是最简分数；②当 a、b 不是互素数时，x 不是最简分数，通常要化成最简分数或整数。当是最简分数，且 b 不是 a 的倍数时，分数可以化成小数，进一步分类讨论：如果分数的分母中只含有素因数2、5，这个分数可以化成有限小数；否则就化成无限循环小数。小学里学到的无限不循环小数只有一个：π。

讨论分数化成有限小数的条件：小数是十进分数的一种特殊形式，因此有限小数必能化成十进分数，分母一定是有限个10相乘，分解素因数 $10=2 \times 5$，分母只含素因数2、5，如果把十进分数化成最简分数，分母中也必定只含素因数2、5，因此，如果一个分数的分母中还含有2、5以外的其他素因数，必不能化为十进分数（即小数）；反之，如果分数的分母只含素因数2、5，我们总可以通过分子分母同时乘以若干个2、5，使得分母变成有限个10的积，化成有限小数。因此，分数化成有限小数的条件是分数的分母中只含素因数2、5。

（4）写出一些方程，使它们的解与方程 $12x=9$ 相同。

可以根据同解原理（小学里通常把它叫做等式性质，其实是不同的）写方程，如：$4x=3$。

通过分析比较，我们可以发现同解原理与分数基本性质之间的联系：①的等式两边同时除以3也就是②的分子分母同时除以3，进而可以把同解原理与商不变性质、比的基本性质联系起来。进一步：既然小数是十进分数的一种特殊形式，那么，小数的基本性质与分数的基本性质之间又有什么联系呢？研究发现：根据小数的基本性质 $0.2=0.20$，也就是，小数的基本性质是分数基本性质的一种特殊形式。

理解教学内容的数学本质需要有"大视野"，尤其是知识发生发展的历史视角。H.弗赖登塔尔反复强调，学习数学的唯一正确方法是实行"再创造"，也就是由学生本人把要学的东西自己去发现或创造出来；教师的任务是引导和帮助学生进行这种再创造的工作，而不是把现成的知识灌输给学生。他认为这是一种最自然、最有效的学习方法。说它最自然，是因为生物学上"个体发展过程就是群体发展过程的重现"这条原理在数学学习上也是成立的，即，数学发展的历程也应在个人身上重现，这才符合人的认识规律。仍以前文所述"除数不能为0"为例，我们知道：除法来源于解决现实生产、生活实际问题的需要，在这样的实际问题中，压根就不会出现除数为0的问题，也就没有研究除数能否为0的必要性。显然，这一问题的提出是数学研究发展到一定阶段的产物——人们超脱实际问题背景，开始把数和除法运算本身作为研究对象，这就需要考虑除数能否为0的问题。根据这样的历史发展逻辑，在低年级对这一命题作教学处置时，或直接告知，或待时机成熟，再引入这一结论，都是可行的选择。

三、解读教材，全面梳理基于学理的编排体系

浏览并比较各套教材，我们发现：不同的教材其编排体系是不尽相同的，但其学理基础是相同的——教材的内容安排整体上都遵循了从简单到复杂、从具体到抽象的顺序，强调学生的主动建构，体现了知识的逻辑结构与学生认知结构的统一性，但具体的知识关联方式、学习序列安排又不尽相同，体现出某种过程的假设性。即假如学生已经具有了某种知识经验和学习能力，那么，进一步的知识建构将具有怎样的潜在可能性，对可能性的不同选择导致了知识关联方式和学习结构序列的多样性。

分析教材的编排体系和知识之间的内在联系，可以从整体上把握各类知识在小学数学教材中的分布，认清各类知识的来龙去脉与纵横联系，以及它们在整个小学数学教材中的地位和作用。对同一类知识来说，又可以充分认识到所要教的那部分内容，其知识基础是什么，为哪些后续知识的学习作铺垫等。掌握小学数学教材的编排体系和内在联系后，再着手对所教的一册教材、一单元教材或一课时教材作深入具体的分析研究，认真研究教材的重点、难点和关键，以有效地为课堂教学服务。

通过列表来梳理教材的编排体系，表格以《课标》规定的领域和其下的一级分类为纵栏，以教材所在年级为横栏，列出相应的知识点，分析编排的学理基础。例如，教材通常把"分数的认识"分成两段来教，这是为什么呢？整体而言，小数的学习要比分数容易，这主要是因为小数的计数原理与整数具有高度的一致性。而且，学生关于小数的生活经验也相对丰富，而分数的学习相对比较抽象，学生的经验也不如小数来得丰富，但由于小数是十进分数的特殊形式，作为认识小数的基本工具又需要先学一点分数，因此，教材就先安排"分数的初步认识"，为稍后学习"小数的意义"作准备，待系统学完小数后再安排分数的系统学习。

第二节　综合解读，分析教材的重点难点

所谓的综合解读，就是要综合教材的知识结构和学生的年龄特点、认知规律，确定教材的重点和难点，为展开教学设计和教学实施奠定基础。按理说，确定教材的重点难点应该只跟教材本身有关，怎么会跟学生年龄特点攀上关系呢？这是因为教材编写本身就考虑了学生的年龄特点和认知规律，并不是一个纯粹用演绎方法构造起来的系统。

教材的重点，是指一个数学体系、一个单元或者一个课时中起关键作用的概念、原理、方法或理论体系，知识的发生是以此为中心逐层展开的（越靠近中心越重要）。同时，如果不学好这些知识，进一步的学习或应用将难以为继。例如"同分母分数加减法"的教学重点是同分母分数加减法的算理和算法，如果不学好这一知识，"异分母分数的加减法"的算理和算法的学习就无从说起。小学数学教材中，有的内容比较抽象，不易被学生理解；有的内容纵横交错，比较复杂；有的内容本质属性比较隐蔽；也有的内容体现了新的观点和新的方法，在新旧知识的衔接上呈现了较大的坡度；还有些内容相互干扰，易混、易错。这种教师难教，学生难学、难懂、难掌握的内容以及学生学习中容易产生混淆和错误的内容，通常称之为教材的难点。例如，在分数除法中，算理理解是一个难点。

教材的重难点，通常也是教学的重难点。不同在于，教材的重难点是源于学理分析，是教材编者预设好的，教学的重难点可能随着学生的实际情况的变化而有所变化。例如，学生已经通过另外途径学到了圆面积的计算公式，基本的利用公式计算也已经不是问题，面对这样的情况，尽管教学的难点可能还在于面积公式推导，但教学重点必须要有所调整。在小学数学教材中，教学难点通常包含在教学重点之中，比如分数除法的教材重点是它的算理和算法，难点是算理。

一、结合知识结构，分析教材重点难点

前文中我们已经知道：教材的重难点通常跟教材的知识结构有关。因此，要弄清教材的重点和难点，必须要厘清教材的知识结构。厘清教材的知识结构分三步：一是小学数学的相关知识体系（如有可能，整合初中、高中知识体系更好）；二是单元知识体系；三是课时知识体系。由面积和面积单位的定义，通过单位面积的覆盖可以推导出长方形的面积计算公式，进而由长方形面积公式导出正方形面积计算公式，平行四边形、圆可以转化为长方形进而导出面积计算公式，三角形、梯形可以转化为平行四边形来导出面积计算公式，根据这样的教材知识体系，我们可以看到面积和面积单位、长方形面积计算公式与推导、平行四边形面积计算公式与推导是这一教材知识体系的重点所在。事实

上，我们都清楚，所有的公式推导，我们都可以从面积和面积单位的定义出发，如果有了长方形面积公式，我们也可以把其他的平面图形都化归为长方形，可见，教材中知识之间的关联方式的不同，教材知识体系的重点也就会相应地有所不同。

在小学数学教材中，这些知识通常分散在三个教学单元中，其中面积与面积单位、长方形面积、正方形面积构成一个教学单元，平行四边形面积、三角形面积、梯形面积构成一个教学单元（人教版教材称"多边形的面积"），圆的面积与相关知识构成一个教学单元。我们以"多边形的面积"单元为例作进一步分析。

显然，平行四边形的面积是这一单元的教学重点。这不仅是因为后续两种图形的面积计算公式推导都用到了这一图形的面积计算公式，更因为这一图形的面积计算公式推导过程中用到的"转化"思想——把平行四边形转化为长方形，为后续的公式推导提供了有力的思想武器，具有举足轻重的作用。

下面来分析教材的重难点，以"平行四边形面积"为例：显然，平行四边形面积的公式推导与应用是教材的重点，难点是理解公式推导与正确运用公式计算，关键还在于深刻地理解公式的推导过程。

教材的难点除了知识本身因素外，在某些情况下，还来自教材本身的不完善。例如，在《平行四边形面积》教学的练习巩固阶段，教材通常会安排求平行四边形面积的题。

学生的错误往往很多，他们弄不清楚究竟该是哪条底与哪条高相乘才能求出平行四边形的面积。究其原因是，学生对平行四边形面积计算中必须是对应的底高相乘不清楚。这究竟是学生自身的原因还是教材本身没有突破这一难点呢？分析教材中的公式推导过程，我们发现：平行四边形的面积公式推导采用了切拼的方法，即把平行四边形沿一条高切开，拼成一个长方形，根据长方形面积与平行四边形面积、长方形的长与平行四边形的底、长方形的宽与平行四边形的高之间的对应相等关系导出平行四边形的面积计算公式。教材仅呈现了一组对应底高的切拼方法，沿 3.2cm 的高切开，拼成长 5cm、宽 3.2cm 的长方形，由此导出面积计算公式。从归纳的角度看，只有这样一种切拼方法是不够的，还必须有以 4cm 为底切开，拼成长 4cm、宽 4cm 的长方形，然后比较 $5 \times 3.2 = 16cm^2$ 与 $4 \times 4 = 16cm^2$ 异同，得到两者计算结果相同——求出了同一个平行四边形的面积，方法相同——都是用"底 × 高"，但相乘的底和高之间必须对应，原因是切拼得到的长方形的长、宽与平行四边形的一组对应底高相对应。显然，教材安排没能很好地体现知识的形成过程——缺少一个归纳、辨析的过程——教材本身没有突出底高对应。

教材的重点难点还会因我们对知识本质理解的不同以及随之而来的目标定位的变化而产生变化。例如，"长方体和正方体的认识"一课，教学的重点是长方体、正方体的特征，难点是长方体的面、棱特征。相关的知识点如下：由六个长方形围成的立体图形是长方体。长方体有 6 个面，每个面都是长方形，相对的 2 个面完全相同；长方体有 12 条棱，相对的 4 条棱长度相等，分三组；长方体有 8 个顶点。由六个正方形围成的立体图形是正方体。正方体有 6 个面，每个面都是正方形，这些面完全相同；正方体有 12 条棱，长度都相等；正方体有 8 个顶点。这些知识点是相互孤立不联系的。如果我们从长方体的判定——"由六个长方形围成的立体图形是长方体"出发做一思考：①每个长方形有 4 个顶点，那么 6 个长方形就有 24 个顶点，为什么长方体只有 8 个顶点呢？这是因为：长方形围成长方体，每相邻 3 个长方形各 1 个顶点重合后形成长方体的 1 个顶点，所以 24÷3=8，长方体有 8 个顶点。②每个长方形有 4 条边，6 个长方形有 24 条边，为什么长方体只有 12 条棱？这是因为：长方形围成长方体，每相邻 2 个长方形各有 1 条边重合形成长方体的 1 条棱，所以 24÷2=12，长方体有 12 条棱。③为什么相对的 4 条棱的长度相等呢？这是因为：长方形对边相等，4 个长方形有 4 条对边，形成一组相对的棱，长度相等，有 3 组。④为什么相对的面完全相同？这是因为：根据棱长特征，可以知道上下两个面的长和宽相等，所以这两个相对的面完全相同，这样的面有 3 组。从这样的视角看待长方体的特征，知识之间是相互联系的，从这样的视角看教材，教材重点仍是长方体的特征，难点就是认识知识之间的联系。

如果教材很好地找到了突破难点的方法，学生学习还有困难，那就要从学生的角度来考虑了。

二、结合认知规律，分析教材重点难点

既然教材是教学的材料，它的编写必然要符合学生的认知规律。从认知规律分析教材的重点难点（尤其是难点）是一个正确的视角，我们着重来讨论一下基于认知规律的难点分析。

抽象是数学学科的特质之一，认识抽象的数学对象必定会成为教材的难点。"从具体到抽象"是众所周知的认识规律，关键是要找到数学抽象的具体对应物。例如，在"线段、直线和射线"的教学中，教材安排学生过书本上标定的两点画直线，试图通过学生的操作活动得出"过两点只能画一条直线"的结论，结果事与愿违，由于书本上标的点有大小，学生用笔的笔尖有粗细，当有学生说画出了一条时，马上有学生高兴地向老师报告"老师，过这两点我画出了好几条直线！"看来，"过两点只能画一条直线"并不是一个容易得到的结论，不是简单的画图操作所能解决问题，这显然是这一课教学的难点。导致这一困难的原因是点、线之间的关系不清，希尔伯特在《几何基础》中也没有对点、线下定义，而是通过它们之间的相互关系来隐性地定义的。那么，如何让学生感受这种关系呢？"点动成线"可能是破解这一难点的可行途径，可以分三步走：①为学生演示点的运动，让学生画下点所经过的路线，让学生明确这就是点动成线；②让学生明确我们可以将具体的物体看成点，运动后形成线。如人的走动路线、球的滚动路线、汽车的行驶路线、地球的公转路线等，不论物体的大小，只要我们把它看成点，那么它运动经过的路线不

论粗细宽窄都看成线。③将铅笔的笔尖看成一个点，点动也形成线。然后利用点、线之间的关系操作感悟：在纸上点一个点（注意不能涂），再点一个点，借助直尺过这两点画直线，悟到"过两点只能画一条直线"。

数学知识是一个用演绎的方法组织成的井井有条的体系，因而知识之间具有联系的广泛性，这种广泛联系为我们学习理解知识提供了多样视角，利于我们深刻地把握知识本质，但过于复杂的相互关系也导致了认识上的困难。例如，就"分数的意义"而言，包括如下视角：①表示部分与整体。即把单位"1"平均分成若干份，取其中的1份或几份。②比较。把单位"1"平均分成若干份，表示这样的1份或几份。③测量。以 a 为单位度量 b，结果是 以为单位度量，得 b 个单位。④比数。表示两者之间的关系。⑤商，即包括等分除、包含除。⑥算子或函数等。在"分数的意义"这一教学单元中，包括了其中的①、②、③、⑤至少4个视角。在小学教学中，分数通常是这样来定义的：把单位"1"平均分成若干份，表示这样1份或几份的数叫做分数（简称为"份数定义"）。在"分数的初步认识"和"分数的意义"两课的教学中，学生说一个分数如的意思，通常都会这样说：把一个圆（或一个东西、一个其他图形等）平均分成4份，取其中的3份。不论老师如何苦口婆心跟学生说是"表示这样的3份"不是"取其中的3份"，学生总是改不过口来，即使改过了口，学生也是并不理解的，什么原因呢？因为在这一阶段，教材给出的学习材料都是把单位"1"平均分成若干份，表示其中的一部分。如果我们让学生说的意思又当如何？显然，这是取不出来的，只能说"表示这样的3份"了，但这已经是后续"真分数与假分数"课上的内容了。

在小学数学教材中，有些知识的教学与原有知识之间缺乏衔接和过渡，坡度较大，形成了教材的难点。如"分数与除法关系"的教材安排，是在学习了"分数意义"一课的基础上进行的，分数既可以表示具体的"量"，如吨。也可以表示"率"，如"男生人数是女生的"，在"分数意义"一课的教材中，通常只涉及"率"而不涉及"量"，而在下一课"分数与除法关系"的课上，往往关注"量"而不关注"率"，这前后相继两节课之间的跳跃过大，衔接不佳，给学生深刻理解知识本质造成了困难，这就需要在新课学习前进行铺垫，让学生弄清"1 个饼的可以表示为个饼"。又如，"列方程解应用问题"的教学，学生用算术思路列方程的现象是很普遍的，如 $600 \div 5-40=x$，究其原因是，在此前的解应用问题实践中，学生都是用算术方法来解答的，没有方程的思想，这就造成了学习困难，这个问题如何解决是一个需要进一步深入研究的课题。

在小学数学中，还有一些容易混淆、容易出错的知识。如：把 3 米长的竹竿平均截成 5 段，每段长（　　）米，每段占全长的（　　）。学生总是不容易弄清哪个空填"量"，哪个空填"率"。突破这一难点，需要让学生经历知识的形成过程，展开系列的比较辨析。如：①把一些同样的饼平均分给 4 个人，每人分到这些饼的几分之几？②把 8 个同样的饼平均分给 4 个人，每人分到这 8 个饼的几分之几？分到几个？③把 4 个同样的饼平均分给 4 个人，每人分到这 4 个饼的几分之几？分到几个？④把 1 个同样的饼平均分给 4 个人，每人分到这 1 个饼的几分之几？分到几个？⑤把 3 个同样的饼平均分给 4 个人，每人分到这 3 个饼的几分之几？分到几个？等等。

第三节　过程解读，分析教材的教学思路

教材除了呈现所需教学的数学知识之外，还根据《课程标准》的基本理念，对教学过程作了一定的预设，便于教师更好地理解教材意图，落实《课程标准》的基本理念。分析教材的教学思路需要做三件事：一是进行教学策略分析，把握教学的基本思路；二是进行教学环节分析，把握教学的基本流程；三是进行教学的活动分析，把握教学的操作展开。

一、策略分析，把握教学的基本思路

针对不同的教学内容，教材往往会根据内容的性质、难度和师生的教、学水平采用不同的教学策略。解读教材的教学过程预设首先要弄清所采用的基本教学策略，在小学数学教材中，常见的教学策略包括基于意义接受学习的教学策略（奥苏泊尔）、基于发现学习的教学策略（布鲁纳）、基于再创造和再发现学习的教学策略（弗赖登塔尔）。我们通过例子——不同版本教材"比的意义"一课的教材设计与教学来说明这些策略的具体表现，便于大家在教材分析中更好地把握与运用。

【案例 1】

1. 教学两个同类量的比。

呈现学习材料：某班有男生 25 人，女生 20 人。

要表示男生和女生之间的关系，可以求男生是女生的几倍？女生是男生的几分之几？

列式计算后说明：比较两个数量，还有一种表示方法：男生和女生的人数比是 25 比 20，或女生和男生的人数比是 20 比 25。

这样，以前所学的"几倍"和"几分之几"就可以用"比"统一地加以表示。

2. 再教学两个不同类量的比。

呈现学习材料：一辆汽车 3 小时行驶 120 千米。

路程和时间的关系可以用速度（每小时行多少千米）来表示。

列式计算后说明：还可以用"路程和时间的比是 120 比 3"表示路程和时间的关系。

3. 给出比的定义。

上面例子都是通过两个数相除来表示两个数量间的关系，都可以用比来表示，在此基础上概括出比的意义——两个数相除又叫做两个数的比。

4. 教学比的各部分名称和求比值的方法。

5. 提供正例和反例（如球赛中的比分）进一步加深对概念的理解。

这是典型的基于意义接受学习的课堂教学。首先激活学生认知结构中与"比"相关的知识（求倍数、速度等），逐步呈现并概括要学习的上位概念——两个数相除又叫做两个数的比，使之起组织者作用；然后引导学生比较比与除法的异同，呈现下位例证（正、反例），以加深学生对上位概念的认识。

【案例 2】

1. 经历配比活动，探索共变规律。

引入配制饮料活动：用苹果汁和蜜糖水配制混合饮料。选择"苹果汁 60ml、蜜糖水 20ml"的一款饮料进行研究，探索口味不变、数量变化时苹果汁和蜜糖水数量的共变规律。

2. 探索配方的多种表示方法，掌握用比表示配方的方法和条件。

用已有知识表示配方，如：苹果汁量是蜜糖水量的 3 倍，蜜糖水量是苹果汁的，苹果汁量占总量的，蜜糖水量占总量的。学生根据生活中见过的配方，给出新的表示方法：苹果汁与蜜糖水的数量比是 3 比 1 或蜜糖水与苹果汁的数量比是 1 比 3，表示苹果汁 3 份、配蜜糖水 1 份。体会用比表示配方的直观便捷性。

3. 介绍比的表示方法与各部分名称。

4. 迁移应用，用多种方法解释比所表示的意思。

呈现材料（见案例二中三个 1：4 的例子），学生从多种角度解释比的意思。

5. 解决问题，联系实际。

（1）学生看图用比表示图中数量之间的关系，交流汇报。

（2）找一找，生活中哪些地方存在着比？

6. 进一步的拓展。

这是比较典型的基于再创造式学习的课堂教学。通过配制饮料活动和如何表示配方的讨论，促使学生将一个现实世界的问题数学化，创造了配方的多种表示方法，经过比较，选择了具有直观便捷性的比的形式来表示配方，通过比、几分之几、几倍之间的转换性解释，把新的知识整合到原有的系统中，然后加以发展，利用学生已经理解的"配方中的比"的意义迁移，以解释生活中其他同类量的比，并在后续学习中进一步拓展到不同类量的比。学生亲历"再创造"活动，有利于培养他们的创造精神和创造能力，为以后真正的创造奠定基础。

基于不同学习方式的三种教学各有其优点，基于意义接受学习的教学有利于准确、高效地传递知识，基于发现学习的教学反映了已有的人类文化被主体发现并主动内化的过程，基于再创造学习的教学再现了数学原创活动，有利于学生体会蕴含在原创活动中的人类智慧，从而学会创造。显然，这些学习方式都是学生终身学习所必需的。教师教学策略的选择往往影响到学生学习方式的选择，同样，教材的教学策略选择也会影响教师教学方式、学生学习方式的选择。新课程强调学习方式的多样化，这反过来要求教学策略多样化，这就需要教师们通盘考虑教学策略选择，创设让学生经历各种方式的学习机会，让学生通过学习过程中的反思、评价，结合自身特点进行取舍、组合，促使学生形成个性化的、能为自己所用的学习方式。

二、环节分析，把握教学的基本流程

《义务教育数学课程标准》（2011版）提出了"四基"和"四能"，所谓"四基"是指：基础知识、基本技能、基本思想、基本活动经验；"四能"是指：发现问题、提出问题、分析问题和解决问题四种能力。以此为依据编写的教材，大多数课时的主要教学环节大体上包括以下内容：发现与提出问题（或理解问题）、分析与解决问题、应用与巩固（有时包括综合与拓展）。

在发现与提出问题环节，教材通常会创设一个嵌入了隐性问题的情境，让学生经历理解情境，并从情境中发现和提出问题的过程，使隐性问题显性化。有些情况下，创设的情境中已经提出了问题，那就需要让学生切实地理解问题。问题是数学的心脏，教材分析首先要看情境中的问题是不是与新知紧密相关的典型的数学问题，即所谓典型的数学问题有三方面的含义：一是问题的典型性，问题的解决将直接导致知识的形成；二是经验的典型性，问题情境是有丰富的相关活动经验作支撑的数学事实或现实材料，便于学生能自然地从头脑中产生数学问题，比较顺利地完成从原型到模型的认识过程，沟通经验世界与数学世界的联系；三是结构的典型性，问题情境为知识的形成提供了结构性支持，这种结构性支持来自构成两者的各要素之间存在的一一对应关系。在此基础上进一步考虑，根据情境所提供的信息，学生能否提出所需的问题，问题会不会提得过于发散，不便于聚焦本节课所要解决的问题，或者过于收敛，以至于问无可问。

在分析与解决问题环节，需要借助已有的知识经验分析问题，进而引入概念、创造方法以澄清和解决问题。小学数学中的概念主要来自对现实生活中的具体事物与关系的直接抽象，概念学习可以借鉴美国的杜宾斯等人的 APOS 理论作进一步的分析：第一阶段——活动（Action）阶段：概念的引入阶段，是以学生已有的认知结构为基础，综合考虑学生的学情与认识规律，在认真分析所学概念的具体内容与其在概念体系中位置的前提下设置的合适的"活动"，让学生亲身经历，主动建构，从而对所学概念形成较直观的理解。第二阶段——过程（Process）阶段：概念的定义阶段，是对"活动"进行思考，通过一定的抽象得出概念的特有性质，从而初步形成概念的一般定义的"过程"。第三阶段——对象（Object）阶段：概念的分析阶段，是对"活动"与"过程"的升华，将抽象出的概念赋予其形式化的定义及符号，使其达到精致化，成为一个具体的"对象"，并由学生主动将其纳入已有概念体系的阶段。第四阶段——概型（Scheme）阶段：概念的运用阶段，是"对象"阶段中概念本质和概念体系进一步的理解、揭示和实例化，形成综合的心理图式。小学数学中的方法学习主要是算法学习，也就是程序性知识学习，可以借鉴 J. 安德森等人关于程序性知识的认知三阶段理论作进一步分析：认知阶段，学生用一般的原理和方法（产生式）对算法做出陈述性的解释，即认知支持程序构建的概念、原理、方法和理论体系；联系阶段，将操作步骤前后联系起来，形成程序；自动化阶段，将程序进一步的完善和协调，达到自动化。

在应用与巩固（有时包括综合与拓展）环节，教材分析的重点在于对相关的例题、练习进行层次结构分析。下面以圆周长计算有关的应用问题为例作分析，其情境模型主要有四类。

第一类：一面圆形镜子的直径是 20 厘米，为这面镜子做一个镜框，镜框的长度是多少？这是一类静态模型，需要根据"圆一周的长度就是这个圆的周长"识别这是一个与周长计算有关的问题。

第二类：一个圆形花坛的直径是 20 米，它的周长是多少米？这也是一类是静态模型，往往直接提出与周长计算有关的问题，不需要从情境中建模。

第三类如：2008 年 9 月 26 日凌晨 4 时 03 分，神舟七号飞船成功变轨，进入距地球表面约 343 千米的近圆轨道，已知地球是一个近似球体，直径约为 12756 千米，求飞船绕地运行一周所经过的路程。这一类问题与圆的产生时定义有关，计算的是动点绕定点运动一周所经过的路程，对应于物理学中的圆周运动，可以引申出线速度的计算。

第四类：一辆汽车车轮直径是 0.8 米，行驶中某一分钟转了 300 转，汽车这一分钟行驶的路程是多少米？这一类问题与命题"圆滚动一周所经过的路程就是这个圆的周长"有关，对应于物理学中的滚动。

这四种情境模型具有层次递进的关系。第一种情境可以作为从"周长"概念引出"圆周长"概念的问题情境，是教学的第一层次；第二种情境，在前一层次引出圆周长概念的基础上，直接利用圆周长的概念确定计算方法，是第二层次；第三种情境需先判断飞船绕地运行一周经过的路线是圆，再确定路线长就是圆的周长，是第三层次；解决第四种情境问题所包含的命题"圆滚动一周所经过的距离就是这个圆的周长"对于学生来说是并不直观的，需要借助用细线绕圆一周，从细线两端的接头处开始滚动，向学生展示随滚动的推进细线"化曲为直"的过程，从而理解"圆滚动一周经过的距离就是圆的周长"的道理，是第四层次。显然，层次递进的问题情境为促进学生在学概念、用概念的过程中不断深化理解提供了持续的机会。从上面的例子可以看出，概念教学的相关问题情境大体可以分成三个层次，即概念产生的原始情境、概念直接应用的情境、概念变式应用的情境。创设层次递进的问题情境需要我们在对情境进行适当分类的基础上，分析新概念与学生已有的上位概念和活动经验之间的关系，分清概念与概念变式之间的关系，进而分出可以拾级而上的层次展开教学。

三、活动分析，把握教学的操作展开

教学过程从外在表现来看是由一个接一个的活动构成的。活动分析就需要分析教材安排的每一个活动的目的，以判定活动是否必需。需要准备哪些教具、学具？进而分析如何向学生明确活动目标？如何呈现教材？如何进行活动组织？如何展开交流评价？如何引导反思小结？教材通常不可能把这些东西都交代清楚，需要我们认真分析，以弄清教材的意图。

明确目标、呈现教材、活动组织通常可以通过大屏幕呈现活动要求来实现。下面打算就合作学习作进一步的探讨。

首先是学习小组的组成，通常采用不同学力水平学生的异质构成。学习小组建设的关键在于营造小组学习氛围，培养团队精神，逐步形成小组学习的分工合作自动化运行机制，而完善的过程评价是学习小组建设的重要推手。小组建设中要让学生理解相互尊重、包容悦纳、合作互助的重要性，理解分工合作的必要性，进而自觉地按一定的规范在小组内行动并不断优化改进以至于自动化，如承担作为主持人、汇报员、参与控制员（主要是督促小组成员参与学习）等的角色职责，学会角色技能，学会在尊重成员个性的同时寻求共识的方法，等等。并通过对小组成员学习的参与度、参与的组织性、成果有效性与创造性等方面的团队评价促使互惠共荣学习团队的形成。

其次是合作交流点的选择。合作学习的任务设计通常从教材的重点、难点、易错点中产生。在教学的难点处使用小组学习，有利于学生之间的相互启发、促进理解。理解力中下的学生需要一定量的重复来逐步深化理解、熟练技能，因此在教学重点处使用小组学习能起到多次讲解、多次多种形式操练反馈的作用。在易错点处展开小组合作学习，有利于学生更好地辨析概念、反思错因、积累学习经验，以便更好地监察、评价、反馈自己的学习，进而对自己的学习进行调节、修正和控制。交流评价通常在知识形成处、辨疑处、解难处展开，先暴露思维后评议优化。

第四节　批判解读，分析教材的优化空间

本节主题，前文已有所述及，在此作进一步说明。教材分析的根本目的是为了在分析的基础上理解教材，进而驾驭教材，更好地为教学服务。教材并不是完美无缺的，用某些教材编者的话来说"教材编出来，无论如何都是做不到尽善尽美的，总有人骂的，有点特色就不错了"。为更好地展开教学，我们需要在充分理解教材意图的基础上，进一步分析如何优化教材，基本的视角包括：一是展开不同版本的教材比较研究，取长补短优化教材的结构和细节；二是加强数学的本体性知识研究，把握本质，从本源问题出发优化教材的问题设计；三是加强学情研究，立足学生实际优化教材的学习路径设计；四是结合自身实际，发扬专长优化教材的呈现方式。

一、比较研究，取长补短优化教材的结构细节

教材是编者和广大实验教师长期教学研究的结晶，其对教学的指导价值是毋庸置疑的。老师们的日常教学也通常是以某个版本教材作为基本依据来展开的，但往往不重视从其他版本的教材中汲取营养。实际上，各个版本的教材在结构设计、细节处理上往往各有所长，当然也难免会有所欠缺，这就需要我们通过比较研究，发现其他版本教材的优点，来优化自己所教教材的结构和细节。教材比较主要有横向比较与纵向比较两种方法（如果有国外教材则更好）。横向比较主要是同一时期不同版本的教材比较，纵向比较主要是同一出版社不同时期的版本比较。

例如，浙教版新思维小学《数学》教材三年级下"篮球场上的数学问题"教学单元，这一单元的学习内容包括步测与目测、长方形的周长与面积、乘法分配律、两位数乘两位数的计算。单元学习在解决系列问题中展开：通过在测量篮球场长和宽的活动中学习步测和目测，进而联系学生熟悉的生活情境组织实践活动，运用掌握的方法测量。借助测量篮球场长和宽的实践经验，进一步提出求建筑工地围墙的长度、隔离带的长度和镜框边框的长度等与长方形周长计算有关的实际问题，使学生认识到计算长方形周长的必要性，进而通过用小棒摆长方形，用绳子围长方形及格点图上画、想、量、算等操作活动，引导学生探究长方形、正方形周长的计算方法，解决有关周长计算的实际问题。在解决篮球场铺地板的实际问题中，引出长方形面积的计算问题，通过学生的操作活动，探究长方形面积的计算方法，解决有关的实际问题。借助探索长方形周长两种计算方法——"长方形周长 = 长 × 2 + 宽 × 2""长方形周长 =（长 + 宽）× 2"的已有活动经验，进一步提出求两个共边长方形的面积和问题，探索在解决同一问题时，两个算法不同而结果相同的算式之间的关系，逐步归纳出乘法分配律。并通过乘法分配律其他情境模型的

图形解释，从数形结合的角度不断深化学生对乘法分配律的理解。进一步提出计算购票金额、看台上的座位数等实际问题，利用乘法分配律等知识探究两位数乘两位数的计算方法，给出篮球场面积的计算结果，并综合应用有关知识解决实际问题。在人教版教材中，长（正）方形周长在三上"长方形和正方形"教学单元，长（正方形）面积在三下"面积"教学单元，两位数乘两位数在三下单独作为一个单元，乘法分配律在四下"运算定律"教学单元中。人教版教材是一种分门别类的处理方法，教学比较系统完整，而浙教版教材打破条块分割，突出了知识之间的联系与综合。认真比较、仔细体悟，在加深对小学数学知识之间联系的同时，也有利于我们在教学中开阔视野、启迪思维，更好地实施教学。

二、本体研究，返本归源优化教材的问题设计

问题是数学的心脏，数学的概念、原理、方法和理论体系都是在解决问题的过程中创生的，研究数学的本体性知识不仅需要高观点、大视野，还需要有一种打破砂锅问到底的精神，把推动数学知识创生的那个本源问题找出来，把它作一些现代化的处理后用于教学，成为推动学生参与课堂学习的原动力。找到了本源问题，就可以用于优化教材的问题设计。那么，究竟该如何做才能找到本源问题呢？我们来举例说明。

课程标准各套实验教材"角的初步认识"一课都安排在二年级。通常都是通过对实例（如张开的剪刀、弯曲的吸管等）的抽象，让学生认识由一个顶点、两条边组成的图形是角；进而通过操作活动角并比较角的大小的活动，让学生认识到角的大小与两边的张开度有关。这样的教学，教师的指令性比较强，学生问题驱动下的积极探究、主动建构比较欠缺，难以体会角这一概念的创生过程。

更令人啼笑皆非的是：教师在操作活动前没有说明什么叫做"角的大小"，却用这一概念提出活动要求——操作活动角并比较"角的大小"，而活动得到的结论恰是在说明到底何谓"角的大小"。这在理论上难免有循环论证之嫌疑，在活动中学生也难免有不知所云之疑惑——到底是指边的长短还是指张开程度？这样的教学设计，由于活动角的边的长短没有变化，变的是张开度，因此，"角的大小"只能被解释为与张开度有关，但不能说明与边的长短无关（这一阶段还没有把角的边定义为射线，学生所见的边都有长短）。正因如此，在后续学习中，学生很容易受到边的长短及因此导致两边所夹区域大小的影响而产生误判。老师们也清楚：如果他们明确说明角的大小与两边的张开度有关，与边的长短无关，学生误判的几率就会大幅度下降。但"角的大小与边的长短无关"这一说法会与后续学习中"角的定义"——"一点引出两条射线所形成的图形叫做角"中的两边都是射线——而射线无须比长短相矛盾，因此，"角的大小与边的长短无关"一说存在某种意义上的"科学性"问题。这就把教师置于某种尴尬矛盾的境地，教也不行、不教似乎也不行，因而，教师在教学中往往采用强化指令性操作、淡化批判性思考的办

法——这足以掩盖潜在的问题，学生在真正的问题驱动下的积极探究、批判建构比较欠缺，难以体现课程标准的基本理念。

基于本源问题的教学强调将数学自身发生发展的动力转化为学生面对问题的学习动力，这就为解决这一问题指出了方向，基于本源问题的教材分析始于对数学发生发展的动力分析。也即我们必须要回到数学的源头进行分析：数学为什么要定义角？是出于研究解决什么问题的需要？也就是要回答：角的概念是基于怎样的原型（我们把数学所源于其中的原始数学事实和现实材料称为这一知识的原型，数学原型蕴含问题）发生发展起来的？我们在日常生活中接触的角的原型，其两边基本上都（抽象）为线段，线段就有长短问题，而角的定义——"一点引出两条射线所组成的图形叫做角"中把角的两边定义成射线，射线就无须比较长短，这隐含着一个事实：角不研究边的长短，是为研究两边张开度而引入的。既然数学定义角是出于研究某图形（角）中两边张开度大小的需要，那么，这一概念的发生过程很可能与教材安排的认识顺序——"先认识角再讨论角的大小"恰恰相反，而是先有了比较张开度大小的问题，产生了更明确地界定研究对象的需要才引入角的定义的。由此认为，角的原型应是一个蕴含了刻画张开度大小的问题，教学中可以创设对两个角的张开度作比较的问题情境。

概念教学要为学生提供丰富的例证，便于学生通过抽象概括把握概念本质。从刻画张开度的方法来看，大致有三种：一是将全圆 360 等分或半圆 180 等分，每份为 1° 来测量（如图，全圆 8 等分就蕴含了这一思想）；二是用角所对的单位圆的弧长来刻画；三是通过构造直角三角形，利用边长之间的比来刻画。用特定的方法研究与"角"相关的特定问题，就有了弗赖登塔尔在《作为教育任务的数学》一书中所谓的初等几何中的角、三角中的角、解析几何中的角、运动的角和立体几何中的角的区分（读者可以此为框架对上述例子作一分析）。而"一点引出两条射线所组成的图形叫做角"则是抽取了这些不同含义角的共同点作为角的一般定义，体现了数学的多样性与统一性。正如数学知识的起源具有多样性一样，知识的原型也相应地具有多样性，借助丰富的原型，通过让学生反复经历基于原型的发散学习，深化概念理解，为今后的进一步学习奠定基础。

三、学情研究，立足现实优化教材的教学路径

不顾学情的教学就是照本宣科。结合学情的教材分析，就是要活化教材，赋予教材以生命，从而造就充满生命活力的课堂。学情研究的途径主要有两条，一是可以通过适当的调查研究，二是结合以往的教学经验。学情研究主要反映出两个方面的问题：一是教材的逻辑起点与学生的现实起点不一致，二是前概念对学习的影响。学情研究对教材优化的作用主要体现在教学路径的优化上。

例如，从教材逻辑起点看，学生在学习"圆的周长"之前应该不知道圆周率，根据

我们对杭州市上城区某校学生的课前调查研究，现实起点是极大多数学生已经知道了圆周率和祖冲之，80% 以上的学生会利用公式根据直径求相应的圆周长。在实际教学中，当教师安排学生测量圆的周长和直径，求两者之比探索圆周率时，学生往往不用实际测得的数据，而是用计算得来的结果来修正实际测得的数据，再来求两者之比，这样的探索就失去了意义。这就需要对教材进行适当优化，重新思考、设计探索的路径与方法。

又如，笔者曾执教《三角形的认识》一课，三角形"高"的定义和画法是本课教学的难点。按照预设的教学程序，在学生自学了高的概念和画法，并对画高方法进行了重点指导后，笔者让学生质疑提问，有一位学生指着黑板上 AB 边上的高说："这其实不是三角形的高，为什么它也是高呢？"不少学生也露出了与他同样疑惑的表情。

什么"不是高""也是高"，他们到底在说什么、想什么？日常生活中高的含义是指同一水平面上的物体在竖直方向上的跨度——"水平为底、竖直为高"是高的生活原型。学生往往认为与生活原型一致的才是真正的高，不一致的"其实不是三角形的高"，并进而对定义的合理性产生了"为什么它也是高呢？"的质疑。笔者从学生手中拿过两个锐角三角形，把它放在桌面上，让学生比较这两个三角形哪个比较高？高是从哪儿到哪儿的？当学生指出高是从顶点到桌面（底边）的垂直线段后，进一步提问：想一想，如果把这个三角形翻动一下，使这条边（OQ）紧贴桌面放置，哪个三角形会比较高呢？通过研讨，学生认识到三角形的高度与底边有关——同一个三角形，用不同的边作底，高度就可能不一样，突出了底高之间的对应关系。进而提出要求：想一想，如果把这条边（EF）紧贴桌面放置，哪个三角形比较高？不转动三角形，能把高画出来吗？学生认为应直接从顶点（G）向边（EF）作垂线。这是概念形成的关键一步。"不转动三角形，能把高画出来吗？"促使学生从"水平方向的底、竖直方向的高"这一生活原型中，抽取"垂直"这一本质特征，在"非水平方向的底"上做出"非竖直方向的高"，从而，使学生对高的认识产生了由生活原型到数学概念的飞跃。

四、融合自身，发扬专长优化教材的内容呈现

教师进行教材分析或者从事教学工作的最高境界可能就是"我即课程""课程即我"。因此，教材分析一定要结合教师自身特点、特长，把自己的文化素养、人生经历融入课程理解和教材分析，使课程与课程实施者融为一体，以完善教材内容与呈现方式、丰富课程资源。

比如，笔者曾有朋友电话询问："为什么面积单位要用单位长度的正方形来定义，而不是用平行四边形或其他图形？"如此刁钻的问题，于是不敢怠慢，搜索枯肠、重翻典籍，但终无所获。百思无解之余，只能束之高阁。

一日，被同事邀去参加农家垂钓，因钓技太差，总受鱼儿愚弄，无奈之下只好抱膝

默坐，不由想起刚踏上工作岗位时那十年种田割稻、放鸭牧羊而又始终手不释卷的生活，突然灵机一动：既然几何学起源于丈量土地的实践，那么，面积单位会不会也源于田间的实践活动？顺着这一丝灵光，便细细地回忆起当年父亲的教诲：种田要横平竖直、株距相等。其所谓的横平竖直是指植株的行、列各成直线且互相垂直，株距相等就是前后左右四方秧苗的距离保持相等，这样，每株秧苗的占地面积就成了度量该地块面积的天然单位，若把某株秧苗与其相邻 8 株秧苗的连线长 2 等分，再把各等分点顺次连接，即得该株秧苗的占地面积——恰是一个以株距为边长的正方形，如果把株距换成单位长度，岂不正合面积单位定义！久思不得而忽有一解，当时心中大乐，却不敢喜动颜色，怕扰了同仁钓兴。就继续静心筹谋：如何据此上成一节关于"面积和面积单位"的课。翌日，将所思所得告诉朋友，朋友大喜，见友喜，我亦大喜。

教书和种田，如此风马牛不相及的事情居然有如此关联，经此等事如许，渐使我相信：上苍是公平的，不论你曾经做过什么，你经历过的一切终将获得回报，只要你有心、有悟性，你长期积淀的文化素养、人生经历终将帮助你解决教学中的所有困扰。因此，如果你爱好音乐，请你想一想，能不能把某些知识谱成小曲，让学生正在欢歌笑语中更好掌握知识。如果你擅长美术，你能不能用美术把知识之间的联系非常唯美地展现在学生面前。如果你爱好文学，能不能把所学的知识做艺术化的表达，让学生在情理的感悟中体会人文之内涵。如果你擅长信息技术，能否把知识的形成过程用多媒体课件作直观的表达，用软件为学生提供实践探索和体验的机会，制作微课为学生提供更多的学习机会。如此等等，总之，努力让"你"就成为数学课程。

第五章　小学数学教学设计技能

小学数学教学设计是一门科学，也是一门艺术。需要遵循数学教学、数学学习以及数学学科本身的基本规律。对数学教学的基本含义、本质特点的深入理解，有助于树立正确的教学观、学生观和教师观，是小学数学教学设计的认识基础；对小学生数学学习的特点、认知发展规律以及学习方式的系统学习，有助于形成正确的学习观，是小学数学教学设计的认知起点；对小学数学学科的本质特点与教育价值的正确把握，有助于树立正确的数学观，是小学数学教学设计的逻辑起点。对小学数学教学设计的基本特征、基本要求、基本过程的理解与掌握，直接影响教学设计的质量。

第一节　小学数学教学设计概述

一、小学数学教学设计的含义

什么是教学设计？教学设计（Instructional Design，简称 ID），亦称教学系统设计，是运用现代学习与教学心理学、传播学、教学媒体论等相关的理论与技术，来分析教学中的问题和需要、设计解决方法、试行解决方法、评价试行结果，并在评价基础上改进设计的一个系统过程。它既具有设计的一般性质，又必须遵循教学的基本规律。

教学设计的概念根据着眼点不同而具有不同的层次。广义的教学设计把教学看作一个复杂的系统工程，这个系统工程旨在实现国家对人才的培养目的，从整体到部分，筹划、综合各种有效的思想、方法、途径、手段和方式，从而为系统的高效运转提供一系列科学决策方案。

本书侧重讨论课堂教学设计，课堂教学设计作为广义教学设计的子系统，其研究对象主要是单元、课时的教学设计，因此，课堂教学设计是一个微观层次上的概念。一般地说，课堂教学设计是指为了达到预期的教学目标，运用系统观点和方法，遵循教学的基本规律，对课堂教学活动进行系统规划、实施和评价的过程。它的基本活动方式是针对四个基本要素：

●教学所要达到的预期目标是什么？（教学目标）

●为达到预期目标，应选择怎样的知识经验？（教学内容）

●如何组织有效的教学？（教学策略、教学媒体）

●如何获取必要的反馈信息？（教学评价）

数学教学设计，从字面上可以理解为带有数学课程特点的教学设计。顾名思义，它不仅具备教学设计概念，同时还具有数学的特点。众多数学工作者都对数学教学设计进行了定义。奚定华认为，"数学教学设计是以数学学习论、数学教学论等理论为基础，运用系统方法分析数学教学问题，确定数学教学目标，设计解决数学教学问题的策略方案、试行方案、评价试行结果和修改方案的过程"。曹一鸣博士从数学课程标准的角度来定义，他认为，作为数学教学设计，就是针对数学学科特点，具体的教学内容和学生的实际情况，遵循数学教学与学习的基本理论和基本规律，按照课程标准要求，运用系统的观点和方法整合课程资源、制订教学活动的基本方案，并对设计的初步方案进行必要的反思、修改和完善。从众多的数学教学设计定义来看，数学教学设计是被视为一个整体的、系统的、动态的连续过程，目的是解决数学教学中的问题，开展和实施数学教学的基本方案的过程，基本包括确立目标、建立、试行、评价以及修改方案。

影响小学数学教学设计有四大要素，即教师、学生、教学目标和教学内容。教学活动是在"教"和"学"这两种基本行为中展开的，这两种行为有共同的目的指向——教学目标，而这两种行为的对象即数学教学内容。简单地看，只要使两种行为在数学内容固有的逻辑运行轨道上达到一致，教学活动就是有效的。教与学双方的积极参与，沟通对话，交流互动活动，而数学的逻辑顺序、学生的认知发展顺序与数学教学流程也在这样的活动中得到适时的调整而最终趋于协调，教学的有效性就得到了保障。因此，我们认为小学数学教学设计是教师根据学生的认知发展水平和课程目标，依据教学内容及教育价值分析、学生及学习任务分析，来制定具体教学目标，选择适合学生的教学内容，设计教学过程各个环节的过程。

二、小学教学设计的基本特征

（一）整体性

数学教学是一种教学，又具有数学的学科特点。我们可以从两方面理解整体性，一是教学是由多种教学要素组成的一个复杂系统；二是体现在数学概念及其反映的数学思想的一体性上，又体现在各部分内容的有机联系上。从教的角度说，把握好整体性，才能有准确的教学目标，才能把数学教得好。从学的角度看，注重整体性，才能了解知识的源头、发展和去向，才能掌握不同内容的联系性。教学设计则是对这些教学要素和数学本质的系统安排和组合。例如："分数的意义。"初想起来，分数的意义似乎很简单，不就是分数在教材中的定义吗："把单位'1'平均分成若干份，表示这样的一份或几份的数叫作分数。"然而，学习这个定义后，学生还是存在不少困惑：①不是分数；②当学生完成类似"1÷3"的题目时，都会尽量使用小数表示结果，而不愿意使用分数。他们不认为分数是一个数。真正理解分数意义不是简单的事，它是一个兼顾多重意义的数学概念。史宁中教授提出，对于整个中小学数学而言，理解分数意义有两个基本方面：一是作为有理数出现的一种数，它能和其他的数一样参与运算，二是以比的形式出现的数。后者是小学分数教学的重点。张丹教授在阅读文献、分析教材和实践反思等基础上，从四个方面来阐述对分数意义丰富性的认识。①比。指部分与整体的关系和两个量之间的（比的）关系。②测量。指可以将分数理解为分数单位累积的结果（即按照一定测量单位所测得的量）。③运算。指将对分数的认识转化为一个运算的过程。④商。指分数转化为除法之后运算的结果。因此，必须全面周密地考虑、分析每一个教学要素，使所有的教学要素与教学目标能有机配合，成为一个统一体。

（二）操作性

教学设计为教学理论与教学实践、教学内容与学生认知水平提供了现实的结合点。它可以有一定的理论要求，同时又明确指向教学实践的；它可以有一定的数学教学内容逻辑要求，但又是要符合学生的认知基础。这种操作性从本质上体现在数学教学活动中师生积极参与、交往互动的过程。兴趣激发，问题驱动，思维碰撞，质疑反思，探究辨析等所支撑的教与学双方的积极参与，沟通对话，交流互动活动。设计的各个步骤必须有极强的可操作性，是教师组织教学的可行依据。

（三）生成性

众所周知，传统教案设计强调预设与控制，教学过程往往是执行教案，完成教案中规定的任务（内容和流程）。然而，把"预设"转化为实际的教学活动过程中，师生双方的互动往往会"生成"一些新的教学资源，需要教师能够及时把握，适时调整预案。教师应该正确理解"预设"与"生成"的关系，教学设计的"预设"是指教师对教材的理解、钻研和再创造。理解和钻研教材时，以课程标准目标为依据，把握好教材的编写意图和教学内容的教育价值；能根据所教班级学生的实际情况，选择贴切的教学素材和教学流程。教学设计的"生成"是指教师要上好课，一方面要通过启发式的教授，帮助和引导学生明确所需思考和解决的问题，激发学生的学习欲望和兴趣；另一方面要仔细观察学生的各种反应和表现，耐心听取学生用各种方式表达的意见，特别是迅速发现和捕捉到学生的思维亮点，及时做出积极的反应，给予鼓励，有效互动，以平等的姿态交换意见，因势利导，把握正确的思维方向，共同探讨，直至问题的解决。

在这一过程中，及时调整"预设"的流程和方案，甚至改变原有的设计，更加顺畅地实施教学过程，完成教学任务，实现教学目标。充分重视学生的主体地位，又积极发挥教师的主导作用，相辅相成，力求更好的教学效果。

第二节　小学数学教学设计的基本要求

一、注重教学目标，生成数学问题

教学目标统率着教学设计的整个过程，它既为选择教材内容、安排教学主题的顺序以及配置教学时间提供了依据，同时目标本身还是评价教学质量和效果的准则。教学目标在整个教学设计过程中处于核心地位，是整个教学设计的灵魂，教学设计中的其他要素都要围绕教学目标来展开。因此，在进行教学设计时，要将确立的教学目标分解成具体环节目标（可操作、可检测），要依据环节目标生成数学"问题串"，通过数学"问题串"构建一个或几个数学活动，让学生在参与数学活动过程中达成教学目标。

【案例1】图形的旋转

教学目标

1.认识图形的旋转，理解旋转的特征。

2.在探索图形的旋转特征的过程中，发展空间观念，提升抽象概括能力。

3.欣赏旋转后的图案，感受数学之美，激发热爱数学之情。

教学目标生成数学问题，利用数学问题组织数学活动，让学生参与数学活动过程中达成教学目标。

二、注重问题驱动，启迪数学思考

问题是数学的心脏，问题是创新的基础，学习数学必须有问题。不仅要解决别人的问题，更重要的是自己要有问题。学习数学的定义、概念，总要问为什么需要它？它与前面所学的什么有联系？它与实际生活有什么联系？在学习数学的技能、方法、思想时，更需要深入发问，在回答中不断思考，不断理解，不断深入。在课程中，把"发现和提出问题，分析和解决问题"作为数学课程总体目标的表述内容，即，"初步学会从数学的角度发现问题和提出问题，综合运用数学知识解决简单的实际问题，增强应用意识，提高实践能力。获得分析问题和解决问题的一些基本方法，体验解决问题方法的多样性，发展创新意识"。注重"问题驱动"体现数学问题在小学数学教学设计中的启发性，强调从教学和认知的角度激发学生探究热情和认知冲突，启发从数学的角度去思考问题，能够发现其中所存在的数学现象并运用数学的知识与方法去解决问题，帮助学生主动建构对知识的理解。

【案例 2】商中间有 0 的除法

教学中作如下设计：

（1）首先让学生通过计算 $208 \div 2$，学生发现商中间有 0。

（2）接着教师提问：如果 208 中间的数字不是 0，商中间会是 0 吗？让学生去列举，引导发现：如 216，商中间是 0；如 248，商中间不是 0。

（3）紧接提问：把 208 中的 0 换成□，那么□内填几时，商中间是 0？□内填几时，商中间不是 0？

这些"问题串"层层驱动，环环相扣，其设计带有很好的启发性，能有效激发儿童数学思考，使学生在思考解决这些问题的探索过程中获取新的数学知识。

如何设计问题？设计问题要从学生的实际（学生已有的生活经验、学科知识等）出发；由浅入深、阶梯式地逐步"带着学生走向数学思考"；设计的问题要让学生有东西可想，又让学生想得出，学生经过 1～2 分钟（或 3～5 分钟）的思考就能解决，或者讨论一下就能解决，让学生在解决问题的过程中体会其中蕴涵的数学思想或方法。

基于对数学知识的本质的认识，我们可以从以下角度设计问题，帮助学生认识知识的本质、理解知识、建构知识。

（1）问题的设计与展开要展现概念的形成过程。

（2）问题的设计与展开要有利于对概念内涵和外延的逐步认识。

（3）问题的设计与展开要有利于学生从不同角度认识知识之间的联系。

（4）问题的设计与展开要有利于反思知识的建构过程。

总之，依据儿童的学习特点，教师所设计的问题应该具有以下特点：挑战性，给学生带来认知冲突；启发性，引发学生参与数学思考；可接受性，让学生处于最近发展区。

三、注重直观联系，达成数学理解

什么是直观？有人认为直观就是"直接观察"。其实直观者即指感性认识，直观的特点是生动性、具体性和直接性。直观教学就是指通过多种感官使学生获得大量感性认识，其目的则是在此基础上由抽象概括上升到理性认识。在课标中，提出"几何直观"的概念。该概念认为直观不仅仅是指直接看到的东西（直接看到的是一个层次），更重要的是依托现在看到的东西、以前看到的东西进行思考、想象，综合起来。几何直观就是依托、利用图形进行数学思考、想象，它在本质上是一种通过图形所展开的想象能力。很多重要的数学内容、概念，都具有"双重性"，既有"数的特征"，也有"形的特征"，只有从两个方面认识它们，才能很好地理解它们，掌握它们的本质意义。也只有这样，才能让这些内容、概念变得形象、生动起来，变得更容易使学生接受并运用它们去思考问题，形成几何直观能力，这也就是经常说的"数形结合"。

学生从 7、8 岁到 11、12 岁，皮亚杰把这一发展阶段称为"具体运算阶段"。儿童开始具备运算能力，思维"由于具有可逆性转换的资格而获得了运算的地位"，但是，这一阶段的运算仍受到一定的限制，即不能脱离具体情境，在很大程度上要借助具体对象进行操作。具体运算阶段儿童能凭借具体形象的支持进行逻辑推理。例如，向 7—8 岁小孩提出这样的问题：假定 A > B，B > C，问 A 与 C 哪个大？他们可能难以回答。若换一种说法："张老师比李老师高，李老师又比王老师高，问张老师和王老师哪个高？"他们可以回答。因为在后一种情形下，儿童可以借助具体表象进行推理。这一阶段的儿童刚好是小学阶段的学生，他们的"具体运算"的思维特点要求我们特别注意教学的形象化、具体化，不能在抽象水平上要求过高。

"直观联系"强调直观教学在学生数学理解中的重要作用，学生在学习数学知识、解决数学问题的过程中，教师应该根据数学知识的自身特点和小学生的认知阶段特点，来提供或让学生动手制作实物、模型、图示等丰富的数学学习材料，组织学生借此来进行各种认知活动，建立正确的心理表象，最终通过自己的思维构成对数学知识的抽象理解。例如，人教版六年级上册"圆面积"的教学。圆面积公式单用语言讲解很难明白的，只有通过演示和操作，当学生看到一个圆通过割补转化为一个近似的长方形，长方形的长近似于圆周长（$2\pi r$）的一半，宽近似于圆的半径（r），这样，圆面积 $= \cdot 2\pi r \cdot r = \pi r^2$，圆面积公式就深深地印在学生脑中，一旦遗忘，原有直观所保留的生动的表象还会唤起学生的记忆，直至推导出这一公式。当然，不同数学知识属性，"直观联系"的表征方式也不一样，比如，学习"数与代数"相关知识时，可以借助小棒、条形块、图形的直观联系，帮助学生理解和形成数的意义及运算的算理。在学习关于三角形、长方形、长方体等图形与几何知识时，教师可以利用生活中的物体制作图形，直观地向学生展示说明，使学生理解几何概念和它们之间的关系。

四、注重活动过程，经历"数学化"过程

数学化是指实现数学的再发现和再创造的教学过程。即从学生熟悉的现实生活开始，沿着人类数学发现活动的轨迹，从现实中的问题到数学问题，从具体问题到抽象概念，从特殊关系到一般规则，逐步让学生通过自己的发现去习得数学、获取新知，帮助学生把头脑中已有的那些非正规的数学知识和数学思维上升发展为科学的结论，实现数学的"再发现"。我们应该记住弗赖登塔尔的名言：与其说是学习数学，还不如说是学习"数学化"……数学化是一种组织与构建的活动，它运用已有的知识与技能去发现未知的规律、关系和结构。虽然，学生要学的数学知识都是前人已经发现的，但对学生来说，仍是全新的、未知的，需要每个人再现类似的创造过程来形成。数学知识的学习并不是简

单的接受，而以再创造的方式进行。数学教师的任务在于返璞归真，把数学的形式化逻辑链条，恢复为当初数学家发明创新时的火热思考。只有经过思考，才能最后理解这份冰冷的美丽。

"活动过程"是指最终得到数学结论的数学活动过程。这里的"过程"包括两个方面。（1）发现实际问题中的数学成分，并对这些成分做符号化处理，把一个实际问题转化为数学问题，这是"横向数学化"过程。（2）在数学范畴之内对已经符号化了的问题做进一步抽象化处理，从符号一直到尝试建立和使用不同的数学模型，发展更为完善、合理的数学结构，这个过程体现"纵向数学化"。教师设计的教学活动要有利于体现活动过程，有利于学生进行真正的探究活动。让学生在活动过程中，理解一个数学问题是怎样提出来的、一个数学概念是怎么形成的、一个数学定论是怎样获得和应用的，让学生在活动过程中学习和应用数学。例如：人教版一年级上册认识加法意义的数学情境。在这个数学情境中，蕴涵的数学问题是：3 和 1 合起来是多少？教师引导学生参与活动过程进行操作、思考：（1）数数小丑先生一只手拿着几个气球，就请画几个圆圈。（2）数一数小丑先生另一只手拿着几个气球，继续画几个圆圈。

于是，每位学生都会画出下面的图形：○○○○。

（3）数一数你一共画了几个圆圈。

（4）与同桌说一说：你所画的这几个圈表示什么意思？

事实上，这样的数学活动过程就是学生在操作、思考水平上解决加法问题的过程，尽管他们还没有规范叙述什么是加法。在解决问题的过程中，学生慢慢在心理上构建着加法的数学结构，即 3 个与 1 个气球合在一起是 4 个气球。在此基础上，引入正规的数学符号表示：3+1=4。这就是学生亲身经历将实际问题抽象成数学模型（加法结构），体会加法的意义的过程。又如，人教版小学数学教材二年级上册，认识乘法的数学情境。是相同加数的连加算式 5+5+5=15。问题是如果相同加数的个数越多，连加算式的表达和计算越麻烦。引进数学中的乘法，就是为了解决这个"麻烦"。也就是为了简缩相同加数的连加算式，从而体现乘法诞生的必要性，用如下乘法表示：$3 \times 5=15$ 或 $5 \times 3=15$。这两个乘法算式都表示 3 个 5 相加的意义，都是对上述两个连加算式的抽象与概括。换言之，乘法算式是重新塑造相同加数连加算式的思维。

当然，从整个学习过程来看，学生无法自己创造出乘法，教师必须让学生体验产生乘法的必要性，体会乘法与加法的本质联系。

上面的第 1 个例子体现的是"横向数学化"过程，第 2 个例子体现的是"纵向数学化"思想。"活动过程"强调学生学习活动的探究性、过程性。教师设计的教与学活动中要让学生进行真正的探究，并在思维过程中实现数学化和再创造。

五、注重基本思想渗透，促进数学营养汲取

数学思想的内涵十分丰富，有学者通俗地把"数学思想"说成"将具体的数学知识都忘掉以后剩下的东西"，具体有：从数学角度看问题的出发点，把客观事物简化和量化的思想，周到地思考问题和严密地进行推理，以及建立数学模型的思想，合理地运筹帷幄等。基本数学思想具有一般性，需要满足两个条件：一是数学产生以及数学发展过程所必须依赖的思想；二是学习过数学的人具有的思维特征。前者是就数学的学科领域而言，后者是就数学的教育领域而言。归纳为三种基本思想，即抽象、推理和模型。通过抽象，人们把外部世界与数学有关的东西抽象到数学内部，形成数学研究的对象，其思维特征是抽象能力强；通过推理，人们得到数学的命题和计算方法，促进数学内部的发展，其思维特征是逻辑能力强；通过模型，人们创造出具有表现力的数学语言，构建了数学与外部世界的桥梁，其思维特征是应用能力强。

一个人完成学业进入社会后，如果不是在与数学相关的领域工作，他学过的具体的数学定理和公式可能大多都用不到，若干年以后就渐渐忘记了；而学习数学知识的同时如果也获得一些数学思想，这样的学习一定会使学习者终身受益。数学思想是数学科学发生、发展的根本，也是数学课程教学的精髓。数学学习不仅要学会数学的概念、公式和计算程序、解题方法，更重要的是让学生在学习这些结论的过程中感悟、体会、理解其中所蕴涵的数学思想，并且能够与后续学习中有关的部分相联系。

小学数学教学可以并应该渗透哪些数学思想？在小学阶段，数学的基本思想主要可以有数学抽象的思想、数学推理的思想、数学模型（建模）的思想、数学审美的思想。由数学的"基本思想"演变、派生、发展出来的数学思想还有很多。具体包括：（1）由"数学抽象的思想"派生出来的有：分类思想，集合思想，"变中有不变"的思想，符号表示的思想，对应的思想，有限与无限的思想，等等。（2）由"数学推理的思想"派生出来的有：归纳的思想，演绎的思想，公理化思想，数形结合的思想，转换化归的思想，联想类比的思想，普遍联系的思想，逐步逼近的思想，代换的思想，特殊与一般的思想，等等。（3）由"数学建模的思想"派生出来的有：简化的思想，量化的思想，函数的思想，方程的思想，优化的思想，随机的思想，统计的思想，等等。（4）由"数学审美的思想"派生出来的有：简洁的思想，对称的思想，统一的思想，和谐的思想，以简驭繁的思想，"透过现象看本质"的思想，等等。例如《2011年版课标》例30：联欢会上，小明按照3个红气球、2个黄气球、1个绿气球的顺序把气球串起来装饰教室。你知道第16个气球是什么颜色吗？本例希望学生能够通过所给条件，发现规律，进一步了解规律可以借助各种符号表示。在解决这个问题时，学生可以有多种方法。例如，用A表示红气球，B表示黄气球，C表示绿气球，则按照题意，气球的排列顺序可以写成AAABBCAAABBC……从中找出第16个字母，由此推出第16个气球的颜色。在这里，

气球的颜色在变化，但是变化中总是按照"3红、2黄、1绿"的顺序，这就是体现"变中有不变"数学思想，还可以渗透用符号表示的思想。同时，我们应该看到整个学习过程是一个归纳推理的过程。学生在学习过程中感悟、体会、理解其中所蕴涵的数学思想，能够为后续学习带来帮助，如可以为运算定律、运算性质的学习提供启示。

第三节　小学教学设计的基本过程

教学设计的基本过程包括：教学核心内容及教育价值分析；学生情况及学习任务分析；教学目标的制订；教学活动的基本过程；学习效果评价的设计。这五个方面课堂教学设计基本过程，它们是一个整体，也有顺序性。其中，确立教学目标是课堂教学设计的核心，教学核心内容及教育价值分析、学生情况及学习任务分析是制订教学目标的基本依据，教学活动的基本过程是实现教学目标的载体，学习效果评价设计则是考察教学目标的达成情况。图的框架形象地表明了课堂教学设计基本过程中诸要素之间的关系。

1. 教学核心内容及教育价值分析，主要是对静态文本资料的分析，主要包括：学习内容的数学本质（上位数学知识）；课程标准、教学用书、教材等；教学核心内容的教育价值的分析；数学基本思想。

2. 学生情况及学习任务分析，主要是对教学对象——学生的情况分析，学生是具有主观能动性的个人，自身的身心发展会随着知识的习得而发生改变。学生是带着全部的丰富生活进入课堂的，这不仅仅包括学生已有的知识，还包括学生的生活体验和知识经验、学生的困惑、学生的情感等。

3. 教学目标确立，基于对教学核心内容及教育价值分析和学生情况及学习任务的分析，在此基础上，我们就可以确立教学目标。教学目标是教师希望通过数学教学活动所达到的理想状态，是数学教学活动因材施教的结果，是数学教学设计的起点和核心。

4. 教学活动的基本过程，是为了达成教学目标，教师精心设计的教学活动的过程。数学教学活动是一种特殊的活动。数学教学活动是师生积极参与、交往互动、共同发展的过程；数学教学不应该是教师单向、独白式的教学，它是教师、学生、文本之间的多向交互关联的活动体，它通过交往获得动力，通过互动得到创生；数学教学不仅仅表现为抽象的符号传授，更应是生动的、富于思维碰撞的心灵沟通；教学活动是在"教"和"学"这两种基本行为中展开的，这两种行为有共同的目的指向——教学目标，而这两种行为的对象即数学教学内容。教学活动的基本过程是通过一系列的思维活动把知识贯串起来，使学生真正感悟到数学知识深化发展的动态过程。从微观的角度看包括：知识发生设计、知识发展设计、知识应用设计、知识反思设计。

5. 学习效果评价设计，主要是根据教学的目标对教学过程各个环节以及教学效果的分析与评价。

一、教学核心内容及教育价值分析

教学核心内容及教育价值分析，主要是对静态文本资料的分析，主要包括：对课程标准、教学用书、教材等的解读；对学习内容的数学本质的认识（上位数学知识）；对教学核心内容所承载的教育价值的分析；对数学基本思想的把握。

对课程标准、教学用书、教材等的解读（对于这一部分的具体解读参照前面章节）。需要特别指出的是，一节课的教材编写意图的分析应该基于对单元整体教材的理解上。这就要求教师能够表述单元知识内容及单元知识结构，同时对本单元整体教材和本节课教材的内容设计和逻辑顺序等进行分析，从而体会出本节课在整个单元中的地位和作用；同时，教师还能够涉及内容的纵向联系分析，就是根据学习内容去分析，和以前学习过的内容和将来要学习的内容进行实质性的相关分析。

对学习内容的数学本质（上位数学知识）的认识，是指超越小学数学一节课的内容，在初中、高中（或中等师范学校）以及大学数学中出现的相关数学知识。简单说，希望数学教师从数学本质的角度去把握所教知识的本质。

对教学核心内容所承载的教育价值的分析，就是希望教师不仅考虑所教的内容知识，更要探究知识内容背后蕴涵的东西，这些东西中有数学教育对学生来说是适宜的、满足发展需求；有数学教育对学生来说的全面育人功能。如学生对数学本质及思想有意义的感悟，对多样化的数学活动经验的体验与积累，对良好的情感体验以及个性品质的培养，对创新精神和实践能力的关注。这些东西具体包括两个方面，一是数学知识本身的魅力，即所学知识和方法的学习过程价值，知识探索、形成或应用过程中的思维价值。二是在学习数学知识过程中对于人的情感态度价值观形成的价值。

【案例3】 "面积和面积单位"教学核心内容分析

1.什么是"面积"？

（1）教材的说法：

北师大版教材：物体的表面或平面图形的大小就是它们的面积。

人教版教材：物体的表面或封闭图形的大小，就是它们的面积。

西南师大版教材：物体表面或平面图形的大小叫做它们的面积。

虽然上述三种描述大小同异，但也有区别。"就是"带有浓郁的再认味道，"叫做"则带有更多的命名色彩。"平面图形"与"封闭图形"也不同，从概念上讲，前者应该包含了角、线段等不封闭的平面图形，后者包括了曲面这样的非平面图形。

苏教版教材与青岛版教材则没有结语，只是结合具体的情境来表述，但两者也有区别。苏教版教材在描述时用到了"表面"这个词，如"黑板表面的大小是黑板面的面积"，而青岛版教材整个单元都没有出现"表面"这个词，在描述时只用到了"面"，如"厨房、餐厅地面的大小就是它们的面积"。那么，在教学实施时，要不要给出结语？如果出结语，应该怎么说？

（2）工具书关于面积的定义。

《数学辞海》：几何学的基本概念之一。对于每一个封闭图形，用唯一的非负实数与它对应，如果这种对应满足。

1. 边长为 1 个长度单位的正方形作为面积单位，与数 1 相对应。

2. 合同变换（即正交变换）下的不变性。即全等图形与相同的实数相对应。

3. 有限可加性。将一个图形分成两个至多只有公共边界的部分图形的并集，则该图形所对应的数就等于两个部分图形所对应数的和。

那么该图形对应的非负实数称为该图形的面积。

面积相等的图形不一定是全等形。

《中国百科大辞典》：几何学的一个基本度量名词。用以度量平面或曲面上一块区域大小的正数。比如多边形测度方法，就是将每一个多边形对应一个正数，叫做这个多边形的面积，具有下列性质：1. 全等的多边形面积相等；2. 如果将多边形分为若干部分，那么整个多边形的面积，等于它所分成的各部分面积的和。

《中国学前教育百科全书》：指物体表面或平面图形的大小。各种不同的平面图形，有着不同的面积计算公式。

《教师百科辞典》：平面封闭图形所围成的平面部分的大小，叫做这个图形的面积。

2. 什么是"表面"？

很多教材都涉及了物体的表面，那么表面是什么意思？比如，长方体的表面是指六个面，还是其中的一个面也能说是表面？这里所说的表面，与五、六年级学习长方体、立方体的认识时的"表面"，是同一个意思，还是不同的意思？桌子的表面到底指的是什么，桌洞算不算在内？人的脸面，该从哪儿算起到哪儿结束？对于三年级的学生，能理解表面的意思吗？对于表面要理解到哪个度比较恰当？

3. "封闭"这个词能忽略吗？

显然从严格的数学概念角度讲，并不是所有的平面图形都是有面积的。也正因为如此，所以很多的教学设计就针对这一点，精心策划了一些教学环节，好让学生能意识到只有封闭的图形才有面积。对于三年级的学生而言，有这个必要吗？如果在课堂上教师不抠"封闭"这两个字眼，学生会不会认为"角"也是有面积的？

4. "面积"与生活中所说的"大小"一样吗？

当我拿出三张有明显不同大小的纸请我不满三岁的儿子比较哪一张大，哪一张小？他毫不犹豫地排出了它们的大小顺序。那么他眼中的大小与我们数学学习中的面积是不是相同的含义？教材里面安排的有显著大小的图形面积的比较又有什么意义？

5. 面积的比较有哪些方法？学生应该学会哪些方法？

几乎所有教材的主题材料都是比较两个图形（长方形）面积的大小，但呈现的方法有所不同，其中北师大版教材呈现得最为丰富，共有四种方法，分别是：①重合剪拼；②用硬币摆一摆；③用小方块摆一摆；④先画格子，再数一数。在这些方法中，有没有要求学生都掌握的基本方法？在具体实施时，如果不提供给学生必要的辅助工具，如硬币、小方块，学生想不到这些方法；如果提供了，学生就不会去想别的方法，拿起来学具就摆。另外，用硬币摆一摆，它不属于密铺，这样的学习活动对于学生理解面积的含义有没有负面作用？

6. 要不要突显"面积"与"周长"的联系与区别？

从长度到面积，是由一维空间跨越到了二维空间，学生在学习面积的过程中，经常容易与周长混淆。有没有必要安排专门的环节让学生去思辨周长与面积的不同？弄清这两者的区别，是"面积的认识"这一课时应该达到的目标，还是后继学习需要解决的问题？如果有学生在比较面积时，出现了测量周长进行比较的方法，误认为周长越大面积也越大，要不要以此为切入点讨论周长与面积的关系？

7. "面积认识"怎样服务于"面积计算"？

在后继学习长方形的面积时，需要学生理解长方形的面积就是所包含的面积单位个数的累加；学习平行四边形的面积时，需要"化归"为长方形的面积计算；学习三角形和梯形的面积时，需要"化归"为平行四边形的面积计算；学习组合图形的面积时，需要"化归"为基本图形的面积计算。在这些学习过程中，需要"全等形等积"与"面积的可加性"这两种思想，那么在面积的认识一课中，有没有必要渗透这种思想？如果有必要，该怎样去渗透？

8. "空间观念"的发展到底有多重要？

"面积"属于空间与图形领域的教学内容，建立初步的空间观念是空间与图形领域教学的主要目标之一。这个目标，是不是也是这节概念课教学的主要目标之一？如果是，那么应该在哪些环节，通过怎样的策略促成这一目标的达成？

9. "面积"与"面积单位"是一课时教学还是分课时教学？

从教材编排来看，人教社版、青岛版集中编排，倾向于一课时教学；北师大版、西南师大版、苏教版则分两个主题呈现，显然倾向于分课时教学。教学实践也有不同的演绎。如果两者同一课时教学，利在何处，难在哪里？如果分两课时，必要性何在？

......

结合以上案例，对于教学核心内容的分析，建议如下。

1. 教学核心内容分析要始终围绕问题展开，用好问题激发、调动探究的意识，带着问题进行教学核心内容的分析。如上述案例中，教师围绕"面积和面积单位"的九个基本问题，对本教学内容的属性和关系进行了必要的追问。对于整个教学核心内容分析具有指导意义。

2. 对比梳理课标（大纲）、教材时要进行适时的归纳和提炼，我们既要整体把握教学内容，对相关内容的核心、本质进行梳理、概括，如认识面积属于图形度量的范畴，其核心是"统一度量单位、有限可加性"。我们又要分析核心概念，把握核心思想，了解不同学习材料、分析不同设计思想，突出概念本质。在这里要特别指出，要围绕一节课的上位数学知识与小学数学教学内容的紧密结合，帮助教师对教学内容的本质把握及指导小学数学教学。

二、学生情况、学习任务分析

学生情况及学习任务分析，主要是对教学对象——学生的情况分析。学生是具有主观能动性的个人，自身的身心发展会随着知识的习得而发生改变。学生是带着丰富生活经验进入课堂的，这不仅仅包括学生已有的知识，还包括学生的生活体验和知识经验、学生的困惑、学生的情感等。要想真实地了解学生学习前准备状态，不能简单地依靠教师对学生的主观经验，还需要一些简便易行的教学调研。

学生情况分析一般由两个方面的内容构成：一方面是对学生主体存在的认知水平或程度和需求水平或程度的调查；另一方面是教师主体针对所搜集的学习前调查信息做的统计分析。学生的认知水平或程度包括两类：一是已有习得的客观知识经过内化或类化所达到的经验状态；二是对即将学习而未学的重点、难点知识的经验状态。学生的需求水平或程度，是指学生主体对即将学习内容应有的学习兴趣或积极的学习态度动机。通俗地说，分析学情就是分析学生思维过程，厘清"学生可能会怎么想"，透析学生思维障碍，明晰"学生的困难是什么"。基于这样的基础，调研方式包括课前测验、访谈、课堂观察、作业分析等。教师需要根据不同的目的合理选择。公开课我们提倡课前测验、访谈，常态课我们提倡单元前小测试、访谈、课堂观察、作业分析等。

无论是三年级，还是四年级，多数学生均认为周长相等，它们的大小不一定相等。认为"周长相等，大小一定相等"的学生数占了一定的比例，三年级与四年级分别占22%与11%。可见，要搞清周长与面积的关系很重要，但是学生在这一方面的认识也不是没有基础。三、四年级之间存在着较大的差异，可见教学能够促进学生这一方面认识的清晰化。

无论是三年级，还是四年级，近90%的学生均认为"两个图形大小相等，形状不一定相同"。认为"两个图形大小相等，形状一定相同"的学生数均在10%以下。可见，学生对于"大小相等，形状不一定相同"的观点具有广泛认同，且认为"大小相等，形状一定相同"的学生数三年级与四年级之间没有显著差异。

通过测试与分析，虽然无法解决心头所有的疑问，但对于有些问题的认识变得逐步清晰起来。

（1）周长对于学生认识面积具有负迁移。在一个平面图形中，"边"属于强刺激源，"面"属于弱刺激源，加之长度的学习在先，学生在学习面积时，在潜意识中会受到周长的影响，感到周长长的图形的面积似乎更大些。要建立正确的面积概念，在教学过程中，就必须引导学生了解周长与面积的区别，要学生知道周长是边线一圈的长度，而面积是整个面的大小。至于周长与面积的关系，有待后续学习不断辨析与构建。

（2）引导学生去探究与发现"面积相等，形状不同"这一命题没有价值。学生对于面积相等，形状不一定相同，具有丰富的感性积累，绝大多数的学生均认为这是一个不容争议的话题。因此"面积相等，形状不同"这一命题就没有证明其正确与合理的必要性。

（3）"面积可加性"的思想需要在面积意义教学中予以渗透。"面积的可加性"是一个无须证明的公理，但学生对于面积的这一属性的认识还处于一种混沌状态。面积的可加性，又是学生学习面积必不可少的基本思想，因此，在面积的教学过程中，要让学生对于面积的这一属性认识逐步清晰。

（4）对于面积的认识是一个渐近的过程，一个不断完善与丰富的过程。什么是面积，处于不同学习阶段的学生有不同的回答。同样，成人世界也会因为自己生活经验的差异，对于什么是面积做出个性化的解释。在教学面积时，应尊重学生已有的生活经验与数学知识基础，不要作过高的提升与抽象。对于三年级的学生而言，只需结合实例认识面积的含义即可。

结合以上学生情况分析案例，对学习者的情况提出如下建议。

1. 小学数学中的学生情况分析是为了在教学前诊断学情，结合教学核心内容分析学生已经经历、可能遇到的困难以及学习时的思维过程。基于实证地进行学生情况分析，而不仅仅是基于感觉、经验和理念的宽泛描述。

2. 教师在进行学生情况分析过程中要围绕教学核心内容分析后的问题。教师要清楚地认识到自己进行学情分析是为了什么，接着要弄清分析学生的哪些情况，最后再选择某种方式进行学情调研。

3. 调研方式包括课前测验、访谈、课堂观察、作业分析等。教师需要根据不同的目的合理选择。公开课我们提倡课前测验、访谈，常态课我们提倡单元前小测试、访谈、课堂观察、作业分析等。

需要特别指出的是，教师需要在学生调研的基础上，结合教学核心内容的分析，确定学生的学习任务。学生已有知识经验是学习任务的起点，学生的学习困难是学习任务探究的重难点。

三、教学目标确立与表述

教学目标是教学活动预期达到的结果，是学生通过学习以后预期产生的行为变化。它表现为对学生学习成果及终结行为的具体描述。教学目标是教师希望通过数学教学活动所达到的理想状态，是数学教学活动因材施教的结果，是数学教学设计的起点和核心。教学目标是为学生的"学"所设计，教师的"教"是为学生学习目标的达成服务的。

（一）教学目标的确立

教学目标的确立是在经历了完整教学核心内容及教育价值分析和学生情况及学习任务的分析过程的基础上得出的。通过教学核心内容及教育价值分析把握教学的重点，通过学生情况分析诊断教学的难点，在重难点比较清晰的情况下结合课程目标、教学资源、进行预设目标设计。而且从教学目标就能看出教师在后续的活动设计中都将设计怎样的活动，为了实现哪个目标。教学目标对教学活动设计的指导作用非常明确。

【案例5】"厘米的认识"的教学目标设计

教师对教学核心内容进行分析，得出如下结论。

第一，度量单位是课题的核心，度量单位的统一是使度量从个别的、特殊的测量活动，成为一般化的、可以在更大范围内应用和交流的前提。因此，在课程实施过程中，应该为学生提供必要的机会，鼓励学生体会单位对测量结果的影响，进而体会建立统一度量单位的重要性。认识到统一测量标准是必要的。

第二，借助身边熟悉的物体，在实际测量活动中有层次地建立表象。

第三，将估测与精确测量有机结合，通过估测、借助实物、借助直尺加深对厘米的认识，建立厘米的表象。

第四，感受长度测量的本质：数出1厘米的段数，从0刻度对齐，再看终点的刻度数，刻度数就是1厘米的段数。

教师又对学生进行调研，调研结果对教学的启示如下。

第一，课堂教学中，要注重帮助学生建立1厘米的表象。通过多种活动，使学生在头脑中逐渐形成1厘米的表象。如摸一摸1厘米的小棒、找一找身边的1厘米、闭上眼睛想象1厘米、画一画1厘米等。

第二，学生对尺子不陌生，可以从尺子上下"功夫"，帮助学生经历尺子的形成过程，理解尺子的结构特征，通过在尺子上让学生找 1 厘米、几厘米等活动，理解测量的本质。在本调研中没有调研出学生对从非零起点进行测量时的困难，但凭借教学可知，这是学生测量的困难之一，但也恰恰可以借此帮助学生理解测量的本质。

第三，学生有估测的意识和一定的估测方法，可以在课堂上创设情境，放手让学生运用自己的方法开展估一估活动，帮助学生进一步理解估测，发展数量感。

综合考虑教学核心内容及教育价值分析和学生情况及学习任务分析，本节课教学目标及教学重难点设计如下。

1. 通过创设问题情境：用不同长度的物体度量数学书的长度得出不同的数，引发学生认知冲突，学生体会统一度量单位的必要性，知道标准度量单位厘米的作用及其表示方法。

2. 通过捏一捏、找一找、画一画、摆一摆、估一估等活动，学生进一步认识长度单位"厘米"，初步建立 1 厘米的表象。

3. 经历尺子的形成过程，通过在尺子上找 1 厘米、几厘米等数学活动，帮助学生理解长度与 1 厘米的关系。特别是几厘米就是几个 1 厘米等数学活动，帮助学生理解长度与 1 厘米的关系，特别是几厘米就是几个 1 厘米的累加，初步学会用刻度尺量物体长度的方法（限整厘米数）。

4. 在建立长度观念的基础上，在估测和精确测量的过程中，渗透"物体的长度就是标准单位的累加"，体会"度量的不变性、叠合性和有限可加性"，巩固厘米的表象，掌握测量方法。

教学重点：认识统一度量单位的重要性，建立 1 厘米的表象，掌握测量的方法。

教学难点：建立 1 厘米的表象，感受到测量的本质——物体的长度就是标准单位的累加。

结合以上案例对教学目标的设计提出以下建议。

1. 在进行教学目标设计时需要教师关注教学核心内容的分析与学生情况的分析，教学核心内容及教育价值的分析是明了教学的逻辑起点、学生情况的分析是认识学生的认知起点及认知困难，确立适宜的教学目标。

2. 教学目标是教学活动设计的依据，在教学活动设计时要不断审视目标，将确立的教学目标分解成具体环节目标（可操作、可检测），要依据环节目标生成数学"问题串"，通过数学"问题串"构建一个或几个数学活动，让学生在参与数学活动过程中，确保活动为实现目标服务。

3. 教学目标是实施教学活动的保障，把教学设计的"预设"转化为实际的教学活动过程中，师生双方的互动往往会"生成"一些新的教学问题与教学资源。教师需要根据教学目标及时把握，适时调整。教师要通过启发式的教授，帮助和引导学生明确所需思考和解决的问题，及时做出积极的反应，给予鼓励，有效互动，以平等的姿态交换意见，因势利导，把握正确的思维方向，共同探讨，直至问题的解决。

（二）教学目标的陈述

教学目标确立后，我们要以书面形式陈述出来。教育心理学家对于教学目标的表述，有两种不同的观点。行为主义强调用可以观察可以测量的行为来描述教学目标；认知学派则主张用内部心理过程来描述教学目标。尽管这两种观点不同，但教学目标的重点应说明学生的行为和能力的变化这一观点是被共同接受的。

1. 行为目标的陈述

指经历教学过程后，学生身上所发生的行为变化及其程度。它具有精确性、具体性和可操作性等特征。较适用于"基础知识与基本技能"教学目标的陈述。美国心理学家马杰提出，教学目标一般应包含四个要素：主体、行为、条件和标准。即 ABCD 法。A 是主体（audience），指目标行为的主体是学生，B 是行为（behaviour），指学生在教学过程后应能够做什么，用行为动词描述学生所形成的可观察、可测量的具体行为。C 是条件（condition），指学生完成行为是什么条件下产生。D 是标准（degree），指学生对目标所达到最基本要求。对行为标准的具体描述，可使教学目标具有可测性。目标行为的陈述方式是"行为主体 + 行为动词 + 行为条件 + 达成的程度"。例如，对于课题"乘法分配律"课时教学目标陈述为："能举例说明乘法分配律的含义；能用字母表示乘法分配律；会运用乘法分配律使一些计算简便。"

2. 发展目标的陈述

指在教学情景之中伴随教学展开而强调体验和表现的目标。它具有历时性和过程性特征。较适用于"过程与方法"教学目标的陈述。发展目标的表述重视学生的个性思考和教学过程的感悟，在一定程度上弥补了行为目标的表述的不足。在实际操作中，常常采用类似于"经历……探索活动，形成……"，"体验……探究过程，发现……"，"探索……，解决……"等基本形式来陈述发展目标。例如，课题"小数点位置移动引起小数大小的变化"课时教学目标陈述为："经历小数点位置移动引起小数大小变化规律的探究过程，理解并掌握规律，体验探究发现的乐趣，形成初步的探究意识和能力"。

3. 表现目标的陈述

指学生在教育情境中的种种"际遇"——每一位学生个性化的创造性表现。它强调学生的个性差异和创造性表现。较适用于"培养学生创造性和创新精神"教学目标的陈述。对于表现目标的陈述，重在明确规定学生应参与和经历的活动及情境，描述学生在活动中应表现出来的行为和态度。常见的表现形式类似于"在……活动中，学生感受……"，"在……过程中，学生体验……"，"在……情境下，学生讨论……"等。例如，课题"6 ~ 10 的认识和加减法"课时教学目标陈述为："在运用已学知识解决问题的过程中，能进行简单思考，体验算法多样化。"

4.内部过程与外显行为结合的目标陈述

有一些教学目标无法用行为来描述，如学生内在心理发生的变化、情感态度的变化等。为此，美国心理学家格伦兰德提出用内部过程和外显行为相结合的方式陈述教学目标。用这种方法陈述的教学目标由两部分构成：第一部分为基本的教学目标，用一个动词描述学生通过教学所产生的内部心理变化，如理解、运用、分析、创造、欣赏、尊重等；第二部分为具体教学目标，列出具体行为样例，学生通过教学所产生的能反映其内在心理变化的外显行为。例如，课题"两位数乘两位数"课时教学目标陈述为："理解两位数乘法的算理，能口算整十、整百乘两位数，并能正确笔算所给出的两位数乘法题。"当然，教学目标的制订可以从三维目标角度来进行思考，也可以从数学课程的四大具体目标（知识技能、数学思考、问题解决、情感态度）来进行思考。但在日常设计中，不能拘泥于某一种教学目标的陈述或形式，而必须根据课程标准、教学内容、教学对象和教学条件等因素，努力去实现几个方面目标的整合，灵活陈述教学目标。这些目标其实可以分成两组：结果性目标和过程性目标。在一般家常课的教学目标设计中，我们提出一节课的课时教学目标中有三要素：①结果性目标；②过程性目标；③实现目标的主要途径。例如，课题"平均分"课时教学目标陈述为：①引导学生在具体情境中感受"平均分"，初步建立"平均分"的概念。②让学生经历"平均分"的过程，在具体情境和实践活动中体会。掌握平均分的不同操作方法，通过操作与交流进一步感悟平均分的本质特征。③初步了解"平均分"在生活中的作用，培养学生解决问题的能力和应用意识。案例中结果性目标：第①条中的"初步建立平均分的概念"；第②条中的"掌握平均分的不同操作方法"；第③条中的"初步了解平均分在生活中的作用，培养学生解决问题的能力和应用意识"。过程性目标：第①条中的"感受平均分"；第②条中的"经历平均分的过程""感悟平均分的本质特征"。实现目标的主要途径：第①条中的"在具体情境中"；第②条中的"在具体情境和实践活动中体会""通过操作与交流"。

四、教学活动基本过程（数学概念形成教学为例）

（一）从"现实数学"中提炼数学问题

对于小学生而言，"现实数学"主要是指特定生活环境下丰富的日常生活体验和现实知识积累。这其中包含着大量的数学活动经验。

数学概念作为具有概括性、抽象性、精确性等特征的科学概念，在概念形成过程中，需要以学生头脑中已有某些自发性概念（日常概念）的具体性、特殊性成分为依托，从中寻找出它的理论逻辑性，使之能借助经验事实，变得容易理解。小学数学中许多概念，特别是一些基本概念，与现实生活有着不可分割的联系。因此，在新概念引入时，要注意利用学生自己在日常生活中的经验或事实，也可以由教师提供有代表性的典型事例，使他们身处现实问题情境中，通过亲身体验，在感性认识的基础上，借助分析、比较、综合、抽象、概括等思维活动，对常识性材料进行精微化，自主提炼成现实数学问题。

【案例6】课题：小数的意义

课前发动学生去超市、商店收集不同的商品价格（注意观察商标标价），课上创设社会实践活动帮助商店做商品商标情景。从中学生发现用元作单位的标价与实际用元、角、分购物之间的联系。这种联系的揭示，其实是学生分析、比较、抽象、概括等思维活动的结果。再引导学生运用初步分数知识来剖析这种联系，从而学生完全体验到分数与小数两者的内在本质关系，也借助于分数的含义来认识小数的本质特征，对小数的由来、小数的意义的确立赋予了丰富的内涵。

【案例7】课题：循环小数

循环小数是一个数的小数部分，即从某一位起，一个或几个数字依次不断地重复出现。小学教材中，循环小数常常安排在小数除法部分。有限小数除法教学，给学生辨析循环小数打下基础。教师的任务只要让学生感受到"永远除不尽"，认识商位数的无限位。在教学中，我们应该在同一视角揭示"能除尽"与"永远除不尽"两种本质属性。在概念引入时，设计男女分组比赛，男生组题目：① $21.305 \div 5$ ② $23 \div 18$。女生组题目：① $21.45 \div 5$ ② $14.2 \div 22$。比赛中让学生体验"永远除不尽"的属性。这样，学生能主动建构新知识，理解新知识。

（二）将学生带入问题中揭示概念形成过程

数学活动的核心是问题。丰富学生在概念学习过程中的体验，将数学概念的形成过程、形式化的数学概念及一些相关的材料转化为富有现实生活意义的问题情境，从而把学生带入问题中，让学生在问题的探索中构建概念的心理表征。具体有两种教学策略。

教学策略1，把数学概念的生成过程问题化。从课程目标看，概念的由来，概念的必要性，概念的应用性，应该是概念教学的目标。概念生成过程中的诸问题，往往也是区分概念本质特征与非本质特征的关键所在。因此，在教学中应尽可能把概念展示过程转化为一系列带有探究性的问题，真正让学生在现实生活和已有知识基础上展开"火热的思考"，在自主递进式的问题解决中揭示概念的形成过程。

【案例8】课题：千米的认识

师：你们过去在哪儿见过千米这个词呢？关于千米你都知道些什么？（大家纷纷举手，很踊跃）

生1：我坐汽车时看到仪表上写着千米这个词。

生2：我听大人说1公里就是1千米，为什么不叫公里呢?

生3：出租车上每公里1元，是不是说行驶1千米要交1元钱?

生 4：说河流有多长都用千米做单位，我想千米就该是长度单位吧！

生 5：千米与米有什么关系呢？1000 米就是 1 千米吗？

生 6：坐火车时，我听爸爸说火车每小时行驶 60 公里，现在我知道了火车 1 小时行驶 60 千米。

生 7：我们量教室的长度都说几米几米的，可要是量杭州到北京有多远。还用米来量就太麻烦了，所以人们就发明了千米。

到此，学生明白了千米在生活中应用很广泛，也知道了度量很远距离时要用千米作单位。

生 8：米用字母 m 表示，克用字母 g 表示，千克用字母 kg 表示，我想千米是不是该用 km 表示呢？

这节课千米的学习，从引入，到建立千米的概念，再到米和千米单位的进度以及用字母表示，都是学生自主完成。

【案例 9】课题：圆的认识

在进行"圆"概念的教学中，"车轮是什么形状的？"这一问题展开，引出如下一系列问题：为什么车轮都做成圆形的呢？能不能做成正方形或三角形之类的？要是把车轮做成椭圆形，车子开起来会怎么样呢？为什么椭圆形轮子的车开起来会一高一低，而圆形车轮的车子开起来就不会一高一低呢？如果做一个最简单的车轮，要注意哪些问题？把圆概念的生成过程问题化，通过这些问题的探讨，达到对圆的本质属性的理解。

教学策略 2，把书面化的抽象材料转化为蕴涵概念本质特征，贴近学生生活，适合学生探究的问题。

【案例 10】课题：除法的认识

教师提出，二(1)班的同学共做了 18 朵小红花(实物)，以小组为单位解决以下问题：

①平均送给 2 个小朋友，每人（　　）朵。怎么分？

②平均送给 3 个小朋友，每人（　　）朵。怎么分？

③每 5 朵扎成一束，可以扎成（　　）束，还剩（　　）朵。

通过学生动手操作，把学生引向"除法就是分小红花"。通过动手与动脑相结合，把数学拉到学生生活中，使数学变得现实，在实物—算式建立相互的实质联系。从实物到算式是"形式化"的过程，学生体验除法的意义；从算式运算回到实物解释是"寻找意义"的过程，学生在进一步的除法知识学习时，碰到问题都会寻就原始实物的解释、分析，直至解决问题。

（三）引导学生在数学化中分化、概括、形成概念

数学概念形成的发展过程是一个数学化的过程。通过学生对常识材料（即日常生活

经验和已有的知识）进行细致的观察，火热的思考，借助分析、综合、比较、抽象等思维活动，对常识材料进行去粗取精、去伪存真的精加工，从中舍弃材料的现实意义，抽象出共同的、本质的属性或特征，并区分出有从属关系的关系属性，使新概念与已有认知结构中的相关观念分化，用语言概括成概念的定义。

弗赖登塔尔曾经描述一个比和比例的教学设计，一天早晨学生走进教室，发现窗开着，黑板上有个大手印，学生都认为一定是巨人来了，他们都很惊讶，不知巨人有多高。老师把手掌放在巨人的手印上，学生发现巨人的手比老师的大4倍。学生对老师的身高进行测量，然后他们剪了一根线，是老师高度的4倍，并在黑板上留下一封信，将这根线挂在墙上，表示巨人靴子，特大报纸，特大蛋糕等的长度、面积、体积。从老师与巨人手掌大小关系，建立比的概念；再从手掌关系过渡到身高关系建立比例概念。这样的数学活动，把比和比例的内涵和关系揭示得淋漓尽致。

（四）在概念应用中完善概念意象

在新概念图式雏形建立的基础上，通过概念的应用完善概念意象。具体说，就是数学概念与实际应用之间多次润色，形成概念意象。可以在两个层面设计应用。（1）通过巩固练习、变式练习等练习行为（具有一定模仿性、探索性、自主发现性），让新学习的知识得到巩固。这一层面的学习，学生学到了一定技能，使新学习的知识在应用中体现价值和进一步挖掘新的内涵。（2）按照科学概念的意义从不同侧面设计实际生活问题和综合问题解决，从中体会数学的意义，深化对概念本质属性的理解，增强问题意识、在潜移默化中形成用数学的眼光观察事物、真正把握概念本质属性的能力。这一层面的应用，使学生初步形成的数学认知结构臻于完善，最终形成新的良好认知结构，以求新知识更广泛的应用。

【案例11】课题：角的认识的应用设计

1. 根据下面各角的度数，分别说出每个角是什么角？

56°、91°、89°、1°、179°、180°、20°、360°

2.（　　）时整，时针和分针成直角。

（　　）时整，时针和分针成平角。

3. 理解某些体育项目中的术语。

（1）14届亚运会，跳马动作。"李小鹏跳"即前手翻接直体空翻900°。"杨威跳"即后手翻接后空翻转体两周半。

（2）双杠动作，"挂臂前翻上，接团身后空翻两周"。

在应用设计中要引入迁移规律，既要有知识正迁移的有效实现，又要有知识负迁移的有效澄清。设计方式是组织系列问题：或是正误辨析，或是错误识别并分析理由，或是提供背景材料解决实际问题的练习，或是不循常规的开放式问题，或是仅仅提供问题背景。

（五）概念形成的升华——启发学生"反思"

要构造自己理解的概念，关键是一种意识上的飞跃，即弗赖登塔尔提出的"数学反思"与皮亚杰提出的"反省抽象"。所谓反思就是自己做了实践性活动，然后脱身出来，作为一个旁观者来看待自己刚才做了些什么事情，把自己所做过程置于被自己思考的地位上加以考虑，有意识地了解自身行为背后潜藏的实质，并从中借助自己的数学知识与数学方法归纳结论。如（88+104）+96=88+（104+96）、（69+176）+28=69+（176+28）、155+（145+207）=（155+145）+207 等过程，就可抽象出加法结合律。可以说，大部分数学概念的形成都经历了反思活动。有人或许会觉得，数学反思只要在归纳结论时用一下就好，其实不然。数学概念的理解不是一次就能完成，概念形成不是靠几个理解的操作活动（实际操作演算，或是头脑中的操作——思想实验）就能完整概括。反思贯穿于概念形成整个过程，我们应该不失时机地培养学生的反思意识。在课堂教学中，或教师提问，或学生自我提问。如"这个知识与以前的知识有怎样的关系？""这些例子其实告诉我们什么？""你（我）是怎么想的？""这个知识在哪些地方可以用呢？"等问题。

第六章　数学课堂导入技能

课堂教学导入技能是教师在课堂教学中的一项基本技能。课的导入，是课堂教学的起始环节，是课堂教学必不可少的组成部分。俗话说："良好的开端是成功的一半"，课堂教学的导入环节是非常重要的，它在一定程度上可以决定一堂课的成败。或者说，课的导入的优劣会直接影响后续整个课堂教学的进行和发展。著名特级教师于漪说："在课堂教学中要培养、激发学生的兴趣，首先应抓住导入新课的环节，一开始就把学生牢牢地吸引住。"高超的教学引入艺术，可以起到先声夺人、引人入胜的效果，作为教师，必须关注课的导入。

第一节　导入技能概述

一、导入的含义

"导入"，顾名思义，即"一"导"二"入，又叫做"导课""开讲"或"开场白"。从教育学的意义上来理解，"导"就是引导，"入"就是进入学习。课的导入是课堂上正式教学的启动，它是指课堂教学开始之时，教师有意识、有目的地引导学生进入新的学习状态的教学组织行为，是教师和学生在此过程中所有教与学活动的通称。是为即将开展的教学活动而进行的必不可少的学生心理和生理上的唤醒。它的目的是：导入新课，新旧衔接，启发学生，激发兴趣，说明目的，暗透动机，创造氛围，营造情境，等等。

所谓导入技能，就是教师采用各种教学媒体和各种教学方式，引起学生注意、激发学习兴趣、产生学习动机、明确学习目的和建立知识间联系，从而吸引学生主动、积极地参与学习新知的一类教学活动方式，是教师遵循美的规律和原则创造的具有个性特点的教学实践活动。在课堂教学活动中，教师不仅要"传道授业解惑"，还要能够通过自己的教学艺术和热情，激发和调动学生强烈的求知欲，使学生在"基础知识""基本技能""基本思想""基本活动经验"四个维度上得到和谐的发展。教师的这种引导技能在课堂教学环节中表现为导课的技能。

课堂导入从系统的角度来讲，导入系统的要素可以通过下表来具体体现。

具体而言：即人的要素——教师与学生；物的要素——导入材料（包括导入素材与教学媒体等）和教学内容；操作要素——教学活动方式。其中，导入材料与教学内容之间存在的逻辑关系是联系以上各要素的主线，是决定整个导入设计方向的关键因素。因此，找出这两者之间的逻辑关系，并确定其中最主要的关系作为整个导入设计的中心，是一个很重要的问题。另外，操作要素是联系人的要素与物的要素的桥梁，它应该是课堂导入设计的重点部分。

普遍地，按人的要素对导入系统进行分类的话，可分成两大类：（1）以教师为操作主体的活动方式，如提问、讲述（包括讲解和讲述）、展示、演示、表演等；（2）以学生为操作主体的活动方式，如阅读、思考、讨论、演算、游戏等。虽然不同的教学设计会产生很多独特的导入策略，但均是几种常见活动方式的优化组合。

二、导入的功能

导入是在新的教学内容或教学活动开始前，引导学生进入学习状态的教学行为方式。它是课堂教学的序幕，也是课堂教学的重要环节。

导入作为一堂课的起始环节，具有以下几个功能。

1. 引起学生注意，使学生进入学习情境

注意是学习不可缺少的条件，从感知到思维，每一个认识过程都是从注意开始的。乌申斯基曾经这样谈到注意的作用，他说：注意是一扇门，一切来自外部世界的刚刚进入人的心灵的东西都要从它那里通过。因为学习是对情景的积极反应，当然失去注意，就无法学习。注意愈深刻，意识愈清明，则观察、推理、记忆各种心智活动的成效也愈强。好的导入在课的起始就给学生较强的、较新颖的刺激，帮助学生收敛课前活动的各种思想，实现学生兴奋点的转移，把注意力指向教师，指向课堂学习内容，从而全身心地投入课堂学习。

例如，在"小数的认识"一课中，有位老师是这样引入新课的。

【案例1】

师：同学们，我们先来听一段广播信息，听的时候，请大家注意，你能发现哪些数学信息？

苏州市经济广播电台：桃花牌收音机每台48元，英雄牌钢笔每支2.6元，防雨书包每只20元，北京牌墨水每瓶1.5元，三角牌电饭煲每只124元，中华牌铅笔每支0.2元。

师：听了这段信息，你知道了什么？

师：这是一些商品信息，我们在生活中经常能见到。这些商品价格的数据，哪些是我们以前学过的？哪些是没有学过的？

（在对数据分类中自然引出本节课的课题——认识小数）

已开始上课，随着收音机里的信息广播，学生的注意力一下子都被吸引过来。教师通过收音机播放了学生喜闻乐见的商品信息，自然地集中了学生的注意力，引领学生进入学习情境。

2. 激发学习兴趣，使学生更快进入最佳学习状态

兴趣是儿童认识需要的情绪表现，是儿童主动探求知识的诱因。潘菽在《教育心理学》一书中说："学习动机中最现实、最活跃的成分是认识兴趣，或叫做求知欲，认识兴趣是力求认识世界，渴望获得文化科学知识和不断探求真理而带有情绪色彩的活动。"可见兴趣是影响学生学习积极性和自觉性的最直接因素，是学生主动、积极学习的重要内驱力。教师可充分利用学生的好奇心强与渴望获得新知的心理，让课的导入与学的思维碰撞出激情的火花，使自己的导入通过环环相扣的引入像磁石一样将学生的思维、意识牢牢吸住，从而保证课堂教学的顺利展开。

例如，在"比的意义"教学设计中，一位老师安排了一个"相片选美活动"展开：

【案例2】

师：今天，我给大家带来了四张不同形状的长方形相片，请同学们欣赏。（师点击多媒体课件，呈现图）

师：请同学们选出你认为比较美的两张照片，将编号写下来。

（生开始"选美"）

师：好，我们来统计一下大家"选美"的结果。

（教师将结果记录在黑板上：① 1，② 33，③ 36，④ 6）

师：为什么那么多的同学喜欢这两张相片呢？谁来说一说？

（由此引发了兴趣盎然的讨论，让同学们在讨论中初步感知比的意义）

本环节的引入——相片选美活动，让学生观察、比较，使学生得出"相片"美的程度与相片的长和宽的倍比有关，从而自然地把"比"与"倍比""分数"联系起来，这样就首先从整体上提示了"比"的本质。由于本导入环节教学资源的生成具有丰富性、新颖性和独创性，极大地激发了学生的学习兴趣，调动了学生的学习积极性，使课堂焕发出了生命的活力，促进了学生素质的提高。

3. 明确学习目的，调动学生的学习积极性

学习期待是学习动机的一个基本构成要素，是学习者对学习活动所要达到的目标的意念。心理学研究表明，目标性行为的效率明显地高于无目标性行为。目标是人们期望达到的结果。目标在教学活动中具有启动、导向、激励、调节等心理功能，能激发学生对新学习任务的动机，形成期待心理和学习定势，从而调动其学习积极性。导入阶段，

教师通过直接展示或问题等导入策略，告知学生学习的目标，让学生明确这节课为什么学，学什么，怎么学，充分激发学生的学习动机，以唤起并持久保持学生的注意力，从而能够使学生在接下来的学习过程中更好地调控自己的学习行为，同时也对课堂教学起导向、定向作用。

例如，有位老师在执教的"平行四边形的面积"一课中，是这样导入的。

【案例 3】

师：这个图形认识吗？（平行四边形）。之前我们已经学习了长方形和正方形的面积，今天我们要来研究平行四边形的面积怎么求。我们要讨论平行四边形面积它和什么有关、有什么关系、为什么有关？

大屏幕上一次呈现三个问题：和什么有关？有什么关系？为什么有关？

直接呈现本堂课的学习目的，简单明了，直入主题，使学生一开始对教学内容做到心中有数，为之后解决一环套一环的三个问题奠定扎实的方向性基础。

4. 建立知识联系，为后继学习服务

学习是循序渐进的，要以掌握较低层次的知识为前提，并保证对与此相联系的较高层次的知识进行理解和掌握。要把对同类知识的认识提升到一个新的高度，更需要原有知识做铺垫。在导入活动中，教师通过对旧知识的复习、提问、组织学生做练习等活动，向学生提供新、旧知识联系的支点，能使学生感到新知识并不陌生，降低了学习新知识的难度，易于引导学生参与学习活动。在教师引导下，使新旧知识之间建立联系，将新知识纳入到原有的认知结构中。

【案例 4】

（出示一摞白纸）

师：这里有一摞白纸，请大家观察这里的一个面，它是什么形状的？

师：你有办法算出这个长方形的面积吗？（引导学生上讲台量出长方形的长和宽，并算出面积）

（根据学生回答，板书：长方形面积 = 长 × 宽）

（改变白纸的形状，形成图右边所示的一摞白纸）

师：请仔细观察，像这样改变这一摞白纸的形状后，原来长方形的面积变成了什么图形？

师：请同学们在小组里进行讨论。平行四边形的底和高与原来长方形的长和宽之间有怎样的关系？它们的面积有什么关系？

上述教学设计的引入从复习长方形开始。长方形的面积计算是本课学习的重要知识基础，就知识的相关度上而言，这样引入更有利于全体学生参与，从熟悉到陌生，也利于后续将平行四边形转化成长方形，进行平行四边形面积公式的推导。

第二节 课堂有效导入的原则

一般来说，刚上课的五分钟是学生注意力难以集中、情绪难以稳定的时候。因此，好的课堂导入是必不可少的。导入得法，片刻之间就能营造一种浓郁的学习氛围，学生上课的积极性得到充分调动，并迅速进入良好的学习状态，进而为师生学习教学内容奠定良好的基础，达到教学相长的目的。笔者认为有效的数学课堂导入应注意这样几个原则。

一、求效能，反映针对性

不管哪一类型的导入设计都要有针对性、可接受性。针对性是指导入设计要根据教学目的而确定，围绕教学重点难点来设疑，而不能跑题，不要脱离具体的教学内容去摆噱头。可接受性就是问题设计要符合学生的年龄特点、深浅适中，既不使学生感到高不可攀，也不使学生感到索然无味。

1. 针对教学目的和内容

导入必须与课堂教学有机结合在一起，针对教学目的，教学内容，采取恰当的导入策略，选择恰当的导入方法，以利于提高课堂教学效果，只有教学目的和教学内容都兼容的导入才是最好的导入，体现因地制宜的理念。

因地制宜主要体现在两个方面：一是不同类型的课型要采取不同的导入策略，选择不同的导入方法。新授课、练习课、复习课、实验课等不同类型的课由于教学目的和教学内容的不同，所采用的导入也会有所区别；二是即使是同种类型的课，也要根据不同的教学内容采取不同的导入策略。如果课堂导入不能启迪学生积极思维，学生是很难进入角色的。

以人教版四下第五单元《三角形》为例，通过新授课、练习课、复习课为例来阐述不同课型的不同导入方式。

【案例5】新授课导入：探究三角形的特性

出示主题图，情境引入。

师：同学们，这个画面你们熟悉吗？

师：从图中你发现三角形了吗？

（学生看到金字塔上，桥上有很多三角形）

师：生活中有很多三角形，你还能举出一些吗？

（学生说红领巾、交通标志、篮球架、三角板……）

师：真会观察。三角形的奥秘非常多，它在生活中究竟有什么作用，今天老师和同学们一起走进三角形，来研究三角形（板书：三角形）。

新授课导入的目的是让学生明白本节课我们要探究的对象是什么。通过生活中的三角形图片，以直观形式把学生带入一个新知识探究的世界中。

【案例6】练习课导入：运用三角形的知识解决问题

师：同学们，今天数学王国的三角形家族要举行一次盛大的联欢会，你们想去参加吗？瞧！它们还邀请了小精灵做联欢会的主持人。

（课件显示小精灵，同时配加画外音）

小精灵：同学们别着急，如果你们能顺利闯过数学王国的四个关口，就会进入三角形乐园和它们一起联欢，你们有信心吗？（板书课题：三角形联欢会）

练习课的目的是对所学知识的巩固与强化，设计了一节有主题的练习课，一开始就带领学生进入联欢会的情境和氛围中，这样的导入把练习课化枯燥为生动的闯关，"玩中学，乐中悟"，营造了和谐的课堂氛围。

【案例7】复习课导入：梳理三角形的知识

师：今天，我们一起来复习三角形的知识。（板书课题：三角形知识的复习与整理）

谁能说说我们应该复习哪些内容？每个内容下包括哪些知识？

让学生自由发言，教师注意整理学生的问题，归纳为以下几点：

三角形的特性；三角形的分类；三角形的内角和等。

"授之以鱼"不如"授之以渔"。在本复习课的开始，教师就将学生推到主体的地位，变"接受式"为"探究式"，自己梳理知识，构建知识结构，培养了学生对所学单元知识的整理能力，激发了学生的复习热情。

2. 针对学生实际

针对学生实际，主要指针对学生生理、心理发展水平和知识储备的情况来制定导入策略。在以人为本的学习理念中，学生是学习的主体，导入的效能要通过学生才能体现，因此无论采取什么策略导入，都应该考虑学生的接受度。

比如现在的学生学习渠道拓宽了，他们的学习准备状态有时远远超出教师的想象，因此了解学生的原有知识，找准教学起点尤为重要。在对"乘法的初步认识"两次磨课的过程中就可以看出针对学生实际进行导课的重要性。

【案例8】第一次教学导入：乘法的初步认识

新课导入时课件出示人教版二上教材中的主题图。

师：你发现了什么数学信息？每个游乐项目共有多少人？

（生回答）

师：（相应板书三个连加算式）这三个加法算式有什么特点？

教师在板书三个加法算式时，下面有好几个同学在窃窃私语，暗示用加法做太麻烦了，可以用乘法算。而教师没有预设到这种情况，没有做出干预，继续按自己的教学预设下去。忽视学生的起点，导致后来学生学习的积极性不高。

第二次教学导入：通过谈话形式导入。

师：关于乘法，你已经知道了哪些？你是怎么知道的？你还想知道什么？

学生提出了有争议的问题，师暂时不作表态，而是把问题依次在黑板上进行板书。（轻松的几句对话，就让学生的知识底先亮了亮，后面的教学活动就有的放矢，顺次展开，学生的学习积极性很高涨。）

了解学生原有的知识，了解脉学生实际情况，找准教学起点进行导课非常重要，事关整堂课的教学氛围。

二、求精练，体现概括性

因为导入只是引路，开启思维，突出教学重点，诱发学习兴趣，而不是正式讲授新课，因此要切中要害，言简意赅，而不能庞杂繁琐和冗长。现代心理学和统计学家的研究表明：中小学的有效注意力集中时间从 5 分钟到 25 分钟。因此，导入在时间上，不能占用过多，一般以 3 到 5 分钟为宜，导入时间过长就会喧宾夺主。导课的基点在"导"，因此在情境设置上不要故意绕圈子、走弯路，语言上滔滔不绝而不着边际，而应用最有效的方式、最少的时间、最快的速度，做到内容精炼、讲解精彩、迅速缩短教师与学生间以及学生与教材的距离，将学生的注意力集中到听课上来，否则会适得其反。

例如，一位教师在上"0 的认识和有关 0 的加减法"一课时，创设了一个这样的导入。

【案例 9】

多媒体出示可爱的小猴和美丽的画面：一天，小猴下山去玩。走了很多很多的地方，玩得非常开心。天黑了，小猴感到肚子有点饿了，就回到了家里。可猴妈妈不在，只留下一张纸条告诉小猴：冰箱里有吃的，你自己拿来吃吧。"小朋友，请你猜一猜，冰箱里有些什么？"学生兴趣高涨，猜的都是自己喜欢吃的东西。（这种猜一猜有思考价值吗？）在学生胡乱猜的基础上，教师告诉同学："冰箱里放的是桃子，猜猜看，会是几个呢？"学生又乱猜一通（猜得有价值吗？）之后教师告知有 3 个桃子。教师继续问："小猴吃了一个桃子，冰箱里还剩几个桃子？后来又吃了两个，还有几个？那没有了怎么表示呢？"（绕了很大的弯才终于引出了"0"）

就这样，用去了宝贵的 10 分钟，才导入课中，下面的课如何上就可想而知了。这个导入教师没有切中要害，安排学生过多的猜测导致学生对学习目标的注意力涣散，这种导而久久不入的案例，设计中是要避免的。

三、求巧妙，激发乐学性

所谓"乐学"教育，即学生乐于学习，它的内涵是非常丰富的。首先它表现为学生对学习具有一种积极主动的进取态度，标志着学生的学习主体性在教学过程中的真正确立；其次，让学生在积极的情感氛围中体悟学习是"乐学"教学的起点，而"乐学"的最高境界则是学生的学习行为已达到"以苦为乐"的境地。因此，在我们的数学课堂上，就应思考以如何通过巧妙的导入能让学生"乐学"，去寻找教学的最佳切入点。而能激发学生"乐学"的巧妙导入应体现以下几个特性。

1. 有趣味

苏霍姆林斯基认为："教学的起点，首先在于激发学生学习的兴趣和愿望。"著名心理学家布鲁纳也认为："最好的学习动机是学生对所学材料有内在兴趣。"兴趣是学生学习动机中最现实、最活跃的因素，是学生获得知识、扩大视野、丰富心理活动的最重要动力。从少年儿童的心理发展水平来看，由于他们年幼，生活经验有限，对学习的社会意义理解不够深刻，他们的学习积极性和直接兴趣的强弱成对比。因此，导入应调动教材中的趣味因素，设计出令学生耳目一新、学兴盎然的乐学情境，能有效地调动学生的主观能动性，使学生全身心投入到课堂活动中去，在轻松愉快的氛围中，接受和掌握知识，陶冶情感，从而取得良好的教学效果。

例如，在教"求平均数应用题"时，可这样来设计富有趣味性的"引入"。

【案例 10】

师：同学们喜欢唱歌，谁为大家唱首歌？（同学们兴致很高地推选了一位同学唱歌）

师：这位歌手唱得怎么样？怎样来衡量她的唱歌水平？（生：让评委来打分）对，老师请 4 个小朋友和老师一起担任评委，给这位歌手打个分数（4 个小评委把打好的分数分别写在黑板上，老师也打了个分数）。

师：同学们看，5 个评委意见一致吗？按谁的意见办（有些学生说：听老师的。另一些同学说：不行，那么还要其他评委干什么？）

师：对，不能仅凭老师说了算。要解决这个问题，等学完"求平均数应用题"之后，大家就知道用什么办法来给这位歌手定分了。

这里通过模拟电视上歌手大赛评委评分的情景，使学生置于一幕幕使学生喜爱、令学生感兴趣的情境中，同时在情景中揭示了"求平均数"的必要性，使学生以渴求的心理，进入新知的学习。

2. 有启发

好的导入应富有启发性，能激发学生强烈的求知欲，启迪学生的思维，充分调动学生的学习积极性和主动性。因为设疑置问是课堂教学中点燃学生思维智慧的火花，激发学生学习兴趣的启动器，因而，也就成了课堂教学中导入的主要方法。教师在导入时，要根据新知识的难易程度和教学实际，精心设计出一些学生"跳一跳，够得着"的问题，激发他们产生学习的认知兴趣，引起学生的好奇，心理上产生要知道的愿望，从而达到锻炼学生思维的目的。

【案例 11】

例如，教学"通分"这一内容时，利用学生已有的分数比较大小的旧知识，出几组数请学生比较。

第一、二组数分别根据分母或分子相同的方法比较大小，而第三组数，分子、分母均不相同，学生无法依据已有的知识来比较它们的大小了。这种认知上的差距，则诱发了学习新知识的需求。教师可以顺势引导，提出有启发性的问题。

师：同学们看，第三组分数，它们分子不同，分母也不同，能比较吗？

生：（思考后）可以把分子或分母化成一样，就可以比较大小了。

生：我们可以把它们化成大小不变、分母相等的分数。

师：怎样使两个分数的大小不变，而成为分母相同的分数呢，这就要用到通分。什么是通分，通分的方法是什么，这是我们今天要学习的内容。

由此导入新课的学习。学生学会通分的方法后，再返回来让他们比较第三组数的大小，既巩固了通分的方法，又可以使学生获得满足某种需要的愉悦之感。

3. 有新意

《孙子兵法》云：水因地而制流，兵因敌而制胜。故兵无常势，水无常形；能因敌而取胜者，谓之神。课堂教学没有固定的套路，课的导入也不能千篇一律，而应遵循新颖多样的要求。心理学家认为，任何新奇的东西都容易成为关注的对象。

新一轮基础教育课程改革强调培养学生的创新精神，教师就要树立起创新意识，并将这种意识实践到课堂教学中去，具体到课堂导入，就需要导入具有新颖性。所以，教师在设计新课导入时，在与新课内容有一定关联的范围内，只有倾向于把符合教学对象"口味"的，新颖的，在社会生活中出现的新事物、新问题引入教学，这样常教常新，就会给学生以新鲜感，只有"新"，才能吸引学生的注意力，才能激发学生的参与热情。

有位老师在执教"分数的初步认识"时，一改以前分东西都是从分苹果、分月饼等导入，改成看连环画听故事的形式导入，非常新颖。

【案例 12】

师：喜欢听故事吗？那我们一起来看个有关大头儿子的故事吧。（呈现连环画并旁白）

旁白：天热了，小头爸爸要到商场里去买凉席。到了卖凉席的柜台，他遇到了麻烦……于是他给他的大头儿子打电话。

小头爸爸：儿子，我忘了量床的长度了，你找把尺子量一量床有多长。

大头儿子：噢！

旁白：可是大头儿子在家里找来找去，就是没找到尺子，怎么办呢？突然他有了个好主意。

大头儿子：爸爸，你今天打领带了吗？

小头爸爸：打领带？打了。噢，真是个聪明的大头，快量吧！

旁白：大头儿子拿来一根爸爸的领带。他用领带一量，嘿，巧了，床正好是两个领带长。

大头儿子：爸爸，床是两个领带长。

小头爸爸：儿子真有办法！我知道了。哎，儿子，再量一下沙发的长度吧！

旁白：大头儿子再用这根领带去量沙发。唉，沙发没有一个领带长。怎么办呢？大头儿子把领带对折来量。唉，沙发比对折后长一些。大头儿子再想办法，他将领带再对折。一量，巧了，沙发正好有 3 个这么长。大头儿子真高兴呀。可是他也碰到难题了。

大头儿子：床是 2 个领带长，现在我怎么跟爸爸说沙发有多少个领带长呢？

师：你有办法表示出这样 4 份中的 3 份吗？

（学生在纸上创作，教师巡视，指名展示）

师：小朋友很会动脑筋，用自己喜欢的方式表示出这样 4 份中的 3 份。你认为哪个最好？你想知道大人们是怎样表示的吗？嗯，与这位同学想的一样。（红笔画框）你知道这样的数叫什么？（板书：分数）

全新的分数认识导入法，经历了这样的数学"再创造"和交流活动，已经在无形中培养了学生综合运用数学知识分析问题、解决问题的能力，润物细无声地使学生参与了知识建构。

四、求直观，倡导形象性

小学生由于其年龄、心理特点，思维还是以直观形象为主。正如俄国教育学家乌申斯基说："儿童一般是依靠形象、色彩、声音和触觉来思考的。"因此，采用直观教学法至关重要，可使学生一开始便进入到直观教学所创设的情境之中，耳濡目染，受到感染。除了实际事物外，教师可以采用精美的图画、美妙的音乐、精彩的电影片段或语言的直观，展现情景，给学生以鲜明生动的形象，唤起学生在头脑中具体事物的表象，给学生以感性认识，使学生的注意力很快被吸引到所展示的意境之中。

例如，一位老师执教"角的度量"一课时是这样导入的。

【案例 13】

（出示三个滑滑梯，角度不同）

师：想滑哪个？

生：第三个，因为刺激。

（大多数学生笑着又改了主意，第二个。）

师：有人笑了，笑什么？

生：第三个太陡了。

师：这个"陡"字用得好。那这三个滑梯不同在哪里呢？

生：第一个矮一些，最后一个最高。

师：还有不同吗？

生：角度有不同。

师：哎呀厉害呀，是不是这样？（三个滑梯抽象出三个角）

师：最主要是因为它们角度不同。（隐去两个角，只留下第二个滑梯的角），那么滑梯的角度到底多大才合适呢？我们就需要量出角的大小（板书：量角的大小）。

该老师通过直观的图片，把无趣的角转化到有趣的角，一下子就吸引了学生的眼球，抓住了学生的心。从高低的对比联想到斜度、陡度，角度，在这里，从生活素材展示到学生思维的顿悟，使学生思维在短时间里就进入"愤""悱"状态，这样的导入情境设计对教学的助推作用很大。

而当时笔者对这堂课的引入是这样的。

【案例 14】

同学们，之前我们已经认识了角的各部分名称，也知道角是有大小的，那你会测量吗？

会。（有部分学生说会。学生虽然回答会，但声音毫无激情）

好，这节课，我们就来学习"角的度量"。（学生的表情作木讷状）

上述两个案例对比，明显看出因为笔者缺乏有趣味性的直观图，枯燥地直奔主题，学生就要"学趣"暗淡得多，缺乏学习新知的内驱力。

第三节　课堂导入的策略

新课的导入策略是指教师运用一定的教学媒体和教学方式，引起学生注意，激发学习兴趣，产生学习动机，明确学习方向和建立知识联系的一种教学策略。它的目的在于集中学生的注意力，激发学生的求知欲，帮助学生明确学习目标，引导学生积极地接受教师的启发、诱导，形成学习的内部诱因，创设情境，沟通师生想法，提高教学实效性，为更好地学习新课作好铺垫。

结合实际运用，我们通过具体的课型来分类讨论导入的不同策略。课型即课的类型，可分为单一内容课与综合内容课，单一内容可分为传授新知识为目的的新授课，以培养学生技能、技巧为目的的练习课、实验课，以整理巩固知识为目的的复习课等。在这里，我们主要结合导入系统的三要素来探讨单一内容的新授课、练习课、复习课的各种导入策略。

一、新授课的导入

新授课是以传授新知识、形成新技能为核心，促进学生智能发展的课型，是课的类型中的一种基本类型，在课的体系中有举足轻重的地位。新授课的导入对一节课的成功起着至关重要的作用。正如苏霍姆林斯基所说："如果教师不想办法使学生产生情绪高昂和智力振奋的内心状态，就急于传授知识，那么这种知识只能使人产生冷漠的态度，而使不动感情的劳动带来疲劳。"

新授课的导入策略可以有多种，如在导入内容的处理上，教师们会用学生喜闻乐见的、与学生生活联系紧密的知识，或者用一些学生平时虽然不太了解，却富有吸引力的、能很快激发学生学习热情的新的信息等，使学生把注意力放在将要接受的学习内容中。

（一）教师独导策略

教师独自导入（简称教师独导），即以教师为操作主体的课堂导入，指在开始教学时，教师独自一人用简明扼要的语言、动作表演等方式，直截了当地揭示本节课的主体，阐明本节课的教学目标，使学生迅速进入学习情境的一种导入方法，充分发挥教师的"主导"作用。教师常用的独导方法有：

1.以讲述方式的课堂导入

以讲述的方式引入。指教师通过讲故事或讲相关知识点的背景，以言语的形式导入。

例如，讲解"圆的认识"一课时，一位老师给学生讲了这样的故事。

【案例 15】

师：同学们今天上新课前，我先向大家介绍一位数学家，他就是古希腊著名的数学家——阿基米德（这时在课件中的出现一幅阿基米德的图片）。他为了研究我们今天的知识献出了自己宝贵的生命。

之后教师讲述阿基米德专心研究圆，直至被士兵残忍杀害前还在潜心研究的故事，教师一边讲故事，一边出现图。

师：在那个年代，为了追求真理而献出宝贵生命的例子还有很多很多。可能我们学习的每一个数学知识，在形成的过程中都充满了曲折与艰辛。所以我们在学习数学时，要带着一种崇敬的心理来学习，因为数学中的每一个符号、每一个公式的背后都可能包含着一段感人的故事。

就这样，引入了圆的知识。教师通过叙述和描述故事的方法讲解知识产生的背景，在学生心中起到了恍然大悟的震撼作用，原来我们要学习的知识不是来自书本那么简单，还有有血有肉的历史，还有那么多的波折，无形中增强了学生学习的兴趣和使命感。

2. 展示方式的课堂导入

展示导入法，是指教师通过实物、模型、图表、幻灯、投影、电视等教具的演示，引导学生观察，提出新问题，从解决问题入手，自然过渡到新课学习的方法。此法有利于形成学生生动的表象，由形象思维过渡到抽象思维，故此，在小学各年级数学教学中运用较广。

例如，在一位老师执教的"平移与旋转"一课中通过播放游乐园录像来引入。

【案例 16】

随着优美的旋律，吴老师播放游乐园录像引领孩子们一起进入游乐园参观，并请孩子们跟着画面用自己的动作和声音把看到的表演出来。屏幕上展现出各种游乐项目，有观览车、激流勇进、波浪飞椅、弹射塔、勇敢者转盘、滑翔索道。一张张小脸上露出兴奋的表情，同学们时而发出"嗖——嗖"的声音，时而高举手臂摆摆身体，尽情地表演着。

录像一停，吴老师开始了与学生的交流。

师：刚才我们看到这么多的游乐项目，能按它们的不同的运动方式分分类吗？

……

这位老师通过录像再现生活中的实例，带领同学们回顾生活，在观看中发现了游乐园里的平移与旋转的现象，为引出旋转与平移的直观分类埋下了基础。运用此导入法应当注意：第一，直观演示的内容必须与新教材有密切的联系并能为讲授新教材服务；第二，要让学生明确观察的目的，掌握观察的方法；第三，教师要善于抓住时机提出问题并引导学生积极思考。

3. 提问方式的课堂导入

提问式导入是最常用的导入方式，它是通过提出一些与新课内容有关的、学生已了解的有趣的问题，借助问题在学生心理上造成一种悬念，将学生置于一种"心求通而未得"的境地，利用问题来激发学生想要了解该问题的好奇心，进而导入新课。

例如，"圆的认识"一课，笔者是这样导入的。

【案例 17】

①（课件播放石子入水的声音）让学生闭上眼睛仔细倾听，猜一猜这是什么声音，想象一下这是一幅怎样的画面。

②（课件播放水滴入水面荡起一圈圈水纹的动画）问学生看到了什么？

③为什么平静的水面滴入水滴荡起的波纹是一个又一个的圆形呢？引发学生的思考。

④揭题：今天这节课，我们就一起来研究一下"圆"。（板书：圆）

平静的水面滴入水滴荡起的波纹为什么是一个又一个的圆形呢？以这个大家都习以为常的自然现象来提出问题，给学生平静的心激起了一层层涟漪，学生会迫不及待地想知道为什么，而这正是本节课需要研究和探讨的核心——圆的本质属性（平面上到一个定点的距离都相等的点的集合就构成了圆）。可见，有效的提问导入能引起学生的思考，使学生情不自禁地带着强烈的求知欲进入到新知识的学习中。

提问导入的要求是：所提问的问题必须科学、有趣味、有意义，具有激发兴趣、发人深思的作用，为引出新知做准备。

4. 实验演示式导入

这种导入方式是教师在讲授新课之前先做好一个小实验让学生观察，通过提问或指导学生观察，使学生看到某一现象，然后通过分析归纳，以得出的结论或观察到的现象导入新课的方式。这种导入方式能帮助学生认识抽象的知识，而且还能激发学生的思维活动。学生通过实验观察和实验操作，多种感觉器官并用，也易于激发学生的学习兴趣，活跃课堂气氛。

例如，一位教师在教"体积"的概念时是这样导入的。

师：同学们，这里有一个盛了水的杯子，老师把一个石头（用小绳子系着石头）放到杯子中，你们发现什么结果吗？……

教师根据学生心理活动的特征，选择了启发性强、直观形象的实验演示导入新授课，效果较好。运用此导入法主要注意两点：首先，实验的设计要巧妙、新颖、有针对性。其次，要善于根据实验中出现的现象和结果来提问和启发，以促使学生去思考和探究。

（二）师生共导策略

师生共同导入（简称师生共导），指教师引导学生参与到过程中的导入，是以学生为中心，通过师生互动设计导入环节、如通过问答法、谈话法等方式引入。

1. 以旧引新，衔接导入

"数学教材是遵循知识的新旧交织、螺旋上升的原则而编排的。"新旧知识有着紧密联系，旧知识是新知识的基础，新知识是旧知识的延伸。新知识是在旧知识的基础上发展起来的，旧知识对新知识起迁移作用，但也干扰或束缚着学生对新知识的探索。教学时，教师应找准新知识的支撑点，从学生已有的生活经验、知识背景出发，把学生引入新知识的学习探索中去。

如一位老师在教学《分数基本性质》的基本性质时，是这样以旧引新的。

【案例 18】

师：数学课，就要和数打交道。在 1—9 这 9 个数中，你最喜欢哪两个数？

生 1：我最喜欢 8 和 9。

生 2：我最喜欢 5 和 8。

生 3：我最喜欢 6 和 9。

生 4：我最喜欢 8 和 9。

师：这位同学最喜欢 5 和 8，那我们就从 5 和 8 入手开始我们今天的学习。

（教师板书：5 和 8）

师：如果老师在 5 和 8 中间加上一个除号（教师板书：÷）就成了一个除法算式。不计算，谁能很快说出一个除法算式，使这个算式的商与 5÷8 的商相等。

生：10÷16、15÷24……（教师随便选取两个写在黑板上）

师：你们是根据什么想到这些算式的？

生：我是根据"商不变的规律"想到的。

师：你具体说一说"商不变的规律"的内容。

生：在除法里，被除数和除数同时扩大或者缩小相同的倍数，商不变。

师：根据分数和除法的关系，这三个算式还可以写成分数形式。谁来说一说应该怎样写？

生：5÷8=10÷16=15÷24=（教师板书上写三个分数）

师：根据这三个算式的关系，你们说一说这三个分数之间有什么关系？

生：这三个分数大小相等。（教师在三个分数中间添上等号）

师：这就奇怪了，分数的分子和分母发生了变化，但是它们的大小不变。在除法中有商不变规律，看看这组分数，想一想，在分数中会不会也有"不变的规律"呢？如果有的话，又该怎么说呢？

生：分数的分子和分母同时扩大或缩小相同的倍数，它们的得数不变。

师：其他同学看看对不对？（稍做停顿后，师板书：分数的分子和分母同时扩大或缩小相同的倍数，分数的大小不变）刚才同学们根据这组分数，猜到这样一个规律，这个规律成立不成立呢？

接着，教师列举"，引导学生采取画线段图、折纸等办法进一步验证，探究"分数的基本性质"。

这位老师在导课时，遵循教材的编排体系，紧紧抓住新旧知识连接点，采用迁移类推的办法，唤醒学生对已有知识的再认识，让学生初步感知"分数的基本性质"，为学生进一步探究未知领域，起到顺水推舟的作用，这样的导入，使新课"不新"，难点"不难"，使学生在获取数学知识的同时，获得了探索事物之间联系的基本方法。

2. 创境设疑，引人入胜

数学内容比较抽象，不好教，学起来索然无味。这就要求教师在教学中把数学问题转化成学生关心的问题。所谓创设情境就是按照教学内容与教学要求，设计适合学生学习某一内容的情境，产生身临其境的感觉，激发学生有目的地去探索，从而使学生既掌握知识又发展智力的一种引入方法。

例如，在"用字母表示数"该课中，有位老师设置了一个魔术盒的情境来引入。

【案例 19】

师：大家喜欢魔术吗？今天我们来玩个魔术，好不好？（好！）大家看，这里有一个神奇的数学魔盒（多媒体显示金光闪闪的一个魔盒）。

师：这个魔盒神奇在哪儿呢？你随便说一个数，我把它输入进去，经过魔盒的加工，出来的就会是一个新的数。想不想试一试？

（学生报数，伴随着神奇的乐声，师随机输入，点击鼠标，经过魔盒加工后，果然变成了一个新的数。生争先恐后，跃跃欲试。）

（输入 38 时，有学生已经猜出输出的应该是 48。）

师：好像已经有人发现了魔盒的秘密？你怎么知道输出的是 48 呢？

生：输出的数和输入的数差 10。

（师点击鼠标，输出的果然是 48。）

师：刚才我们输入的都是整数，输入小数行不行？

再试几次。师继续板书。

师：这么多同学都想说，如果我们一直这样写下去，写得完吗？

生：写不完。

师：对，我们学过那么多数呢，确实写不完。那大家能不能想个办法把复杂的问题变简单。把进去的数用一个比较简单的方式写出来，能把所有同学想说的数都包含进去，然后再把跟它对应的出来的数也写出来。

（学生独立思考，尝试写出。师巡视时挑选有代表性的作品展示。）

这位老师抓住小学生的好奇心理,运用多媒体创设魔盒的情境,提出疑问,导入新课,营造了活泼的课堂气氛,使学生的学习由被动变为主动。此时,老师已成功地为学生创设了认知冲突,促使学生迫切地探求新知识,开启了学生的思维。

3. 设置游戏，激趣导入

游戏导入是指教师通过组织学生做一个与教学内容密切相关的活动或游戏,使学生在无拘无束的游戏中不知不觉地进入学习情境的一种导入。通过游戏激发学生学习的强烈愿望,自觉投入到学习过程。

例如,有一位老师在执教"面积和面积单位"教学时,为让学生真切感受面积的存在,是这样设计导入的。

【案例20】

师：同学们，上课开始，我们来进行个比赛游戏。请同学们听清游戏要求：①男女生各自推选一名代表参加涂色比赛；②当场选题（课前已经画在黑板上，并用黑卡纸遮住，并标上序号。），题目有2个。③涂色一定要涂完整，不然为不合格。

（学生当场推选代表并选题。结果，女生选的是小树叶，男生选的是大荷叶。）

师：比赛开始后，当冠军产生时，比赛结束。

（学生各自为自己队呐喊加油。很快女生涂色完毕，而男生还只涂了一小部分。于是教师宣布女生获胜。但是，男生有话要说）

生1：老师，这样不公平，荷叶大，树叶小。

师：不错，确实是这样，还有要说的吗？

生2：我也认为是这样，其实是荷叶表面大，树叶表面小。

（师示意学生上前指出荷叶、树叶的表面）

师：感谢你说出了男生要说的话。确实是荷叶的表面大，树叶的表面小。同学们提到了表面的大小，那我们身边哪些物体的表面大，哪些物体的表面小呢？

在开始试教时,该老师凭着想当然,安排学生通过观察、比较,只是通过口头说了下荷叶和树叶谁的面积大,但发现高估了学生的认知起点,其实学生对面积的理解只是表面的,模糊的,所以才设计了此涂色比赛让学生感受到面积的存在,通过游戏的形式把面积变"实"了。游戏操作才真正让学生感受到不公平的真正原因是两个图形的面积不同,虽然学生说不出"面积"一词,但能感受到面积的真正内涵。为接下来引出"面积"的教学埋下了很好的伏笔。

4.开启操作,探究引入

"听过的,忘记了;看过的,记住了;做过的,掌握了。"没有亲身体验,没有积极的动手活动,很多知识便如同"过眼烟云",很难扎根在学生脑海中。把"学数学"变为"做数学",把"模糊的数学"变为"清晰的数学",让学生在动手操作过程中去体悟与理解知识,是新课标大力倡导的理论,也是导入中值得提倡的。

例如,有老师在执教"角的初步认识",是这样导入的。

【案例21】

师:(呈现三角尺)同学们,这是什么?

生:三角尺。

师:为什么叫三角尺呢?为什么不叫四角尺?五角尺?三十八角尺呢?

生:因为它有三个角。

师:它的三个角在哪里?谁能指给老师看一看。

(一生上台指着顶点)

师:角就在这儿吗?

生:是。

师:别动,大家注意看了,老师将刚才这位同学指的这个角描到黑板上来。

(师在黑板上描出同学所指的三角形的一个顶点)

师:这是角吗?要是回家,你跟妈妈说,这是一个角,你妈妈会同意吗?

生:不会,妈妈会说这是一个点。

师:看来,我们暂时还没真正找到三角形上的角,再找找吧!(学生找角)

师:请同学们再上来指一指三角尺上的角。(生上台指出完整的角)

师:你们认为这是角吗?(生都说是)这节课,我们就一起来认识数学中的角。(板书:角的初步认识)

低年级学生对角的辨识容易受视觉或直观经验的影响,产生几何直觉错误:角就是那尖尖的点。这里,安排"指角"的操作环节,让学生通过一连串的体验活动,借助直观和形象的教学手段,"紧逼"孩子自出其力,自致其知,完成知识的最初建构。

二、练习课的导入

练习课是课堂教学的重要组成部分,是在学生理解新知识的基础上,为巩固所学知识、形成技能的一种基本活动方式。它以学生的独立练习为主要内容,是培养学生能力的一种重要手段。一节成功的练习课,离不开艺术性的导入,理想的导入会引起学生的浓厚兴趣，提高学习效果。然而数学练习课与新授课比较，未免显得平淡无味，那么该如何讲究导入呢？就此略谈如下几点练习课课堂常用策略。

1. 揭示主题，明确要求

练习课是新授课的延续，以做练习为主，这样的课如果在导入阶段不能使学生明确要求，而只是让其盲目地做题练习，很容易使学生产生兴味索然的感觉。所以，有效的练习课应该先让学生明确练习课的目的和要求，而导入时直接揭示主题，明确要求是最有效的措施之一。

例如，在"圆锥的体积练习课"中有一位老师是这样单刀直入，揭示主题导入的。

师：同学们今天这节课，我们要进行圆锥体积的练习。通过这节课的练习，第一要让我们进一步熟练掌握圆锥体积的计算方法；第二能运用已掌握的相关知识解决日常生活中的实际问题。今天我们要看一看，比一比，哪些同学积极动脑，踊跃发言，学得扎实，学得灵活和轻松！

教师在导入阶段用短短的几句话把这节课的目的、要求传播给了学生，这样可以使学生在后面的练习中目的明确，学习效率高。

2. 创设情境，趣味导入

在教学中要培养学生正确的数学应用观，对于抽象的数学知识，创设生动有趣的练习情境就更能吸引学生主动地高效率地参与学习，培养学生自觉应用数学意识，能让学生真正掌握知识，使数学知识生活化，从而提高数学知识的应用能力。

例如，在执教"三角形的特性的练习课"中，笔者是这样导入的。

【案例 22】

师：同学们，我们上节课学习了什么知识？

生：三角形的特性。

师：学习了这个知识后，昨天张涛这一小组的同学在张涛爸爸的带领下来到了建筑工地进行参观，瞧！（多媒体出示建筑工地画面），他们在这儿遇到了不少这一单元中我们学习的知识，而且他们在这儿还帮工人叔叔解决了一些数学问题呢！大家想知道他们都遇到了哪些问题和他们是怎样解决的吗？

生：（齐声，响亮地）想！

师：好，这节课我们就跟随张涛组的同学们，一起来走进建筑工地，看看我们能否也一起帮忙解决一些问题。（板书课题：三角形特性的练习课）

在这样的环境中导入练习，学生必然兴趣盎然地投入学习，从中获得丰富的学习体验，他们体验到生活中存在着丰富的数学知识和数学问题，体验到数学知识的价值，体验到自己成为学习主人的乐趣。

3. 生成材料，铺路导入

所谓"铺路"是指，学生参与练习材料的生成和呈现，旨在把教材中练习内容静态的知识设计成动态的教学过程，为之后的练习过程展开铺好路，体现学生的学习主动性和对生成材料的负责性。

例如，某位老师在执教"三角形面积计算练习课"时，是这样在导入环节生成学习材料的。

【案例 23】

师：有两个大小不同的正方形，把小正方形向左平移，使两个正方形有一个顶点重合，你能想象一下得到了怎样的图形吗？

生：两个正方形背靠背的样子。

师：（课件演示小正方形平移的过程，变成图）是这个样子吗？

生：是。如果继续平移下去，小正方形在大正方形里面，再继续平移，小正方形又要跑到大正方形外面了。

师：说得好，现在我们就让它停在这儿了。（标注顶点的字母）这是一个组合图形，它有几个顶点？

生：（数一数）有 7 个。

师：如果从 7 个顶点里选 3 个，用线段依次连接起来，可能得到什么图形？

生：三角形。因为有三个顶点。

师：你能根据图形的特征来思考很好，但是我选 B、C、D 三个点能得到三角形吗？看来只能选不在一条直线上的点。我先定一个点，另外两个点你们说了算。我选 F 点。

生：我选 B 和 C。

师：可以得到什么三角形？

生：直角三角形。

……

师：像这样任意选三个顶点，可以画出许多三角形，你想试一试吗？（为之后求三个顶点围成的三角形面积打下基础）

通过引导学生主动参与到理解问题情境的活动中，并独立画图生成进一步练习三角形面积所需的材料，增强了学生对练习课的学习积极性。

4. 错题呈现，反馈导入

在练习课上，教师如果简单地让学生操练，学生的兴趣肯定不高。因此可以把平时的错例利用起来，以达知识的"实"但为了激发学生的学习兴趣，可以改变错例的呈现形式，导入练习课。

例如，在执教"两位数乘两位数的笔算练习课"时，笔者是这样导入课堂的。

【案例24】

（师直接课件呈现学生新授课后作业中的错误）

师：大家看，这是大家作业中的一道题，有位同学是这样做的。你觉得这道题算对了吗？

生1：不对。

生2：估算，$30 \times 30 = 900$。

生3：积的个位不是0。

师：你猜猜看，它为什么错了？

生4：数位对错了。

之后，打开遮住部分。

师：第一层的56是怎么来的？（28×2）第二层看到的84怎么来的？（28×3）

……

在这个导入中，教师改变了错例的呈现方式，如28×32竖式计算过程中被遮住了一部分，保持一种神秘感，这有利于激发学生的探究欲望。另外，同时也简单回忆了两位数乘两位数笔算乘法的简单算理，为接下来的对新授课知识的补充和延续起了个好头。

三、复习课的导入

复习课通常在学完一个单元教材之后进行。主要目的是通过单元知识的系统复习，帮助学生更清晰地理解和记忆所学的知识点，使学生能建立良好的知识网络结构；厘清思路，弄清知识的来龙去脉；同时查漏补缺，消除疑难，对知识的运用和解决问题的能力有明显的提升。

导入作为复习课的起始环节，在一定程度上可以为复习课的顺利进行定下基调，导引复习课的方向。所以导入得当，可调动学生的学习积极性、主动性，提高复习的质量。我们平时可以采取以下几个策略进行复习课的导入。

1. 自主回忆，整理导入

在之前的每一节数学课中，学生获得了许多零碎的知识，这些知识需要通过回顾、整理去系统地感知，才能得到真正的消化和吸收。因此，培养小学生的自主整理能力是非常必要的，它不仅能使学生学得更扎实，而且能发展学生多方面的能力。因此在单元复习课时，可以让学生自主整理，提高学生的反思能力和知识的重组、迁移能力。

一位老师在执教"万以内的加法和减法"的复习课时是这样引入的。

【案例 25】

师：同学们，我们刚学过万以内的加法和减法，这节课我们就来进行这一部分内容的整理和复习。

（板书课题：整理和复习。）

师出示学习要求。

（1）这一单元我们学习了哪些内容？

（2）你认为哪些内容比较难，容易出错？

（3）你还有什么问题？

师：请同学们围绕这些问题，用一段时间进行整理，把整理的结果在小组内互相交流下，小组长做好记录。

教师巡视，掌握各小组学生整理的情况。

出示学习要求，让学生知道本节课要复习的内容，并让学生以小组为单位，在小组内交流，发挥集体智慧，既有利于调动学生学习的积极性，又可以让学生明确本课的学习目标。

2. 任务单引领，练习引入

任务单是教师设计提供给学生进行探究学习以达到教学目标的一份材料。完成任务需要综合运用已有的知识模块，或需要借助丰富的生活背景，或需要突破固有的思维框架。教师应该尽可能地让学生自己去理解任务，培养学生解读任务的能力，。此外，也是为接下来单元知识的全班交流反馈打下基础。

例如，一位老师在"三角形"单元复习时，是这样利用任务单引入复习课的：

该任务单意在引导学生复习三角形的分类，三角形的三边关系，进一步掌握三角形的特征，使学生在完成这个任务的过程中，沟通了知识间的联系，形成知识网络。任务单导入增强了学生参与复习的积极性，培养了学生的空间观念和有序思考能力。

3. 自主构建，开放引入

开放的复习课有时并不需要设计许多问题和许多习题，让学生感到应接不暇、眼花缭乱，产生厌倦的心理。教师应该懂得，有时过多、过细的复习材料反而会牵制学生的活动、压抑学生的思维、减弱学生的兴趣，有时可用较少的复习材料反而能让学生抓住重点，发挥学生的能动作用。

例如，笔者在执教"小数的意义和性质"单元时是这样开放引入的。

【案例 26】

师：（在黑板上写了"103.2560"）如果你是老师，复习时会提出哪些相关问题？

生 1：你能指出这个小数的整数部分、小数部分吗？它们以什么为界？

生 2：这个小数怎么读？

生 3：103.2560 表示什么？

生 4：1 在（　　）位，表示 1 个（　　）；2 在（　　）位，表示（　　）个（　　）；6 在（　　）位，表示（　　）个（　　）。

生 5：103.2560 中的哪些"0"可以去掉？为什么？

生 6：如果在这个小数后面添上单位"米"，请你填上合适的单位：103.2560 米，2 表示 2（　　），5 表示 5（　　），6 表示 6（　　）。

……

学生每提出一个问题，教师就组织其他学生回答。

在这里，教师只是写了一个具有张力的小数作为"代表"，为学生的复习开个头，让学生思考："如果你是老师，复习时会提出哪些相关问题？"结果学生由这个"线头"想出了许多题型和题目，在提问中增强了学习主动性，厘清了知识的来龙去脉，同样达到了复习单元知识的教学目的。

总之，不论是哪种课型的导入策略，我们在设计时都要一切从学生出发，以提高教学效果为目的，去除固定不变的程式化的东西。让学生的手、脑、眼、口协调运转，让学生的学习欲望始终处于兴奋状态，以最佳的状态投入学习，如此，导入与教学过程也会同样精彩！

第七章 小学数学课堂组织技能

《义务教育数学课程标准》（2011版）指出：学生是数学学习的主人；教师是学生学习活动的组织者、引导者与合作者，为学生的发展提供良好的环境和条件。小学数学学习的主要知识点来源于课堂学习，小学数学的课堂教学是学生实现知识技能的掌握，发展独立思考、自主探索、合作交流的能力，自我肯定情感得到满足，获得广泛的数学活动经验的主要场所。而课堂组织技能对于组织与维持学生的课堂注意力、激发学生数学学习兴趣等方面有重要的作用。所以，教师合理利用课堂组织技能维护小学数学课堂纪律是十分必要的。

第一节 小学数学课堂组织概述

一、小学课堂组织的含义及意义

"课堂"是学生学习的场所和教师育人的主渠道。而"组织教学"是一门艺术，是一个教师必备的才能，大致可从学生、教学内容、教师本身这三方面入手来组织教学。所以我们可以说，小学数学课堂组织教学是在课堂教学中，教师根据《义务教育数学课程标准》（2011版）合理组织每节课具体的教学内容，在和谐的教学环境下，不断调动学生注意力和学习兴趣，并指导学生进行主动探究、合作学习的行为方式。

课堂组织教学是一种技能，是课堂教学技能的重要组成部分。它贯穿在整个教学过程始终，它是一堂课有序进行的保证，还直接影响到教学效果的好坏。对于掌握学习方法不多、学习内容日趋灵活的小学数学学习来说，能在恰当的课堂组织方式下学习就显得尤为重要。

二、小学数学课堂组织的分类

（一）组织管理课堂纪律

管理性组织指的是对课堂纪律和个别学生的管理，其作用是使小学数学课堂教学有序进行。

1. 课堂秩序和个别学生的管理

在课堂上学生可能会出现发呆、交头接耳、东张西望、看课外书、做其他学科作业、吃零食、睡觉等行为。老师一般可采用暗示法来提醒学生，以免破坏和谐的学习环境，影响上课的正常秩序。具体有动作暗示，摸摸学生的头、肩膀，走近学生的身边；眼神暗示，眼睛注视学生一会；语言暗示，表扬刚才这边学生听得认真，另一边的学生需要加油等。不管选择哪种暗示，老师都应当尽量创造一种相互信任、自然、亲切的气氛，在没有抵触情绪的情况下，对他们进行教育，而不能一味地批评。

2. 常用的方法

（1）表扬加教育。这种方法是当个别学生的不良行为在课堂上出现时，只要没有造成大的干扰，老师可暂时不理睬他。在适当的时候，教师可安排一些如观察计数器、拉一拉平行四边形、摆小棒、利用课件演示变化等数学活动，来引起学生的注意。当这些个别学生也开始注意时，老师可叫他回答一些简单的问题，然后指出他开始时没注意听课，现在因注意听而答对了，及时地给予表扬。

（2）鼓励加行为替换。教师应该为有不良行为的学生提供合乎要求的行为建议。如在教学中，组织学生对某个问题进行讨论时，有的学生说一些与讨论内容无关的话，影响讨论的正常进行。遇到这种情况，老师可以事先指定，请他代表小组发言。如果发言较好，老师可以让全班同学为他鼓掌以示鼓励。从而使个别学生在不良行为和替换行为间做出选择，从替换行为中得到满足。

或者，教师寻找发现平时行为不良学生的优点，强化优点让学生更愿意展示自己、参与学习。如，教师在发现一个后进生计算的速度特别快之后，上课中有计算问题就多让他回答，及时表扬他计算很快。并提醒一些计算较慢的同学要多向他学习，帮助他在数学学习上找到自己的优点、树立信心。这样后进生才会更乐于参与课堂，减少发呆的时间。

（3）教育加批评。一个好的教师，从不吝啬表扬，要表扬有度，夸奖到点；也从不随意批评，要批评有方。教师在批评学生之前，需要帮助他明辨是非，明白对他的批评是合理的，才会产生更好的效果，所以批评的目的是让他以后知道数学学习中可以做什么事、怎样做，不再无所事事、手足无措。

比如：计算较弱的学生，教师需要及时指出错误并单独指导提高计算正确率的方法，让学生能更好地理解算理，更快更容易地完成计算。"一看、二想、三算、四查"的方法就可以明显提高计算的正确率。一看，指看清题目中的数和运算符号；二想，指想好计算过程，先算什么，再算什么；三算，指分清每一步的计算方法并仔细计算；四查，指做到计算的及时检查，有没有抄错或遗漏的。

（二）组织指导学生学习

1.组织学生观察、阅读、练习

（1）观察。观察是有目的地对事物各个方面或某一方面进行研究。一般首先让学生明确观察什么？如何观察？然后再让学生进行观察。例如：人教版数学一年级上《认识钟表》一课中，教师会让学生观察指针和钟面分别是怎么样的。

在方式上常常采用先提问，再让学生通过观察去解决。例如：一年级上《准备课》学习数时，观察主题图中的画面，目的是让学生对数有个初步的认识。又比如：一年级下《分类与整理》要求把物体分类时，就要求学生在仔细观察的基础上，根据统一的标准进行分类。

（2）阅读。在数学教学中，培养学生的阅读理解能力是很重要的，特别是数学概念的教学。学生在没有掌握阅读方法之前，常常是从头到尾地读，把握不了概念重点。这就需要教师在阅读前的指导，如"在这一概念中，哪个词是关键词？"这样会使学生迅速集中精力，从而把握关键词，掌握概念。通常在学生阅读前教师提出一些思考问题，让学生带着问题有目的地读。

三年级上《周长》中，周长的定义与学生的理解是有区别的，定义中多出"封闭"一词，可以让学生辨明有和没有"封闭"的区别，加深对周长的理解。四年级上《认识平行四边形》一课中，教师让学生读平行四边形的高和底的概念前，可先让学生判断下列哪些是这个平行四边形的高，让学生带着争议和疑问去读，再根据定义进行合理判断并说明理由。

（3）练习。练习是小学数学学习中，学生巩固新知识必不可少的学习环节。练习的题目按难度情况逐道或分题组分层出示，不要把练习的题目一次全拿出来。在练习过程中，可指定几名学生板书演示，教师巡回指导，期间特别注意对后进生的指导和点拨，对优生提出思考题，使他们的智力得到充分的发展。

二年级上《100以内加减法》练习课中，教师强调加减法计算时注意点后，以学生闯关的游戏模式练习巩固、增长知识。

2.组织课堂讨论的指导

讨论是一种有计划、有组织、学生积极参与的独特的教学方式。对于学生有争议的问题或具有多种答案的开放性问题，运用讨论的方法更为合适，分为全班讨论和小组讨论。

（1）全班讨论时，教师既是组织者，又是领导者。问题提出后，学生互相交流对问题的看法，教师要在学生讨论受阻时给予必要的提示和启发，使学生的交流或争论能向着预定目的进行。

三年级上《数字编码》，身份证的18位数字的含义分别是什么，就需要全部学生讨论并归纳得出结果。其中，教师还需要给学生列举出前6位数字的具体变化，如，330102是浙江省杭州市上城区、330103是下城区、330104是江干区、330105是拱墅区、

330106 是西湖区等。

（2）小组讨论，一般是前后桌四人一小组或同桌两人之间进行讨论。对这种形式的讨论，教师需要在宣布讨论开始之前就把讨论的内容、要求、大致步骤、汇报要求、规定时间解释清楚，这样学生才能不浪费时间。期间教师要到每组巡视，听取他们的发言，并给予必要的指导。

一年级下《分类与整理》，教师出示讨论标准和步骤，想一想，同桌讨论你们根据什么来分类；分一分，根据给出的气球和标准进行分类；写一写，记录下分类的情况并组织汇报。同桌讨论得出分类结果后，全班比较不同分类标准下的分类结果。

三、小学数学课堂组织方法

课堂教学组织得如何，直接影响着课堂教学质量的高低和教学效果的好坏。要组织好课堂教学，教师必须关注每一位学生，巧妙地运用各种语言和非语言手段，使课堂教学有条不紊地进行，并努力调动学生的注意力，激发学生的学习情感，使学生全身心地投入学习。一般组织课堂教学的技巧有：目光注视法、表情感染法、停顿吸引法、鼓励激励法、语言表达法、暗示提醒法等。那么，针对小学数学课堂教学的组织技巧又有哪些呢？

（一）激发兴趣法

对所学知识感兴趣是学习最大的助力。兴趣是人的一种带有趋向性的心理特征，是人的行为内在的动力。然而在听课过程中，学生不可能一直保持高度的注意力。这就需要教师在课堂教学及课堂组织中设计一些能引发学生兴趣的环节。例如，利用微课让学生在极短时间内了解大致的学习内容，或利用课件、游戏、有趣的语言、小故事引起学生的关注，还可以有意识地留白时间让学生思考。总之，在数学课堂中应让学生多看、多做、多动、多玩、多乐、多想、多说才行。这样的课堂能让学生更易于接受知识，更明白学习数学的意义，才能起到提高学习效率的作用。比如：一年级上《0 的认识》，通过猪八戒吃西瓜的小故事让学生体会，一个都没有了就用 0 表示。

（二）先学后教法

小学数学课堂中应尽量设置"先学后教"环节，还可以多设置一些让学生提出质疑、发现方法、验证结果的环节。这样的课堂才有可能使学生对新知识产生强烈的好奇心与求知欲，使学生更积极地参与课堂学习活动，有利于学生体验数学活动充满着探索与创造，激发学生的学习兴趣。比如：二年级上《表内乘法（二）》，学生通过前面《表内乘法（一）》的学习，已经充分理解乘法的意义和口诀的使用，所以这里可以让学生通过知识的迁移来先学，对于学生有疑问的地方教师再教。这样的教学设置，可以让学生充分参与课堂，减少心不在焉的情况。又如：二年级下《图形的运动》，学生对某些物体运动的方式判断不出来到底是平移还是旋转，就可以先让学生带着质疑学习到底什么是平移和旋转，然后通过学到的数学方法验证并得出结论。

（三）板书演示法

对小学数学的计算来说，板书演示计算过程是非常重要的，它不仅把计算知识概括化、层次化、明了化，也是归纳知识、调整思维的手段。例如：二年级上《100以内连续进位加法》，教师通过学生集体讨论加法的过程，一边及时板书演示竖式的计算过程，加深学生对连续进位加法算理的理解和掌握。又如：三上《多位数乘一位数》，乘法竖式中进位的数与加法进位1的位置是不同的，如果是课件演示，学生很可能就弄混了，但是板书演示加上教师及时提点，能让学生更直观地体会加法与乘法竖式中的不同。

（四）合作督促法

课堂教学中会出现学生疲劳的现象。在学生学习情绪疲劳或个别学生学习积极性不高时，教师可根据教学内容设置小组合作完成、同桌互相批改检查等活动，利用生生之间的良性督促，提高学生学习积极性，达到取得最佳课堂教学效果的目的。例如：学生做练习题时，教师可以要求同桌交换批改答案，或自己批改好后交换检查。

总之，课堂组织的技巧是多种多样的。但这些技巧需要教师精心设计，无目的设置只会破坏教学的氛围，甚至还会影响学生的思维。所以教师在课堂教学中需要根据学生的心理特点，具体的教学内容及课堂情况，采用不同的方法因势利导地组织教学。课堂组织要以激发学生学习兴趣和积极性为主，保证课堂教学计划顺利完成，以求取得最佳的课堂教学效果。

四、小学数学课堂组织的要求

（一）精心准备教学的各个环节，采取多种形式和灵活多变的方法组织，以引起学生数学学习的兴趣

在教学中教师要根据小学生年龄特点、数学学科特点、数学知识类型，采用不同的教学组织形式。要求教师有严谨的治学态度，精湛的教学艺术，高度的责任感。比如：低年级段学生在学习二年级上《数学广角——搭配问题（一）》时，教师还需要为学生准备衣服、裤子图片让学生摆一摆来解决；高年级段学生在学习五年级上《数学广角——植树问题》时，只要用线段、图形建立小模型，得出各数据之间的关系式，推广到类似题中都能计算。

（二）加强对学生的数学学习目的的教育，发展学生的有意注意

小学生在学习中有意注意虽在逐步发展，但无意注意仍在起作用。他们情绪容易被调动，但注意力又不能长时间集中。为有效组织学生的学习，教师必须有意识地在教学中，强化学生对学习数学目的的认识。比如：三年级上《时、分、秒》，教师出示三种时间

计算的情况并随意变换题目的形式，结束时间 - 开始时间 = 经过时间、结束时间 - 经过时间 = 开始时间、开始时间 + 经过时间 = 结束时间，学生能对时间计算有大致了解，并有意识地分析题目是属于哪种类型，并加以解决。

（三）了解、尊重学生，努力找寻学生的细小优点，培养学生的自信心，让后进生也有地方展示自我

《第56号教室的奇迹》中，雷夫老师信任学生，这让学生愿意信任老师、信任课堂。他的课堂中少了恐惧，让学生更愿意展示自我，并培养了学生学习的自信心。中国快节奏的数学学习可能还做不到外国的慢学习，但教师多关注学生的闪光点并加以强化是很重要的。

（四）让学生之间形成良性竞争意识，从而带动全班的学习氛围，营造互帮互助有相互"竞争"的氛围

教师在课堂上可以组织同桌的相互监督，重视集体的力量。教师应关注后进生，让班级中学有余力的学生以"一帮一"的形式帮扶后进生，使得师生之间、生生之间的关系融洽和谐，让学生在良好的班风下快乐学习、健康成长。

第二节　小学数学课堂组织训练

《义务教育数学课程标准》（2011版）的实施建议中提出：教师应成为学生学习活动的组织者、引导者、合作者，为学生的发展提供良好的环境和条件。教师的"组织"作用主要体现在两个方面。第一，教师应当准确把握教学内容的数学实质和学生的实际情况，确定合理的教学目标，设计一个好的教学方案；第二，在教学活动中，教师要选择适当的教学方式，因势利导、适时调控，努力营造师生互动、生生互动、生动活泼的课堂氛围，形成有效的学习活动。

一、教学方案的组织

教学设计是以优化教学效果为目的，以学习理论、教学理论、传播学理论为基础，把课程设置计划、课程标准、单元教学计划、课堂教学过程、媒体教学材料等看成是不同层次的教学系统，并把这些教学系统作为它的研究对象。一节科学、高效的课的教学方案，一般是在现代教学思想指导下，运用系统的教学方法、引人入胜的教学法对教与学的行为进行设计。要提高教学质量，减轻学生过多的课业负担，就必须着重抓好教学设计方案的工作。

（一）备课

教学设计技能已经在前面的章节介绍了，此处不再赘述。此外，在备课中教师还应多设置学生活动的环节，比如：设置"先学后教"的环节，设置一些可以让学生提出质疑、发现方法、验证结果等环节。具体设置过程如下。

1. 教师在备课时，应尽量设置"先学后教"的环节

新课程理念倡导，学生是学习的主体，教师是学习的组织者、引导者和合作者。让学生"先学"，能在更大程度上发挥学生的主观能动性。而在学生自学过程中，教师先引导学生独立思考，再组织学生质疑问难，交流讨论，激励优等生教缺乏学习动力的学生，营造"生教生"的和谐学习氛围。学生在交流中完善认知、碰撞思维，从而使不同的学生得到不同的发展。然后，教师应给予适当的指导，并发挥教师"导学"的作用。比如：巡视学生自学中，及时发现学生的困惑，予以适当的引导、点拨；在学生自学完毕后，再组织学生交流、质疑等。

在二年级上册的《笔算不退位减法》一课中，由于在此之前，学生刚学过 100 以内的不进位加法和进位加法的笔算。因此预计学生能比较轻松地实现"加法笔算"到"减法笔算"的迁移。基于这样的认识，本课中可以进行"先学后教"的教学模式。当学生提出要用笔算的方法计算时，可以激励学生独立"先学"，并给予层次清晰的"学法指导"：①不会做的，先看例题，看懂了再做；②看不懂就举手；③会做的，做完再看例题。在学生独立尝试过程中，及时进行点拨、释疑，帮助学生自学，在交流反馈中，尽量把主动权交给学生，让学生们在讨论、辨析中逐渐明确 100 以内不退位减法笔算的方法。学生在经历"独立自学—师导生学—生教生学"的过程中，激发不同能力学生的学习主动性。

2. 在备课时，教师还可以多设置一些让学生提出质疑、发现方法、验证结果的环节

这样可以使学生对新知识产生强烈的好奇心与求知欲，使学生积极地参与课堂学习活动，有利于学生体验数学活动的探索与创造，激发学生的学习兴趣。在二年级上册的《直角的初步认识》中，在学生学习了用三角板比直角的方法后。让学生判断哪些是直角活动中，教师出示一些角。其中大多数是能用眼睛分辨的，但是有一个是比直角略小一点的。这时学生有了较大的争议，针对这一点，教师追问：怎样准确地判断这个角是不是直角呢？让学生在矛盾中提出疑问，然后进行小组的思考、讨论与探索，发现解决问题的方法是"可以用三角板比一比"，学生利用发现的方法解决了问题，与此同时验证所发现方法的科学性与可靠性。这样使得学生体会到，要确定这些角是否是直角，在眼睛观察的基础上，可以利用三角板上的直角来比一比的方法。最后，教师让缺乏学习动力的学生上台操作，让他们体会学习的成功，激发学习数学的动力。

（二）反思

教师可以对教学内容、教学过程、对学生关注状况等进行反思，反思不只对教师自

身的成长有帮助，还能更好地了解学生对一堂课的理解是否到位，教师在哪里还需要帮助学生，特别是那些缺乏学习主观能动性的学生搭建学习数学知识的台阶。使数学学习在学生眼中显得更加容易和有趣，也使数学课堂的组织更加紧凑和有效。以下是笔者对四年级下册的《三角形的分类》这一课教学方案组织的改进过程。

【案例1】

（1）初上《三角形的分类》——学生学习的主体性缺失。

三角形是一种常见图形，在平面图形中，它是最简单的多边形，也是最基本的多边形。所以这节课中，学生对分类时要统一分类标准的这一知识点的掌握，可以为他们在以后的分类学习中提供自学的基础。

《三角形的分类》的第一次教学设计中，"锐角三角形""直角三角形""钝角三角形"这些概念，完全是由老师灌输给学生的。教案先以学生给11个三角形分类观察锐角、直角、钝角的个数入手，接着学生给3类三角形取名，由老师在板书上写这三种三角形的概念，再由老师提问"有没有两个直角或钝角的三角形"，让学生感受三角形最多只有一个直角或钝角，其后就是按边来分认识等腰三角形和等边三角形了，最后通过猜信封后的各种三角形的练习结束。

课上好后，反思这样的环节，学生成了接受的人，而非学习的主体。教师对概念的灌输作用太强烈了，后面的练习又有些脱节。但又找不到很好的办法来解决这些问题，直到听了某校一位经验丰富的刘老师的《三角形的分类》一课后，深深体会到原来数学课也可以这么上。

（2）听名师上《三角形的分类》一课——鲜明的主体性。

在刘老师的这堂研究课中，我深深体会到了以下几点。

①尊重主体，组织学生思考问题，培养学生乐于探究的学习精神。

我们每一堂课的教学环节都必须始终围绕教学目标展开，力求做到层次清楚，环节紧凑。学生学习知识是发现、创造的过程，因此，在课堂教学中既要重视学习结果，更要重视过程，引导学生主动去探索，自己去发现。在课上，刘老师一开始只是以研究各个三角形的不同作为载体，引发学生的思考：三角形是不同的，那些不同我们应该从哪些方面研究呢？通过学生探索发现，三角形的不同最主要的还是角与边的不同。在初步的规划好研究的方向后，学生就很有目标地朝着这些方面进行了三角形的不同的探索。学生乐在其中，老师放手让学生自由地在数学的海洋中发现、总结。在这一系列活动中，学生在活动中学，学中悟，悟中创。突出体现了学生对知识的获取和能力的培养。在自主学习中激发学生的学习兴趣，帮助学生理解、记忆，让学生的学习兴趣高涨，创设了一个良好的课堂氛围。

②服务主体，组织学生研究特征，为学生提供简洁有效的学习材料。

课初，刘老师为每个学生提供两个彩色的三角形，既在色彩上引起学生的研究兴趣，数量上又不会使他们感受到太大的学习压力。相反笔者提供给同桌两人 11 个三角形，学生不可能每一个都观察得那么细致、准确。这些彩色三角形还不光是在这里运用了一次就结束了它们的使命，在后面的环节，刘老师就把学生研究的这个彩色三角形贴在了黑板上，使学生更直观地感受到了这种三角形的特征。在完整的归纳、总结了三种三角形的概念后，刘老师又把这些三角形的作用发挥到了极致，她设计了一个活动，把自己的彩色三角形贴在相应种类的三角形的范围内，使学生的参与兴趣提升到了一个高潮。在这一活动中，学生既能体现对归纳出的三种三角形概念的理解，又能判断别的学生放置的对错，等于是做了三十几个判断题啊！在这短短的 40 分钟课堂中，能够如此有效地训练学生，体现生生交流，实在是一个不可多得环节。

③激发主体，组织学生归纳总结，培养学生析题解题的能力。

刘老师的课是以学生直观体会作为开始的。三个角都是锐角的三角形叫做锐角三角形；有一个直角、两个锐角的三角形叫做直角三角形；有一个钝角、两个锐角的三角形叫做钝角三角形。回顾三种三角形概念后，以猜信封后的各种三角形的活动为铺垫，激发主体的探究欲，引发学生的思考：到底判断一个直角三角形或一个钝角三角形最关键的点在哪里？有了一个直角或钝角，还需不需要再去看另外的两个锐角了？从而让学生归纳出：判断一个直角三角形或钝角三角形只需要看这个直角或钝角就够了。然后再进一步引导学生提炼三种三角形的概念，得到：三个角都是锐角的三角形叫做锐角三角形；有一个直角的三角形叫做直角三角形；有一个钝角的三角形叫做钝角三角形。

这一系列环节下来，学生学习的主体性体现得多么鲜明啊！刘老师的教学设计如此能体现学生的主体性，学生是多么感兴趣地在学习呀！这才能真正体现数学课堂组织教学的魅力。

（3）再上《三角形的分类》——学生学习主体性的回归。

所以在另一个班级的教学中，教师截取了刘老师这次教学中有关锐角三角形、直角三角形、钝角三角形概念的环节，对自己的教案进行了调整。以欣赏多个不同三角形作为开头，提问学生："这么多的三角形都一样吗？它们叫什么？分别有什么特点呢？我们可以把它们分分类来更好的学习认识它们。"引发学生去主动分类，然后就像刘老师一样，三种三角形的概念顺利地由学生自主探索得到，然后按边分认识等腰、等边以及不等边三角形后，笔者在练习中加入了一道判断题：所有的等边三角形，都是等腰三角形。引发学生对等腰三角形与等边三角形从属关系的讨论，并由学生自主发现并验证，得出完整的按边分类：等腰三角形与不等边三角形，然后等腰三角形中又有特殊的等边三角形。

这节课上学生大胆发现、自主观察、总结概念，非常积极主动地学习，师生之间气氛融洽。从最初上《三角形分类》，到听刘老师的观摩课后再上修改后的这一课，这中间教师经历了对课的反思和困惑，整理听课后的体会，最后有了对课中环节的取舍和新的架构。同时，学生也从对知识的生搬硬套变成了融会贯通。课堂的气氛也由平淡转为热烈，全班学生的思想就像拧成了一股力量，一起探究问题、解决问题、发现知识，一环扣着一环。这样的课堂引人入胜、高潮迭起，学生自主探究学习，成为课堂真正的主人。只有在每一节课中，尽可能地让学生成为课堂主体，才能更好地实现课堂教学组织的真正意义。

二、教学方式的组织

通常，我们说的教学方式一般包括教师教的方法（教授法）和学生学的方法（学习方法）两大方面，这是教授方法与学习方法的统一。教授法必须依据学习法，否则便会因缺乏针对性和可行性而不能有效达到预期的目的。

除此之外，按照外部形态，以及学生认识活动特点，一般把教学活动中的教学方式分为："以语言传递信息为主的方法"，包括讲授法、谈话法、讨论法和读书指导法等；"以直接感知为主的方法"，包括演示法、参观法等；"以实际训练为主的方法"，包括练习法、实验法、实习作业法；"以欣赏活动为主的方法"，包括陶冶法等；"以引导探究为主的方法"，包括发现法、探究法等。

这里我们把教学组织的方式分为：教师授课的组织；学生自主学习的组织与调控；课堂教学中组织生生的合作交流；微课的使用及组织以及课堂评价的组织五个方面。

（一）教师授课的组织

教师是教学活动的主导者，作为教师我们要时刻有组织教学的意识。教师授课的有效开展是引起学生学习兴趣的重要方法，也是课堂组织教学的根本。

1. 教师充分利用多媒体课件，让学生多"看一看""动一动"

在数学课上，一般需要演示过程性变化，PPT 课件能更好地展示变化过程。而练习课时，为了更好地让学生参与课堂，教师就应该选择白板作为课件，因为白板中有很多学生易于操作的拖拽功能，可以引起学生的学习兴趣。学生在看和动中更能直观感受到知识，并通过学生对课件的认真观察、对不同方法的比较，进而对错误提出质疑，从而做出对数学知识正确的判断和理解。这能很好地培养学生的观察能力和认真听课习惯。

2. 在课堂中组织多种多样的游戏教学，让学生多"做一做""玩一玩"

比如：在"数与代数"领域的《100 以内的加减法》、《表内乘法》单元的教学可以多进行开小火车计算、帮小动物回家、找位置连线、拖动算式找答案等活动。

在《认识时间》中，教师可以设计体验 1 分钟、5 分钟的短让学生先估计后验证每分钟脉搏跳动的次数、阅读的字数、跳绳的次数等。

在《数学广角》中学习搭配，教师可以让学生在自己操作活动中学习到搭配的知识。虽然学生可能会找不全，但是他们会对自己找到的情况特别有印象，那么老师只要再通过方法的讨论就可以把较难掌握的"综合与实践"活动知识落实了。

3. 生动有趣的语言，让学生在数学课上也能"乐一乐"

数学的课堂讲究规范性、科学性、逻辑性、严谨性，但是课堂加入了适当的幽默、生动的语言能让学生的思维开阔，当然这里的有趣语言都要围绕着教学中的知识点来展开。教师还必须注意有趣的语言不能只是纯粹地开玩笑，大家一笑了之，没有任何增量，那么就是在浪费大家的时间。举一个例子，著名特级教师刘永宽老师在教学《周长的认识》时，有一个环节是以量圆的周长展开讨论，有学生提到用量腰的软尺。刘老师说了一句：用软尺子拿来一围，聪明！硬的不行就来软的。教学中有趣的语言同样具有深刻性，能让学生在开心中领悟数学知识也是一种能引起学习兴趣的重要途径。

4. 简单易懂的小故事，让学生更容易接受

根据小学低年级段学生的生理、心理特点，生动的小故事往往能让学生轻而易举地理解、接受新知识。在学习《0 的认识》时，书上主题图是小猴子吃桃子的故事。故事通过小猴子一边吃桃子一边教学数字，3 少一个就是 2，2 少一个就是 1，1 再少一个就没有了，没有就用 0 表示。再比如，《认识时间》中可以把需要认的时间变成小朋友一天要干各种事情的时间，比如早上起床、吃饭、学习、玩耍等等，中间可以出示一些已经学过的整时，还可以出示没有学过的半时、非整时之类的时间。贴近学生生活常识，学生更易于学习和理解。

5. 给学生自主学习探究的时间，多让学生能试着"说一说"

学生在充分说出自己解题看法的同时，教师可以给予肯定。长此以往，学生才能积极参与课堂。有了展示自己的机会，学生才会产生数学学习的兴趣，从而提高学生的学习主动性。

6. 让学生意识到数学在生活中的作用，明白学习数学的重要性

教师在课中有意识地引导学生体会，数学是能够帮助解决自己生活中问题的工具，这样也能激发学生数学学习的兴趣。例如，学会《认识时间》能够让学生体会时间的长短，更合理地安排自己的作息时间。学会计算《百以内加、减法》，可以帮助学生逛超市买东西。以及帮助思考为什么一些常见的装饰图案都是由多边形均匀镶嵌而成的？哪些图案能实现这类设计？

（二）学生自主学习的组织与调控

基础教育课程改革倡导"人人学有价值的数学，人人都能获得必需的数学，不同的

人在数学上得到不同的发展"。《义务教育数学课程标准》明确指出：义务教育阶段的数学课程，其基本出发点是促进学生全面、持续、和谐地发展。教学要实现发展不仅要掌握知识，而且要发展基本能力和培养良好的思想品德；不仅要发展个性和创造性，而且要具有自我教育，自我管理，自我完善的能力；不仅要发展智力，而且也要发展非智力，学会发展、培养社会适应性。为此，教师根据学生不同的个性特点、学生类型、知识水平和学习进度突出个性化教育，以促使学生都得到适合自身特点的最优化发展。

1. 让学生学会自我调整和自我评价

苏霍姆林斯基说过："一个孩子，如果从未品尝过学习劳动的欢乐，从未体验过克服困难的骄傲——这是他的不幸。"《课标》指出："对数学学习的评价要关注学生学习的结果，更要关注他们的学习过程；要关注学生数学学习的水平，更要关注他们在数学活动中表现出来的情感与态度，帮助学生认识自我，建立信心。"因此，当学生通过学习有了丰富的情感体验时，教师要帮助学生学会自我调整和自我评价。学生学会了自我调整和自我评价，就能及时肯定成绩，找出不足，并调整学习内容、方法和进度，使学生更符合个体特征，使其在情感和认知上有质的飞跃，从而成为主动发展的动力之源。

2. 鼓励学生自主学习

信息社会是一个以人的个性为基础的社会，它需要的人才是多方面、多类型的。有位专家说过"给孩子一些权利，让他自己去选择；给孩子一些机会，让他自己去体验；给孩子一点困难，让他自己去解决；给孩子一个问题，让他自己去找答案；给孩子一片天空，让他自己向前走。"美国的小学生为什么可以写论文？因为他们自己会去图书馆查资料，因为他们会自主学习。因此，小学数学教师也要鼓励学生到互联网上，到生活实际中，到图书馆里进行辅助性学习，并让学生结合自己的实际情况，把课堂学习和实践学习结合起来，提高学生自主学习能力，对自身能力得到不同程度的发展，为终身学习打下良好的基础。正如哥德巴赫猜想：1+1 为什么等于 1？老师知道吗？不知！一年级的小朋友就非常想知道，可作为老师你有让他去寻找答案吗？所以，从现在开始，学会对学生说：你一定要告诉老师 1+1 为什么等于 1。你会找到答案的！老师相信你！

3. 创设学生自主学习教学环节和机会

自主学习是一种潜能释放的学习，这时学生学习处于主体地位，学生的学习能够主动、自控地开展求知活动。

【案例2】

比如，四年级上册《角的度量》这个单元内容是在二年级上册学习"角与直角"及下册认识"锐角和钝角"的基础上，通过先认识射线和直线，由射线引出角的定义，再从比较角的大小引出用量角器量角的方法，接着认识平角和周角，比较平角、周角、锐角、钝角和直角之间的关系，最后是画指定度数的角。在这么多的数学概念之间有着内在的联系，而起到关键衔接作用的就是用量角器量角这一课时。

通过新旧教材的对比发现：以前教这个内容时，重点放在量角的方法上，教师指导学生怎样对点、对边、看刻度，甚至让学生把量角的方法背熟了，结果学生还是不会量角。反思本节课的教学实质，量角方法的真正道理其实就是用量角器上知道度数的角与要量的这个角重合，读出的量角器上角的度数就是要量的这个角的度数了。

所以，教学时先让学生认识量角器的构造，并把重点放在量角器上找大小不同的角上。认识量角器时，采用的是"让学生仔细观察自己的量角器，认真观察，看看你有什么发现？"这种自主探究的方法。从课堂上学生的表现来看，学生是具备这种自主探索能力的。课堂上学生的回答也很精彩，如："我发现量角器上有数，这些数的排列有规律，一个从左往右，一个从右往左，中间正好是90"；"我发现量角器上90这个刻度与量角器上最下面这个刻度交叉在一个小点上"；"我从最大的刻度数是180这个数上猜测到量角器是把半圆平均分成180份"；"我发现0—180的度数有内外两圈，这是怎么回事呢？"等等。你看学生研究得多认真，观察得多仔细啊！教师就可以顺势利用清晰明了的课件操作集中介绍量角器的构造了。

接着分为以下几个层次进行教学：①在量角器上找一个自己喜欢的角。②重点教学90度角的内容，指出它的顶点和它的两条边。③看同桌画的角，说度数。这样老师能花最少的时间，让大多数人都练习了读角、找角的过程，也创造生生对话的机会，很好地调动学生学习的主动性。④展示不同的2个角。强调不管是看内刻度还是外刻度。只要找到0在哪儿，就从哪儿看起。通过前面的铺垫，学生自己跳一跳就能摘到量角方法的"果子"，学生的求知欲望不断提高，最后课堂上学生不仅会量，而且还会说量的方法了。

（三）课堂教学中组织生生合作交流

在数学课堂上，很多教师喜欢采取小组合作的方式让学生自主学习，但效果并不理想，甚至造成混乱。所以在课堂中，想要顺利开展生生合作交流，教师还需要掌握合作探究的策略。合作学习兴起于20世纪70年代初的美国，由于它利用学生的心理特点，渴望在同龄人中表现，展现自我在群体中的位置。因此，《新课程标准》也强调："在教学中，要引导学生联系自己身边具体、有趣的事物，通过观察、操作、解决问题等丰富的活动，感受数学的意义，体会数用来表示和交流的作用"，"教学时，应关注学生参与活动的情况，引导学生积极思考、主动参与同伴合作、积极与他人交流，使学生增进运用数学解决简单实际问题的信心，同时意识到自己在集体中的作用"。但对于小学生特别是低年级学生，年龄小，思维水平低，识字量少，语言表达困难，合作意识淡薄，我们更要注意小组合作学习意识的培养。

1.把握合作要领，培养合作精神

（1）讲清合作规则。小组合作前教师要讲清楚规则，越是低年级越要讲清规则。例如上《9加几》这堂课，教学第一个知识点"9+4"时，不能一下子放手让学生摆小棒计算，教师要一步一步指导，一边示范一边讲清楚左边摆几根小棒，右边摆几根小棒，让学生跟着一起摆，到了第二个活动时就可以直接放手让学生去摆小棒计算了。这个过程必不可少，越是低年级越要重视这个由扶到放的过程。只有在第一个数学活动中，学生有效完成、积累了基本的操作活动经验后，后面的数学活动才能顺利展开。

（2）合理安排合作对象。合作学习是通过学生之间的合作交往互动来达成目标的。教师要根据学生的知识基础、兴趣爱好、学生能力、心理素质、性别等方面进行综合评定，然后搭配成若干个学习小组，使各小组之间做到同组异质、异组同质，以便组内合作、组际竞争。同时遵循学生自愿的原则，通常合作学习小组由4—6人组成：一名或两名优等生，一名差生，两名或三名中等生，并且男女生兼顾。

（3）进行明确分工。小组成员之间要有明确分工，落实具体任务，每个人担任不同的角色。在一定时间内角色互换，使得每个人能在不同角色位置上得到锻炼与提高，为学生的全面发展和个性张扬奠定基础。例如：在《我长高了》测量学生身高的活动中（因条件所限，选择卷尺进行测量），笔者按6人一小组划分，一人被量，一人按卷尺的头端，一人拉尺，一人用薄的本子从头顶做记号并与另外一人一起读数，一人记录。测量另一同学时进行轮换。这样每个学生都有操作的机会，在不同的角色变换中获得了应有的知识。

（4）要选择合作时机。引导小组合作前，教师必须留有"空白"，让学生有一定的时间根据自己的意愿进行合作才能充分展示新的理解和认识，从而提高合作实效。合作理论认为：合作的价值就在于通过合作，实现学生间的优势互补。因此一般在以下几个方面选择合作的时机：当学生独立思考出现困难时；当学生意见不同，发生争执时；当学生对问题的认识不全面时；当学生表现欲强，争着回答问题时；需要学生说出自己的认识，促进内化时。

（5）要精选合作内容。斯托利亚尔认为："在教学的每一步，不估计学生思维的水平、思维的发展就不可能进行有效的学习。"为此，提供给学生讨论的问题必须依据学生的数学元认知，把那些具有思考性或开放性，仅凭个人的力量难以考虑周全，须发挥小组集体智慧的问题让学生合作学习。例如：一位老师在教《三角形的面积计算公式》时，这样设计：让学生拿出课前准备的两个完全一样的三角形（锐角、钝角或直角三角形），动手操作："你能用两个完全一样的三角形拼成一个什么图形？这个新拼成的图形和原来的三角形存在着什么关系？"在独立操作的基础上，把发现的内容在小组内交流，初步概括出三角形的面积公式。在此基础上实施第二次合作："你们能把一个三角形转化成已学过的图形吗？这个新图形和原来的三角形又有什么关系？"通过第二次合作探究，学生运用割、拼等方法把三角形转化成已学的平行四边形、长方形，并由平行四边形、长方形的面积公式再次推导并验证了三角形的面积计算公式。这样一个复杂的"再创造"过程在学生的合作中成功完成，学生充分领略到了合作探究的魅力，提高了解决问题的能力，体验到了成功的喜悦。

2. 掌握合作方法，在合作中得到发展

小组合作学习在小学数学学习中存在较多问题：小组活动重视形式，课堂纪律有时处于无序状态，学生间缺乏实质性合作，学生的参与度不够，学生间合作不够主动，达不到理想的效果。因此，在合作学习中教师要教学生做到。

（1）学会讨论。讨论能集思广益，既有利于学生的主动参与，使每个学生都有一个充分表现的机会，又有利于学生之间的多向交流，学习别人的长处，从而培养学生的协作精神和集体精神。教学中，教师可根据教学的重难点和易混淆的内容等组织学生讨论，使学生在全方位交流中，主动参与学习过程，共同提高。

（2）学会表达。爱因斯坦说过："一个人智力的发展和他形成要领的方法，在很大程度上是取决于语言的。"语言是思维的工具，小学生语言区域狭窄，数学语言的积累相对较少，他们的思维活动对语言有较强的依赖性。因此，在教学中，教师要善于创造学生"说"的机会，培养学生的语言表达能力，促进思维能力的发展。动手操作时，让学生说过程表象；解决问题时，让学生说解题思路；总结时，让学生说要点。在"说"的过程中，逐步使学生语言表达规范化、确切化、完整化、条理化。让学生准确地用自己的语言表达数学材料，运用语言去进行分析、推理、判断、归纳、总结等一系列思维活动，培养学生良好的数学思维品质。

（3）学会倾听。倾听是合作学习的重要环节，倾听也是一种学习。要学会倾听老师的提问，同学间的发言；要倾听操作要点，也要倾听小组分工的要求；要倾听表扬之词，也要听得进批评之言，从而提高合作学习效率。

（四）微课的使用及组织

微课作为一种新型教学方式的补充，被小学数学课堂逐步运用。所以，教师需要掌握微课选取及使用的方法。

1. 微课的选取

微课教学的选取适合主题相对独立、知识点较小、教学时间较短、学生不容易理解的内容，而那些如《数学广角》开放性强的就比较适合课堂学习。相对于人文类学科来说，微课是比较适用于数学这类理性学科的一种教学补充形式。它能够让学生更早、更有针对性地对教学内容进行"先学"，从而解决学生个体差异的矛盾。它的出现也解决了课堂时间不够等诸多问题。

2. 学生对微课的学习体验及微课的功能

学生在对微课的使用中，可以发现，优秀学生对可以"先学"的内容较感兴趣，并可以在课后进行知识的拓展和提高。而缺乏学习动力的学生则可以在家长督促下，课前进行知识的理解和搭建，或通过反复观看、模仿数学工具的使用过程达到复习巩固的目的。

微课的功能如下。

（1）对学生的发展：微课的使用能更好地让学生理解、巩固和应用学习的内容；更快地获得学习方法、提高学习能力、促进思维发展、养成学习兴趣并间接地提高学业成绩等。

（2）对教师教学的影响：微课能帮助教师提前诊断学生在学习中存在的问题，反馈教学效果，挑战和完善教学内容与方式。

（3）对师生关系的影响：微课的使用可以调节师生关系。因为它先填平了部分学生知识漏洞，让原本一身多责任的老师能从管理听课纪律的重任中解脱出来，使教师能心平气和地和学生进行互动。

（4）对课程标准的影响：微课可以适当解释和矫正课程标准的基本内容与要求，让学生和教师更容易把握课标。

3.学生学习微课的组织

微课的类型可以分为课前、课间以及课后微课。

（1）课前微课可以缩小学生间的差异。比如：二年级上《100以内加法》中的列竖式教学，虽然现在的教学提倡"零起点"，并不是学生真的一片空白，其实还是有每个人不同的认知高度的。而在家长的帮助下提前看了微课后，能有效地使学生提前掌握列竖式的必备要素，让缺乏学习主动性的学生在课堂上不那么吃力，从而引起学习的兴趣。

（2）课间微课是实施分层教学的好机会。比如：二年级上《观察物体》中的"从不同角度观察"，学生对这种抽象空间理解较弱，通过观看微课播放，可以使学生更好地理解课程的内容。又如：一年级下《20以内认识解决问题》中找出两个人之间到底有多少人，微课播放两个不同孩子的理解，一个说是有4人，而另一个说有5人，让学生自己证明哪种是对的，并比一比哪个组的方法多。让学生在合理的范围内进行大胆的假设和证明，这个环节激发了竞争意识。有的书中的概念学习比较枯燥，通过动态的微课演示，让学生更容易理解掌握。

（3）课后微课更多的则是查漏补缺和拓展延伸。特别是对于那些上课会开小差或是课中有不懂而不敢提问的学生，因为微课能录制下课中的重要知识点，对学生来说比较难操作的数学工具的使用方法可以进行反复观看和练习。还有一些上课来不及讲的知识点，比如：二年级上《长度单位》中的数线段、《角的初步认识》中的数角的方法等，都可以制作成一个微课，在课后播放给学有余力的孩子进行知识的拓展。

4.教师对微课的反思

通过对微课与传统课堂对比和运用，我们可以发现微课有其"变"与"不变"的地方。其中不变的是课，变的是技术背后教师的专业知识素养；不变的是学习的主体，变的是学习途径的多样化；不变的是老师在身边，变的是老师的语气更加平和。当然，微课并不会取代传统课堂，因为它不能代替教师对特殊学生的关注、生生之间的交流，以及课堂中临时的精彩生成。

（五）课堂评价的组织

课堂的评价能及时、有效地调动学生学习的积极性，是课堂组织教学必不可少的手段。

1. 教师在平时上课中给予学生数学性的评价语言

上课的评价语言包括学生的认真听课情况、举手发言次数、小组讨论的状况、独立练习成绩等方面。评价性的语言一定要点评到位。比如：你的眼睛真亮，老师都没有发现他计算的错误呢！你听得真仔细，把这个算式的含义说得真清楚。你数字写得真漂亮，你真会动脑筋，这么难的解决问题你都会，来说说你是怎么分析题目的信息的吧！你现在的听课习惯比以前好多了，是不是刚才的课件很动态？既然你听得那么认真，那就请你来当小老师，给大家继续分一分。刚才你们小组讨论得很认真，请你来总结汇报这道题目的计算方法……

对于缺乏学习动力的学生要鼓励他们敢于发言，哪怕是说错了，都应给予鼓励。而对于好学生，教师应该在他们真正动脑筋时给予表扬。因为这样才能调动全班不同层次学生对数学学习的积极性与主动性，并使学生获得不同的成功体验。

2. 教师在上课和作业中给予学生的鼓励性评价

在评价之前，教师必须先在全班同学的讨论中制定数学课的各项规则，以及尽可能详细的评价准则，而且这些规则和准则一定要得到全班同学的认可，这样才能使学生觉得公平并乐于接受，学生才会积极主动地去执行。在评价中，一般都实行奖励机制。在奖励机制中，要把每堂课学生对自己的分等级评价，同桌给对方的评价，全班对表现特别好学生的提名，以及教师按照每个学生平时上课、生活中学习数学时的表现画☆作为奖励。学期初，教师在黑板的右下角画上 8×5 的方格（全班共 40 人），方格按照学生的座位划分。这样就可以按照表现在数学书上直接加☆，也可以上课时在黑板上加☆。积满十个☆换一张奖励卡，而五张奖励卡可以在奖励表格中贴上漂亮的贴纸，教师要把最终的奖励表格贴在班级教室显眼的墙上。并且，每周根据奖励会评出组中"学习之星"，学生可以佩戴"学习之星"的胸章一周。每个月按照奖励贴纸的个数分发奖品和喜报，奖品为糖或学习用品。发奖品时需要面向全班正式地颁奖。如果有学生破坏了数学课的规则，老师虽然不惩罚，但是还是需要在下课后给犯规的学生及时指出。到期末还把这张奖励总表作为总评的一部分。

教师可以对学生作业的正确率以及字迹的美观度这两方面分别进行评价。作业正确率代表了学生对上课知识的接受、理解程度，而字迹的美观代表了学生对数学学习的态度。虽然，一般语文课中比较讲究字迹的美观度而数学中关注得比较少，但是我们不可否认学生的态度在学科学习效果中还是占了比较大的比重的。

3.同桌评价、组内评价

每节课中，数学教师一般都会留有 15 分钟左右的练习时间。其中，有较多的是进行书本上的练习，当教师讲解完毕后，可以同桌互查、指导完成。课堂中的随堂背诵也可以通过同桌监督找出那些没有掌握的学生，可以给予更多一些的时间巩固，并让教师在接下来的教学中加倍关注他们这些人的学习进度。

教师布置的数学背诵作业也可以在课后，由各小组组长负责检查，并根据背诵的熟练程度加星。这样既可以在学生完成书面作业后起到较好的调动学习积极性的作用，也能相对地节省时间。

总之，教师要在课堂组织教学中调节学习气氛，创设有利于学生学习的良好氛围。还要考虑细节问题，因为任何一个小小的细节处理不当都有可能破坏课堂的秩序，这需要教师在长期教学经历中积累经验。

第八章 小学数学课堂提问技能

教育家叶圣陶认为："教师之为教，不在全盘授予，而在趁机诱导。"问题是思维的开始，其根本性作用在于引发思考。课堂提问是教师提出问题帮助学生形成意义建构、得到新知的重要教学手段。有效提问能够唤起学生心灵深处探究学习的认知需要。日本著名教育家斋藤喜博认为："提问是教学的生命。"美国教育家杜威倡导："让学生在提出问题、解决问题的过程中获得知识技能。"因此课堂提问的重要性不言而喻，本章主要从课堂提问的内涵、类型、功能、存在的问题、有效策略等方面进行论述。

第一节 课堂提问概述

一、课堂提问的内涵

巴西著名教育家弗莱雷认为，课堂上没有对话就没有交流，没有交流就没有真正的教育，只有在具有创造性和批判性的师生对话教学中，才能促进学生的个性化发展。在此过程中课堂提问又是师生对话教学的核心所在，通过有效的课堂提问激发学生思考的动力，促使学生进行自我反思、学会学习。

美国教学法专家斯特林·G 卡尔汉认为，课堂提问是教师促进学生思考、评价教学效果以及推动学生实现预期目标的基本控制手段。有效的课堂提问可以集中学生的注意力，点燃学生的思维火花，激发他们的求知欲望，为学生发现疑难问题、解决疑难问题提供桥梁和阶梯。

建构主义理论认为通过课堂提问不仅能建构知识体系，更重要的是在于创造机会引导学生与他人相互交流。通过课堂提问，学生可以获得更高层次的认知。"课堂提问为学生提供了理解阶梯上的梯级。"

那么，到底什么是课堂提问呢？狭义的课堂提问仅指"课堂提问"，本章的研究将着眼于狭义的课堂提问。所谓课堂提问是指教师在精心预设问题的基础上，通过创设良好的问题情境，在教学中生成适切的问题，引导学生主动思考，进行质疑和对话，全面实现预期教学目标，并对提问及时反思与实践的过程。

二、课堂提问的类型

依据不同的标准,课堂提问可以划分为不同的类型。根据答案预设的数量、提问目的、提问方法、知识掌握水平等进行划分,课堂提问可以有如下类型。

(一)根据问题答案预设数量分类

根据问题答案预设数量的情况,可以将课堂提问分为:开放式提问和封闭式提问。

开放式提问一般允许有多个类似的答案,只要能达到一定的标准,即可满足回答的需要。如"你可以通过哪些方法来求下面图形的面积?""三角形的稳定性在生活中有哪些应用?"

封闭式提问则只有极少数预设的答案,教师只要根据学生的回答是否符合该预设答案来做出判断,或者这类问题只需要学生回答"是不是""对不对""能不能"就可以满足问题的需要。如"下面图形的面积是多少平方厘米?""你知道三角形的内角和为多少度吗?"

(二)根据学生是否预知问题答案分类

根据学生预先知道问题的答案,还是需要进一步思考探索才能得出答案,可将课堂提问分为回忆性提问和思考性提问。

回忆性提问是建立在学生已经学习或掌握了某方面知识的基础上,教师根据教学需要提出让学生回忆这方面知识的问题。目的是为了巩固学生所学的知识,或者作为某些新生成知识点的铺垫等。如"谁来回顾一下,我们如何理解三角形稳定性?""谁来说一说,如何求平均数?"

思考性提问是建立在学生已经学习或掌握了某方面的知识基础上,教师根据教学需要提出让学生进一步思考问题。这类问题需要学生在知识体系中找到各个知识点的相互关系,理解它们的含义,使得对前后知识相关性的理解更透彻,能从低阶的认知逐步上升到更高阶的认知。如"同分母分数的加减法,只要分母不变,分子相加或相减。为什么异分母分数的加减法却要先通分呢?""回顾推导圆的面积计算方法,思考如何推导出圆柱体积的计算方法?"

以上两种分类,我们可以将其综合成图。

(三)根据不同层次的知识掌握水平分类

布卢姆按知识掌握水平由低向高的发展程度,将知识分为六大类:知识、领会、运用、分析、综合、评价。根据这个划分的标准,也可以相应地将课堂提问分成如下六大类。

1. 知识水平的提问

这类提问是为了了解学生对已学过知识的掌握情况,对学生进行知识学习基本事实的提问，考查学生能否记忆具体的事实、过程、方法、理论等。课堂的引入阶段需要通过这类提问厘清基本事实，夯实学生基础。课堂提问中要依据学习内容的需要和学生的学情，合理设置这类问题所占的比例。课堂中知识水平的提问过多，就只是知识的简单重复，不能有效激发学生思考，束缚学生的进一步发展。随着学生知识经验的增长、年级的上升，可以考虑逐步加入更高层次水平的提问。

【案例1】

如在"平均数"这节课的导入阶段，教师首先提出知识水平的问题"什么是平均分？"引导学生对过去所学的"平均分"进行复习巩固，厘清"平均分"与"平均数"之间的关系，为后续的学习打下基础。

2. 领会水平的提问

这类提问是促使学生去理解所学的知识并弄清其含义。具体表现为提问学生能否概述和说明所学的知识；能否用自己的语言来表达已学的内容；能否预估学习的成果等。

【案例2】

如教师为了让学生深刻体会平均数的意义，设置了投球比赛的情境：第一组四人投中球的个数分别为8、5、6、9；第二组五人投中球的个数分别为7、6、7、4、6。教师提出具有领会水平的问题"如果你是裁判，你将裁定哪组赢得这场比赛？"

此时学生不能直接从学习内容中得出结论，需要对条件进行再加工分析，从总数角度分析，第一组共投进28个，第二组共投进30个，因此得出第二组赢得这场比赛。"可是第二组比第一组多出1人，这又如何判断呢？"通过追加领会水平提问，教师引导学生转换到从平均数的角度进行分析，学生通过学习思考在更加深入地理解了平均数的意义、感受到平均数的独特魅力后，通过计算发现：第一组平均每人投中球的个数为（8+5+6+9）÷4=7（个），第二组平均每人投中球的个数为（7+6+7+4+6）÷5=6（个），于是得出结论应该是第一组赢得这场比赛。

3. 运用水平的提问

运用水平的提问考查学生能否将所学的知识运用于新的情境，培养学生运用知识解决问题的能力。此时的提问已达到了较高水平，具体表现为考查学生能否应用概念、方法、规则、原理等。

【案例3】

在学生对平均数的意义有了更高层次认识的基础上，教师进一步提问"第二组的平均每人投中6个球，与第二组的第二个同学投中的6个球，表达的意义相同吗？"学生通过对平均数的整体理解，分析"平均数的6个球"是代表第二组的整体水平，是一个虚数。而"第二个同学投中的6个球"是这个同学投中的具体个数，是一个实数，两者有根本区别。

4. 分析水平的提问

分析水平的提问考查学生对学习内容和学习内容结构的理解。此时的提问具体表现为考查学生能否从整体出发，把握学习内容的组成要素及其彼此间的联系。它要求学生能分析知识间的联系，树立全局数学观念。随着年级的增加，教师课堂分析水平的提问应该逐步加大比例。

【案例4】

通过学习学生了解了平均数的意义，掌握了平均数的相关特征。为了让学生全方位综合理解平均数，树立整体观念，教师引入分析材料：“世界卫生组织于2013年5月15日在瑞士发布的《2013年世界卫生统计报告》显示，中国的人均寿命为76岁。李大爷今年75岁，他看了这份报告后很忧郁。”教师趁机提出分析水平的问题“李大爷为什么会忧郁呢？”

学生回顾本节课所学平均数的特征：平均数有一定的范围，容易受极端数据影响，且是一个虚数等，最终得出自己的结论——李大爷完全没必要忧郁。

5. 综合水平的提问

综合水平的提问考查学生能否把先前所学习的内容及离散状的学习经验组合成新的整体。具体表现为提问学生能否制订出一项可操作计划；能否概括出一些抽象关系；能否以口头或书面形式表明自己的新见解等。综合水平的提问促进学生将所学的知识组合成新的整体，可以培养学生的综合能力，特别是创造性地解决问题的能力。因此教师必须深入研究教材体系，在课堂上提出有综合水平的问题。

【案例5】

如“学了‘平均数’这节课，你可以用平均数的知识来解释生活中的哪些实际问题？”

6. 评价水平的提问

评价水平的提问考查学生对所学内容的合理性及意义等做出自己应有的价值判断，如学习内容的组织是否合乎逻辑，内容是否具有正向价值等，体现出学生对所学内容已达到最高层次的掌握水平。评价水平的提问可以培养学生价值判断的能力，形成一定的价值观，是教育培养人的一个极为重要的手段。

【案例6】

如“平均数”这节课的最后环节，教师提出评价水平的问题“通过本节课的学习，在小学数学知识体系中你对平均数的价值作何评价？”

“几何直观的内容安排顺序为‘点—线—面—体’，对这样的安排顺序你作何评价？”

这是六种不同层次水平的提问，我们又把前两种水平的提问称为低阶问题提问，后四种水平的提问称为高阶问题提问。

第二节　小学数学课堂提问功能

课堂提问是促进学生思维、评价教学效果以及推动学生实现预期目标的基本控制手段，是课堂教学必不可少的组成部分。如果教师能够恰当地运用这种手段，充分利用师生之间的对话，了解学生的学习动态，便能更有效地引导学生发展和完善自我知识体系。总体看来，小学数学课堂提问有以下作用。

一、激发学生学习动机

数学学习应当是一个生动活泼、主动和富有个性的过程。教师在课堂提出具有疑问性、挑战性和趣味性的问题，会引发学生的好奇心，激发学生强烈的求知欲望和浓厚的学习兴趣。学生对教师课堂提出的问题作进一步的积极思考，也是形成一种积极向上、不断进取的优秀学习品质的重要途径。

【案例 7】

在"圆的认识"这节课，教师没有循规蹈矩地出示生活中的圆，而是问："同学们你们会骑自行车吗？"学生信心满满："会骑自行车。"教师出示动画"一辆椭圆形车轮的自行车，骑行的过程上下颠簸……"教师："某天，小王同学骑了一辆这样自行车。你们对他的自行车可以作何改进？"学生对"圆"的学习兴趣一下子被激发了，个个要参与发言讨论，迅速融入学习活动中去。

如"万以内的笔算减法"这节课中，学生有了实际生活的经验，基本能掌握笔算减法的计算方法。教师不满足于此，于是提问："笔算减法可以从高位减起吗？"一石激起千层浪，有的学生说可以，有的说不可以……此时教师的课堂提问指引着学生去找支持自我观点的依据。

二、启发学生进行数学思考

教师的课堂提问与学生的数学思考具有密切的关系。教师提出问题后，学生就会从自己已有的知识体系出发，经过不断思考，或直接提取或重新组织学习资料，以期寻得一个可行的、有思考力的答案。

教师提出具有开放性、思考性的问题，更有利于启发学生的思考。开放性提问要求学生全方位、多角度思考；思考性提问要求学生把学过的知识纵向、横向或纵横交错地联系起来，进行加工创造。这有利于发展学生的数学思维，具有启发学生思考的作用。

　　值得一提的是，每一种类型的课堂提问都有不同的意义，我们强调开放性问题和思考性问题的优点，并不意味着否定封闭性问题和回忆性问题的优点。教师应该根据不同层次的学生群体、不同的学习内容设计不同难度和类型的问题。总体设计思路为从相对低阶水平的问题逐步过渡到相对高阶水平的问题，使得每一层次的学生都能在自己原有的基础上获得愉悦感和成功感，真正达到启发学生思考的目的。

　　【案例8】

　　在"长方形的面积"这节课中，教师引导学生经历丰富的操作活动、推理验证得出：长方形的面积 = 长 × 宽。教师紧接着提出启发学生再思考的问题："在长方形的面积公式里，'长''宽''长 × 宽'实际上表达的是什么意义？"学生通过梳理刚刚学习过的知识，经过进一步地思考："长"表达的是长方形的长上能摆出几个单位面积的小正方形，"宽"表达的是宽上能摆几个这样的小正方形，"长 × 宽"表达的是长方形里面一共能摆出几个这样的小正方形，也就是长方形的面积。

三、促进学生参与课堂

　　教师通过课堂提问引导学生去分析、推论、归纳整理学习内容，将学习的主动权交给学生，凸显出以学生为主体的教学理念。在教学准备阶段，教师根据教学内容和学生情况的分析，预先准备若干个切入教学重点难点的问题，在实施每个重点难点教学的过程中，利用课堂提问引导学生，层层深入地去分析学习内容，提纲挈领地突出重点难点。在教学深入阶段，教师可以要求学生综合各种学习资料和常识，回答高阶水平的问题，学生借着回答问题，发表自己的想法，又聆听别人的意见，经过顺应或同化的调整过程，从而拓展了自己的思路，便于对学习内容进行梳理、理解和记忆。教学实践表明：通过课堂提问引起学生的有意注意、让学生积极参与教学活动对习得知识的理解程度，比由教师对学生单向传递信息所获得知识的理解程度要深刻得多。

　　【案例9】

　　"平行线"这节课中：

　　老师："什么是平行线？"

　　学生："永不相交的两条线是平行线。"

　　老师："你们同意他的说法吗？你又是如何想的呢？"

　　学生："不同意。应该明确是两条直线，如果是曲线即使不相交，也不能说是平行线。"

　　老师："这样表达确实严密了很多。你们还能找到这句话的破绽吗？举个例子也行。"

　　学生："长方体上可以找到两条棱 AB 与 CD，无论怎么延长都不会相交，它们是平行线吗？"

学生："应该不是平行线。需要说明这两条直线在同一个平面上。"

老师："谁愿意总结一下，这个概念应该注意哪些关键点？"

学生："①同一平面；②两条直线；③永不相交。"

老师："到底什么是平行线？"

学生："同一平面内，永不相交的两条直线叫平行线。"

四、诊断学习效果，改进教学

课堂提问使得教学活动成为教师与学生进行信息交换的双边活动，根据学生反馈的信息，不仅可以了解学生对学习内容的掌握程度，而且可以发现学生知识学习上存在的问题，为后续学习活动的进行或调整提供依据。

与此同时，学生也可以通过回答问题，从老师那里获取评价自己学习状况的反馈信息，在学习中不断审视自己，改进自己的学习态度与方式等，使自己后续的学习活动更富有成效。

【案例 10】

如在"较复杂的分数应用题"一课中，"某班有 20 名男生，比女生的人数多，女生有多少人？"针对部分学生求解的答案（人），教师："怎么会有个残疾的女生？而且只有。"此时学生已经都笑开了，教师紧接着说："会不会是我们把数量关系弄错了？"于是学生在轻松幽默的学习氛围下，开始了纠正错误的新思考。

第三节　小学数学课堂提问存在的问题

课堂提问是课堂教学必不可少的教学手段，可教学中课堂提问存在诸多的问题。顾泠沅曾撰文指出：高密度提问已成为课堂教学的重要方式，教师提问中记忆性问题居多（74.3%），推理性问题次之（21%），极少有创造性、批判性问题；提问后基本没有停顿（86.7%），不利于学生思考。申继亮在分析他所观察的 12 节课后发现：93.63%的教师提问仅考查了低水平的认知活动，如回忆事实、简单的判断对错等。总体看来，小学数学课堂提问存在以下问题。

一、降低提问质量换取课堂的活跃气氛

上海静安区调查发现：在小学、初中，不论语文还是数学学科，每堂课的教师提问次数平均都在 30 次以上。有些课在短短 45 分钟内竟问了四五十个问题，最多的一堂课

问了98个问题。从问题的类型看，回忆性封闭性问题占80%左右。

为追求课堂的热烈气氛，一些教师常常设计大量的低阶水平、以记忆为导向的问题，以便让更多的学生参与课堂、踊跃地回答。但问题数量过多尤其是低阶水平的问题——这些问题根本不需要学生展开任何具有反思性、创造性或具有批判性的思考，课堂表面上看是教与学的双向活动，但实际上教师仅仅为了激发学生上课的"积极性"，而使整节课徒有繁荣的外表而无真实的内涵，不能有效激发学生的思维，偏离数学学习的本质。

【案例11】

在"认识人民币"这节课中：

老师："刚才有小朋友说课余时间有的喜欢下棋，有的喜欢看书，知道老师工作一天后回到家里喜欢干什么吗？"

学生："看电视。"

······

老师："××小朋友真聪明，猜对了，老师最喜欢看动画片，你们喜欢吗？"

学生："喜欢。"

老师："谁来说说你喜欢看哪些动画片？"

学生："黑猫警长。"

······

老师："老师给大家带来了很好看的动画片，想看吗？现在就一起来欣赏。"

动画故事：妈妈不在家，小兔子当家，先到超市买食品，付钱；又去菜场买菜，付钱······

老师："看完刚才的动画片，你想到了什么？"

学生："买东西要花钱。"

······

老师："小朋友说得真好，你知道生活中还有哪些地方用到钱吗？"

学生："看电影、买水果、交电话费。"

······

老师："看来钱的用处真大。生活中处处要用钱，你们知道中国的钱又叫什么名字吗？"

学生："人民币。"

老师："对，今天我们就一起来认识人民币。"

课堂提问是一门艺术，要做到适时适度。一方面，在教学过程中要恰到好处地掌握提问的频率，问题的设置应疏密相间，要留给学生充分的思考时间。另一方面，教师要结合教材内容、学习目标以及学生的实际情况，提出有利于突破本节课重难点的目标明确的问题，提出难度处于学生最近发展区内的问题。提问应该指向激发学生的数学思维，给予学生学习数学的方法引导，培养学生用数学思维分析、研究和解决问题的能力和创造能力。如提前测评时的摸底提问、知识理解时的启发性提问、触类旁通时的发散性提问、归纳总结时的聚敛性提问等。

二、把课堂提问当作控制不良行为的工具

有的教师发现个别同学在课堂上有不良行为，于是借提问来提醒、暗示学生。这样做可能会出现两种情况：一种是教师问的问题，学生刚好知道，于是顺利答出。这在客观上强化了学生的不良行为："我上课就算没有专心，也能跟得上教师的步伐。"另一种情况是学生答不出或答不完整，这在一定程度上会损害他的自尊心。如果教师对学生不良行为进行负面评价，学生还可能会产生对立情绪和逆反心理。

三、没能面向全体学生公平提问

课堂上有些教师只向相对优秀的学生或者积极举手的学生提出问题，他们认为只有学生做好学习的各项准备，才能回答问题。实际上，课堂提问应该做到面向全班学生，把握好提问时机，给学生留出一定的思考时间，让每一位学生参与到学习活动中来。

还有教师喜欢把难度系数较高的高阶水平问题回答权给优秀学生，把一些难度系数较低的封闭性或回忆性问题的回答权给其他学生。他们认为对不同层次的学生提不同层次和水平的问题，这正是"因材施教"的体现。其实这样做使得这部分学生在课堂中没有得到平等的对待，无形降低了教师和同学对他们的期望，减少了他们发展的机会，强化对他们数学学习活动的不信任。这部分学生由于受知识水平、思维能力的限制，思路也许还不够开阔，回答问题时往往不够完整，教师要依据具体情况，及时地进行引导启发，给学生暗示思维的方向和寻找正确答案的途径。

四、过分关注答案忽视学生思维过程

很多教师只关注学生回答的答案，认为学生答案正确，就代表着学生已经达到了相应的层次水平；答案不正确，也不会及时给学生提出补充条件、点拨思路。教师的这种只关注答案不倾听学生的思维过程的行为，是无法甄别学生的思维过程是否缜密、考虑是否全面的，也就无法引领学生的思维发展。课堂提问的过程不是仅仅诱导学生参与，还必须使学生给出其回答的理由或推论过程，这样既可以减少学生盲目猜题，又可以诊断学生的思维过程，使学生真正学会学习。

还有另外一部分教师备课时也精心准备了一些问题，可是当学生回答不够完整时总

是加上一些自我解释，这类教师只是假装引导学生发表自己的看法，最终都演变成一个人的独角戏。所有的提问与对话都是为了证明一个满足课程预设进程需要的正确答案，结果是在课堂上只能听到教师的观点，而不是学生的观点。这样会贬低学生回答问题的价值，学生也不知道自己的回答是对还是错，逐步会对自己的学习能力、回答问题能力产生怀疑。长此以往，学生非但不能参与到对问题的思考中去，反而容易形成对课堂提问的麻木和对教师自问自答的依赖。

【案例 12】

在"条形统计图"这节课中，老师引导学生在三种水果中任意选择一种，然后将学生的选择情况制作成条形统计图。在数据汇总阶段发现，少了 1 人。

老师："我们班一共 36 人，但刚才合计的人数是 35 人，比 36 少 1，是我们刚才数错了吗？"

学生："老师，我刚才没有选择，因为这三种水果我都不爱吃。"

老师："好，那我尊重你的选择……"

之后老师继续引导学生对只有 35 人参与选择的条形统计图进行分析。

出现少 1 人的场景，教师的处理是："尊重你的选择"，看似尊重学生，尊重数据，实际却将这名学生排除在课堂之外了，从深层次上看，仍然是对学生不尊重的表现。仔细想一想，可以沿着学生的思维："你喜欢什么水果？"然后把该学生喜欢吃的水果加在条形统计图上，这样更加清晰、动态地完成了条形统计图的学习。

五、给予学生消极反馈

当学生回答完问题后，教师只是简单地说"回答很好""不太正确""不正确"等，这样的评价与反馈是消极的，影响了学生后续回答问题的积极性。还有些教师会提出一些刁钻古怪的问题来为难那些"棘手"的学生，并用刻薄的语言来评价。这种让学生当众出丑的教学方式会严重伤害学生的自尊心，使学生很容易与教师发生心理对抗，不仅会降低学生参与课堂交流的积极性，而且也降低了教师在学生心目中的良好形象。

对学生回答的问题，教师一定要耐心听完，并给予正确的引导和积极的鼓励。当学生回答相对较完整时，必须有及时的正面、积极的肯定；对不完整的回答，也要找出积极的因素加以肯定，然后共同努力找出问题所在，给予补充、纠正，使得学生也能系统完整地掌握所学知识，提高参与课堂的积极性。

第四节　小学数学课堂提问有效策略

一、课堂提问的问题设计

（一）问题设计的基本原则

1.问题设计应符合学生的身心发展规律

首先，问题设计要符合学生的认知发展水平。问题设计在学生认知能力的"最近发展区"范围内，使学生在原有知识水平上"跳一跳"就可以摘到"桃子"。

其次，问题设计与学生的生活经验相适应。不同的生活经验派生出不同的学习方式，如果能结合学生的生活经验来设计问题，这样就能最大程度激发学生回答问题的积极性，促进学生思维的发展。

最后，问题设计还要考虑不同学生之间的思维能力差异。针对不同学生，问题设计的用词、句式、难易程度等都要有所差异。问题若超越了学生的实际水平，学生思维跟不上，就起不到调动学生积极性的作用。问题若低于学生的实际水平，学生能轻易答出，也就无助于发展学生的思维能力。

2.问题设计应落在知识的重难点处

德国教育家第斯多惠说过："教育的艺术不在于传授本领，而在于激励、唤醒、鼓舞。"因此教师要在知识的重难点处精心设计一些有启发性、提示性、形象化的问题，通过问题引导学生关注重难点知识，引导学生对重难点知识进行梳理、思考。学生通过对问题的回答，经历疑惑不解、积极思考、豁然开朗的过程，真正体会到突破学习重难点的成就感，感觉到自己的不断进步，进而积极地挖掘自身潜能。如此循序渐进，学生的学习将能收获完美的效果。教师还可以指导学生运用分析、综合、比较、概括等一系列思维方式进行思考，这样不仅能解决知识的重难点问题，还可以培养学生举一反三、融会贯通的学习能力。学生只有掌握了重难点知识，才能更好地理解整个知识体系，才能将有限的知识无限拓展延伸，从而达到拓展思维、启迪智慧、树立信心的目的。

【案例13】

在"估算"这节课中，教学难点就在于学生体验不到估算的必要性，不能自主地选择何时估算何时精确计算。根据学生的情况吴正宪教师设置教学情境：青青和妈妈带了200元去超市买了5种商品，价钱分别为48元、16元、23元、69元、31元，并提出问题："在下列哪种情况下，使用估算比精确计算更有意义？第一，当青青想确认200元钱是不是够用时；第二，收银员将每件商品价格输入收银机时；第三，收银员告知青青应该付多少钱时。"通过这三个情境的分析，让学生初步感受估算的意义，突破学生对估算理解的困惑点。教师最后总结提问："什么情况下我们可以估算，什么情况下需要精确计算？"教师始终抓住教学的重难点来提出问题，既符合学生已有的学习经验，又激发了学生去真正思考估算的本质意义。

3. 问题设计应落在知识学习的生长点处

苏霍姆林斯基曾说过："学生来到学校不仅是为了取得一份知识的行囊，更主要的是为了变得更聪明。"因此课堂上，教师不仅要让学生学会基本知识，更重要的是引导学生把所学到的知识延伸到新的知识学习上去，这就需要教师精心设计问题，引导学生将原有的知识形成新知识的生长点。

在问题设计之前，老师们首先要清楚使学生更好地理解新知识的生长点在哪里，这个生长点学生是否已经具备。教师再在学生已有的知识体系的基础上，设计具有开放性、启发性的问题，从知识的生长点处进行提问。通过提问，引导学生结合自己的生活实际及其他各种影响学习的因素，将他对某个问题的理解从原来的知识框架中跳出来，敢于大胆地对知识进行重组、发挥想象，派生出新的认知，不断完善自己的知识结构。

【案例 14】

"打电话"这节活动课："一个合唱队有 15 人，周末接到一个紧急演出的任务，教师需要尽快通知到每一个队员。如果采用打电话的方式，每分钟通知 1 人，最少用多少分钟能通知到所有队员？"绝大多数学生审题后无法入手，不知从哪里开始思考。北京育才学校海国红老师的处理别具一格："我们还是从特殊情况入手分析吧，这是我们思考问题常用的一种方法。老师 1 分钟最多能通知几人？ 2 分钟呢？……"教师充分了解学生的困惑点与知识的生长点，在学生没有着落、没有方向的情况下，适当地给学生一个台阶，使学生成功构建数学模型，解决实际问题，把握数学的本质。

4. 问题设计应落在学生认知冲突处

当学生发现不能用现有的知识来解决新的问题时，或者发现已有知识与新知识相悖时，就会产生认知的不平衡。为了消除这种不平衡，学生就会激发自我的内驱力，萌发探索未知领域的欲望。

教师的职责绝不是将现成的答案直接告诉学生，而是应该积极调动起学生的思维，要想做到这一点，就必须引发学生的认知冲突。一般情况下在新旧知识的分化处、连接处和新知识的形成处设置有认知冲突的问题，这样能够促使学生积极思考，把学生的思维调动起来，引发学生的思维在冲突中由幼稚走向成熟，由浅薄走向深刻，对提高课堂教学效果有很重要的作用。从这个意义上讲，在学生认知冲突处设置问题，在冲突中提出问题将成为课堂提问的一大亮点。

【案例 15】

在"长方形与正方形面积"学习中，学生已知用同样长的铁丝围成的正方形面积比长方形面积大。教师提出问题："如图，王大伯想用 24 米长的篱笆一面靠墙（CD）围成一个长方形（正方形）的菜地，如何围才能使得菜地的面积最大？"当学生认为围成边长为 8 米面积为 64 平方米的正方形最大时，教师给出比较："把 24 米的篱笆设置长12 米，宽为 6 米，此时面积为 72 平方米。长方形的面积大于正方形的面积，这是怎么一回事呢？让我们好好探索一下吧！"学生纷纷表示诧异、不解，继而投入到对问题的分析探索中去。

（二）问题设计的基本策略

1. 设计生活化问题，激发学生思维

数学课程标准指出，数学教学要体现数学源于生活又应用于生活的特点，使学生感受数学与现实生活的联系，感受数学的趣味性，增强对数学的理解与应用数学的信心。教师要善于启发学生的日常生活经验和原有生活认知，以学生熟悉的生活情境和感兴趣的事物作为教学活动的切入点，鼓励学生密切关注身边的数学，养成积极观察和思考问题的习惯，借以引起学生探究问题的兴趣，有效激活学生的思维。

【案例 16】

在"百分数的认识"这节课中，教师设置情境"在某场比赛中，中国足球队获得了一个罚点球的机会，如果你是主教练，你会安排哪位球员去主罚这个点球？"

有学生认为谁的进球数最多，就让他去主罚点球；还有学生认为看谁的失球数最少，就让他去；更有学生认为要计算出每个球员的进球数与踢球总数的百分比，谁的百分比高也就意味着他进球的命中率高，就让他去主罚这个点球。这是一个贴近学生生活的问题，引起了学生极大的学习兴趣，学生始终处于积极、主动的探索氛围。学生通过对数据的分析，加深了百分比在实际生活中的意义理解。

2. 设计探究性问题，训练学生思维

数学家波利亚指出："数学有两个侧面，一方面它是欧几里得式的严谨科学，从这方面看数学是一门系统的演绎科学；但从另一方面来说，创造过程中的数学看起来却像一门实验性的归纳科学。"我们可以把数学课堂变成小型的探究性实验室，要求学生通过自己搜集资料进行观察、分析和总结来学习数学。从数学知识的创造角度来看，这类数学实验虽然并未提出新的见解，但是对学生个体而言，却是一种探究、独立发现、知识再创造的过程。

我们设计探究性的问题，使学生通过操作、观察、讨论交流和归纳猜想来探寻数学本质。设计探究性问题需要找出知识的切入点，关注知识的生长点。探究性的数学问题，问题答案可以不唯一，解答方式亦可多种多样。这样的问题，能较好地激发学生的探究

热情，满足学生解决问题的乐趣。需要注意的是，教师要很好地把握问题的难度和深度，问题太难，学生没法入手；太容易，学生学不到新东西，没兴趣。

【案例 17】

在设计"三角形的稳定"教学时，考虑到学生都知道三角形这一特性，而且能说出它的实际应用，如三角形状的篮球架支架、空调外机支架、自行车的承重座椅、搭建成三角形状的树木支撑架等。课堂上笔者根据学生对其稳定性的理解，出示各种图片，以证明三角形确实具有稳定性。

三角形的稳定性不是指它的材料的坚固性，而是指一旦三角形的三条边长度确定，这个三角形的形状是唯一的。对比四条边围成的长方形，虽然四条边长度确定，但还可以围成无数种不同的平行四边形，因而不具稳定性。

这种探究式的问题，让学生重新梳理三角形稳定性的意义，通过自己的思考及与同学们的相互探究，去分析生活的实际问题。学生在三角形具有稳定性的"认知冲突"中突破原有的思维定式，创造性地运用特性去探究问题，更有利于激活学生的思维。

3. 设计螺旋上升的问题，拓宽学生思维

新课程教材中很多内容的编排是开放性的，没有条条框框限制。这就给教师自主设计课堂提供了生存空间，教师可以根据学生的学科基础，以及对教材的理解，大胆地对课堂教学进行变换设计。对于思考层面较广、难度相对较大的内容，尽可能安排多层次、有梯度的课堂提问，或者做到一题多问。课堂教学时教师要引导学生逐步探索，直到最后的提炼总结。

【案例 18】

在教学"分数的意义"时，刘永宽老师先播放录像，介绍分数是怎样产生的。然后提出问题：

①"像这样把一个西瓜平均分成两份，每份用分数表示是多少？"（学生初步感受分数的意义，很容易答出）

②"以小组为单位，选择自己喜欢的材料，通过动手切一切、折一折、分一分等，来说明的意义。你是怎样表示的？"（结合生活实际，研究分数的意义，加深对分数意义的理解）

③"在表示的过程中，有什么相同的地方？"（抽象出"单位1"的本质，一个物体、一些物体、一个计量单位等都可以用"单位1"来表示。把"单位1"平均分成两份，表示这样的 1 份，即为二分之一）

④"我们已经学会理解了等这样的分数，到底什么叫分数，谁能用一句话概括出来？"（学生经过前面各项活动操作与探究已经对分数的意义有了一定程度的理解，于是可以得出"把单位1平均分成几份，表示这样的一份或几份的数就叫做分数"）

这一节课的核心是在学生理解"单位1"的基础上抽象出分数的概念，刘老师不急于抛出核心问题，而是抓住知识的本质属性，深入理解问题的特征及知识间的联系，设置多层次、有梯度、螺旋上升的问题，让学生经过思考、探索，最终达到理解分数本质的目的。

4. 设计实践操作式问题，激发学生思维

数学知识体系是动态发展的知识体系，有时教学中要打破教材的时空局限，开展综合实践操作性活动。设计与教学内容相应的具体形象和富有感情性的活动式问题，这样会唤起学生的求知欲望，有效激发学生的思维。

实践操作不是单纯的身体器官运动，而是与大脑的思维活动紧密相连。学生的多种感官参与学习活动，不仅能使学生学得生动活泼，而且使学生对学的知识能理解得更加深刻，有利于发展学生的综合能力。

【案例 19】

在设计"三角形的面积"时，教师设计问题："我们原来通过摆面积单位、剪拼转化的方法推导了长方形、正方形和平行四边的面积计算公式。你能借鉴这些方法，自己设计一个方案，推导出三角形的面积计算公式吗？"

学生 1：我们小组采用摆面积单位的方法推导。

学生 2：我们小组采用剪拼的方法。

学生 3：我们小组采用的方法如下。

学生：这是我们小组采用的方法。

在探索三角形面积公式这个环节，教师没有循规蹈矩，而是对数学知识的建构过程进行设计和组织，将书本上的内容转化为具有探索性的数学问题，创造一个宜于学生进行建构活动的情境，让学生自觉进入角色，在数学课堂教学的舞台上全身心地投入，以完成所预想的数学操作活动。学生通过自己设计方案，推导面积公式，经过实践操作、分析推理得出结论。

5. 设计互逆式问题，提升学生思维

学习的思维有正向思维与逆向思维之分，正向思维可以习惯性地在学生头脑中扎根，而逆向思维未经特殊训练就难以形成。逆向思维就是突破习惯性思维的束缚，做出与习惯性思维的方向完全相反的探究。有效利用逆向思维不仅可以加深对原有知识的理解，还可以发现一些新的规律。

在教学中若有意识地设计一些互逆型问题，从另一方面去开阔学生的思路，就会使学生养成从正向和逆向去认识、理解、应用新知识的习惯，从而提高了学生分析问题、解决问题的能力。小学生往往习惯于正向思维，不习惯于逆向思维，常有两种思维混淆的现象，这正是学习数学思维的薄弱环节，为此教师必须重视设计互逆式的问题，加强学生互逆思维的训练。

【案例 20】

在"百分数的应用"中教师提出问题。

A 市出租车收费标准

1. 起步价：2 千米内 8 元；

2. 里程费：超过 2 千米部分，每千米 1.5 元；

3. 空驶费：单程超过 12 千米部分，每千米加收 50% 的空驶费；

4. 候时费：每 5 分钟加收 1.5 元；

5. 夜间附加费：晚上 10 时至次日凌晨 5 时，每车次加收 2 元附加费；

① "王老师乘出租车去 16 千米远的某学校参加数学研讨会议，中途堵车了 15 分钟，按照出租车的收费标准，他应该付出多少元？"

② "学校李老师某天晚上 12 点出差回来，自火车站乘出租车回家，一共付出车费 46 元，中途一共堵车了 10 分钟，火车站与李老师家的距离为多少千米？"

二、小学数学课堂提问的方式

（一）有效课堂提问方式

1. 把握提问时机，在学习兴奋点处提出问题

在教师的引导和调控下，教学过程是一个动态生成的过程，课堂教学的不同阶段，课堂提问的形式与作用也就不同，而且学生的思维兴奋状态和注意力在不断地发生变化，这就需要教师善于把握教学的时机与学生的兴奋点，及时、恰到好处地提问。恰到好处的提问能激发学生强烈的求知欲望，往往能收到意想不到的教学效果，正所谓孔子主张的"不愤不启，不悱不发"。在知识的关键处提问，能突出重点、分散难点，帮助学生扫除学习障碍；在思维的转折处提问，有助于促进知识的迁移，有利于建构和加深所学的新知；在规律的探求处设问，促使学生在课堂中积极思考，得出新规律，体会到学习的乐趣。

【案例 21】

在"用字母表示数"这节课中，需要达成的核心目标为：由用字母可以表示确定的数（不变量）过渡到可以表示不确定的数（变量）。教师前期铺垫"1 只青蛙 4 条腿，2 只青蛙 8 条腿，3 只青蛙 12 条腿、4 只青蛙 16 条腿……"随着学生的兴趣正浓，教师紧接着提出问题："你用什么方式来表示越来越庞大的而且数量不确定的青蛙的数量和腿的数量呢？"学生想出"用图形、符号、文字……"还可以"用字母来表示，X 只青蛙 Y 条腿""X 只青蛙 4X 条腿"……

2. 明确数学语言特点，以清晰的数学化语言提出问题

数学语言的特点是严谨、简洁、符号化。教师课堂提问语言既要结合学生认知特点，又要顾及数学语言的特点。数学提问语言的指向必须明确，切忌模棱两可，否则容易使学生产生思维混乱，甚至出现答非所问的现象。正如 Mills 等人研究发现："教师表述问题的清晰度和明确性，将会影响学生答案的清晰性、明确性和一致性。"因此作为教师，我们应该慎重考虑提问措辞的严谨性。

教师的提问语言本身还要有激励性、启发性的词语，这样能够调动学生学习的主动性，激发学生的求知欲，引发学生积极思考。

【案例 22】

如在"年月日"这节课，需要我们整理记忆的相关知识，A 教师提问："你能将'年月日'的知识整理一下吗？"B 教师提问："请你用图、表或你认为的其他数学方式，将'年月日'中我们需要记忆的知识整理一下吧，争取让别人一眼就能看明白哦！"比较两位教师的提问，B 教师的指向更加明确，给学生以思考的台阶——"用图、表或你认为的其他数学方式"而且激励学生去做——"争取让别人一眼就能看明白哦！"

3. 创设问题情境，以对话的方式提出问题

一般情况下，新课开始的情境创设是师生滋生对话的土壤，是进行课堂提问的前提。教师在充分了解学生的知识基础、吃透教材的基础上，创设问题情境并提出问题，可以将学生引入到一种与数学学习内容相关的情境中去，尤其是当教师选取一些与教学相关的实例或者模拟场景创设的问题情境，这样会使学生产生一种熟悉感和亲切感，使得学生产生了迫切要求学习的欲望，充分激发学生参与互动课堂的积极性。此时的学生学习是一种主动的、积极的、愉悦的活动，他们会切实体会到学习这类知识的需要，从而能为之积极努力地自主学习，去发现问题、研究问题直到解决问题。

【案例 23】

在"比的意义"的教学设计中，为了能从学生的生活经验和已有的知识背景出发，实现联系生活学数学，把生活经验数学化、数学问题生活化，让学生在知识的引入、问题的形成与解决中逐步建构新知识。笔者设置了一个选照片的活动："请你选出你认为比较美观的照片，将编号记下来，并跟同桌相互说一说你选择的理由。"

学生通过观察、比较得出结论：照片的长度与宽度成一定的倍数关系时，照片也就美观。从而自然地将"除法""倍数关系""分数""比"联系起来，激发了学生的学习兴趣，课堂焕发出生命的活力。

4. 表现积极情感，以良好的心态提出问题

要使课堂提问发挥应有的作用，教师要有良好的提问心态，表现出积极的情感。课堂上学生积极的思维活动与丰富的情绪反应是相伴相随的，在课堂提问的过程中，如果

教师能以饱满的热情和积极的情感，共同分享学生的快乐，就可以营造温暖、融洽甚至热烈的课堂学习气氛，鼓励、引导和吸引学生积极参与到课堂提问活动中来。

【案例 24】

在学习"中位数"这节课之前，学生基本通过平均数来比较不同的量之间的关系，学生的刻板印象相对较为深刻。笔者为了营造和谐的气氛，让学生能积极思考中位数的意义，于是自编了一首幽默的打油诗以激发学生的学习兴趣。

张村一户有千万，

其他八家穷光蛋。

你说这村富不富？

平均每户超百万！

这首打油诗不仅拉近了学生与教师之间的距离，也让学生体会到"平均数"与"中位数"的真正内涵。

（二）有效课堂候答与叫答方式

1. 合理控制候答时间

教师提问后留给学生的那段思考时间，是学生思维最活跃、知识结构迅速重组的最佳时间。教师在提出问题后，不要急着给予过多的解释与引导，而要留给学生 3—10 秒或更长的思考时间，让学生自己进行深入思考。足够的候答时间，可以使更多的学生尤其是一些学困生参与到问题的思考中来，与此同时也将大大增加师生之间、生生之间的积极互动，课堂提问的有效性也会大幅度提高。具体的候答时间长度随问题的难度、问题的类型和学生的反应而定。如果所提出的问题都是属于记忆性封闭性的问题，等待时间可稍短些。如果所提出的问题是为了引发学生积极思考、创造性地回答的思考性开放性的问题，那么等待的时间就应稍长一些。

学生在回答问题后，教师也应该等待足够的时间，再给学生一定的时间来做说明、补充或者修改他们的回答，从而使回答更加系统、完善。有些学生的答案达不到一定的水平，但这并不妨碍他曾经思考过，最起码他回答问题的语言能力得到展示，而且锻炼了回答问题的勇气与胆量。因为思考的本身比某个特定的结论要重要得多，学生只有学会了思考，才能掌握获取知识的本领。有研究表明，当教师将候答时间增加到 3—5 秒钟（特别是对于高水平的问题），那么他们的课堂将出现许多有意义的显著变化：学生会给出更详细的答案；学生会自愿给出更好的答案，拒绝或随意回答的情况就会较少地出现；学生在分析和综合的水平上的评论就会增加，他们会做出更多地以证据为基础和更有预见性的回答；学生会提出更多的问题；在学生的评论中会显示更大的自信，并且那些被教师认为反应相对迟缓的学生会提供更多的问题和做出更好的回答；学生的成就感明显增强。

2. 尊重学生差异，公平叫答每个学生

在大多数情况下，教师的叫答对象是举手的同学，不举手的同学则容易被教师忽视。长此以往课堂上回答机会被"垄断"，数学课变成了"学霸与教师之间的对话"。这样的学习活动因为没有关注到全体学生，此时的问题解决也并不意味着教学目标的完成，长此以往同班学生之间差距会越来越悬殊。

课堂上扩大学生参与面，是教学目标得以完成的重要保证措施，也是教育公平的重要体现。课堂提问的真正价值在于它能引发全体学生积极思考，教师在叫答时应关注全体学生，力求所有学生都对问题能做出反应，确保每一位学生都有回答问题的平等机会。为了激发学生对课堂的参与，保证课堂提问发挥它应有的作用，教师可以经常变换叫答技巧：如随机点名叫答、好中差搭配叫答、男女混合叫答、角色扮演叫答、小组推举叫答等。课堂上要让所有学生保持警觉，使他们意识到自己在任何时候都可能被叫答，只有这样才能促使处在每个不同层次的学生都要认真思考、积极参与，不把自己当局外人。

三、小学数学课堂提问的反馈

（一）理答

理答是指教师对学生回答的应答和反馈，教师的理答直接关系到学生参与课堂、回答问题的积极性。理答的大致方法为，当学生充满自信地回答并正确时，倾听他的回答并恰当表扬；当学生回答正确但自己却犹豫不决时，向学生澄清数学问题或者提供确定的反馈与暗示；当学生充满自信但回答错误时，可以通过追问帮助学生获取正确答案；当学生无法回答正确时，可以通过转问以得到正确答案；当提出的问题有很大争议时，可以悬置问题，后续再来解答。

1. 倾听

日本著名教育学者佐藤学指出："要想让学生学会倾听，教师首先要懂得倾听学生。"课堂上教师要学会倾听学生的发问之音、倾听学生的争论之音、倾听学生的意外之音。尤其当学生回答问题时的这种自我表现行为，他们特别期待别人的重视和关心。也许学生对问题做出的回答并非与教师预先估计的完全一致，但教师也要学会倾听、善于发现学生回答中富有价值和意义的思考。

2. 澄清

澄清即用不同的术语重新陈述同一个问题。当学生对自己回答的问题表现出犹豫不决，极有可能是对数学问题的理解不到位。这时教师就必须借助澄清的方式让原问题变得清晰、简单，使得学生能更好地把握问题的关键点。我们要正面强化课堂上学生的积极参与和努力思考，避免直接给学生说出答案，以免干扰学生的思路。针对回答错误的学生，教师先听一听他的理由，知道错误出在哪里，再引导学生理顺他的解题的思路，

使学生体会到知识间的融会贯通，为后续的分析问题、解决问题打下基础。

3. 追问

提问的过程不是仅仅诱导学生参与课堂思考，它还必须使学生给出其回答的理由，让学生学会思考问题、解决问题，从而真正学会学习。学生回答完问题后，教师最好应该追问学生：你以什么证据、理由或推论支持你的答案？最后教师还必须对学生的回答作出反馈，可以是对学生的回答进行适度的澄清、扩展、修改、提升或是评价，使学生再经历一次获得结论的过程。

4. 转问

转问即让其他学生来回答同一个问题。在学生回答错误但又不能或不需要追问时，如考虑到课堂上时间的限制不能再同一个问题上纠缠不休，或者以某个学生的数学知识在短时间内不可能达到相关的理解水平程度，于是可以采用转问的策略。转问策略对于成就动机很强的学生非常有效，他们受到转问的挑战会更加积极地去思考。

5. 悬置

悬置策略是保证课堂教学有效进行的方式之一。如果遇到的问题，师生无法当堂共同解决，教师应当诚恳地、实事求是地告诉学生，并建议师生共同查阅有关资料，共同探寻和研究。悬置策略既可以体现出教师对该问题的重视和负责，也可以给学生树立了虚心好学的榜样，提高了学生参与课堂的主动性和积极性，促进了思维水平发展。

【案例 25】

如在"重叠问题"的练习课中，将海豚、猫头鹰、天鹅、蝴蝶、金鱼、鲨鱼、大雁、老鹰、海龟、鸽子填入图中的合适位置。

当学生填到"大雁"时，出现了争议，有学生认为大雁只会飞，有学生认为大雁不仅会飞而且还会游泳，一时间课堂争论不休。老师指出经过他的查阅资料，大雁应该是既会飞也会游泳的。但考虑到反对的声音仍然存在，于是教师提出："下课后我们每个同学都可以去查阅相关的资料，以证明大雁到底是否会游泳，明天课堂上再公开交流。"

（二）评价

1. 以激励与赏识为主

罗森塔尔效应启示我们，赞美、信任和期待具有一种正能量，它能改变人的行为，使人获得一种积极向上的动力。在课堂上学生如果感受教师和同学们对自己是欣赏的、鼓励的，便会更加努力地投入到课堂学习中去。教师应该本着教育性、公正性、激励性原则，找出学生的闪光点予以赞赏，并通过恰当的评价反馈方式将自己的赞赏传递给学生，让学生品味被老师赞赏的喜悦，从而增强学习的自信心，激发出更大的学习积极性和主动性。

【案例26】

如华应龙老师在"角的度量"这节课中，让学生画60°角，其中有一个学生画成了120°。

华老师："我觉得这个同学画得有道理，这里（量角器）不是标着60°吗？"

学生："如果从右边开始画的，应该看里面的，他看成了外面的了，所以他画的是120°。"

华老师："原来是这样啊，不过我觉得要感谢这位同学，是他画的角提醒我们量角器上有两个60°，究竟要看哪一圈，我们得好好想一想。"

虽然学生的画图是错误的，其他同学提出了意见，但华老师并没有完全否定，而是提出"我觉得要感谢这位同学，是他画的角提醒我们量角器上有两个60°"。使得学生的一个错误教学资源变成了积极的富有情感的鼓励。

2. 关注学生的思考过程

课堂提问过程中，我们不要眼睛只盯着学生回答问题的结果，应该把重点放在学生探索解决的过程和方法上。面对教师的提问，学生没有给出准确的应答，是很正常的事情，教师不妨给予其适当的点拨和鼓励，引导学生对解决问题的过程进行反思，使学生从零散感性的认识得到提升。尤其是高阶水平的问题一般都属于开放性的问题，允许且鼓励学生作多种不同的答案，教师不妨让多个学生发表意见，然后再作延时性评价，这样可以帮助学生充分发挥思考，积极融入课堂的学习中去。

【案例27】

北京小学魏来红老师设计的"减法"一课中，提出数学问题："停车场原来有5辆小汽车，开走了2辆，停车场还剩下几辆小汽车？"学生很容易列出算式并计算：5-2=3。教师创设第二个活动，用你手中的学具创作一个减法解决的问题。一位小女孩到展台演示："我本来有5个小水果，送给同桌2个，还剩下几个小水果？"话音刚落，一位男孩喊道："怎么还是5-2=3啊，重复了。"女孩："我没重复，老师的是汽车，我是水果。"……课堂上有支持男同学的，也有支持女同学的，一时课堂辩论不出结果。老师此时并没有马上评价，而是采用延时性评价策略，关注学生的思考过程。

老师提出："你们还能想出用5-2=3来表达的问题吗？"学生："教室里有5个同学，走了2个还剩下3个。"……老师："为什么有的事情是发生在停车场，有的事情是发生在教室，却都能用同一个算式来表达呢？"……学生说："我觉得'数'和'算式'太神奇了，能表示那么多不同的事情！"

3. 把握评价语言的艺术性

在课堂上老师对学生评价要做到客观、公正、实事求是，切记莫名的不切实际的表扬。教师还要善于运用幽默风趣、恰当真诚的课堂评价语言，这样会激发学生兴趣，更加积极参与课堂，使课堂丰富多彩。

当然，我们也可以通过无声的语言来传达教师的评价信息，如一个鼓励的眼神、一个肯定的微笑、一个简单的拍肩抚摸都会使学生受到鼓励增强信心。

【案例 28】

在"圆的认识"这节课中，华应龙老师提出问题："篮球场中间的大圆如何画出？"一名学生回答："先确定圆心，画出一个很小的圆，然后一米一米地扩大，直到合适的大小。"华老师："创造！创造！我想你将来会像爱迪生那样去创造，你看你多棒！华老师教书 20 多年，还没哪个孩子像你这样画圆，真是佩服！"

课堂提问是艺术性很强的课堂教学手段。正如："施教之功，贵在引导，而引导之法，贵在善问。"课堂提问可以使学生在有趣的、现实的问题情境中产生对知识学习的浓厚兴趣，从而激发学生学习的好奇心和求知欲。课堂提问提供了学生参与课堂的机会，学生通过回答问题来阐述自己的观点及其理由，形成自己对学习内容的个性化理解。课堂提问需要掌握一定的教学策略，正所谓："善问者，如攻坚木，先其易者而后其节目。"总之，课堂提问是课堂教学从"知识传授本位"向"能力本位"与对情感态度关注转变的切实手段。

第九章 小学数学综合实践活动课程的多元设计

第一节 小学数学综合实践活动课程设计的理论基础

美国哈佛大学心理学教授霍华德·加德纳（Howard Gardner）在1983年《智能的结构》一书中提出了多元智能理论（The Theory of Multiple Intelligences）。该理论是在对传统智力理论批评和挑战的基础上，借鉴脑科学、遗传学、教育学和智力心理学研究的新成果而产生的。其认为，每个人都有独特的智能组合——较强智能和较弱智能各不相同，每个孩子都是一个潜在的天才儿童，只是经常表现为不同方式。加德纳将智能定义为人在特定情景中解决问题并有所创造的能力，他认为每个人都拥有九种主要智能：语言智能、数理逻辑智能、空间智能、运动智能、音乐智能、人际关系智能、内省智能、自然观察智能、存在智能。多元智能理论重视在特定的文化环境中考查学生解决问题和创造产品的能力，主张设计"智力公平"的评价方式，直接观察并评价运作中的各种智能及学生在各个智能领域的发展状况，而不仅仅关注言语—语言智能和逻辑—数学智能。该理论对小学数学综合实践活动课程的多元设计与实施具有重要指导作用，一方面有助于课程的培养目标的确立，指引教师在综合实践活动课程教学中有意识发展学生的多元智能，促进学生全面发展；另一方面有利于课程的教学内容、教学模式和教学评价设计，实现课程结构体系和教学方式方法的多元化，具体体现在以下九个方面。

一、创设数学语言表达机会，培养"语言智能"

语言智能通常指有效的口头语言或书面语言表达能力。数学教学的目的之一是让学生掌握数学知识，而数学知识，如各种定义、定理、性质、公式等，都是通过数学语言来描述的，对数学知识的理解、掌握实质上就是对数学语言的理解、掌握。皮姆在其1987年出版的一部专著《数学地谈论：数学课堂中的交流》中指出，"数学教学中的语言问题往往就是一定数学观和数学教学观的具体反映，对口头语言的忽视体现了这样一种数学教学观，即数学学习应当建立在独立思考之上"。"数学地谈论""数学地写"应是数学教学中的重要数学活动，无论书面表达还是口头表达，其都是以数学语言为交流载体，让师生们体会到数学也应当被看作一种语言，一种可以对我们的世界给出科学描述的语言；感悟到数学学习不仅仅建立在独立思考之上，"出声的思维""在说中学"也是重要的教学方式。因而，在小学数学综合实践活动课程教学中，教师需要为学生创设口头语言和书面语言表达的环境，不断引导学生用数学语言表达自己的思想，鼓励学生用合理的表述方法描述、解释现实世界数学问题。比如开发生活数学课程内容，让学生合作开展数学小调查并进行数据统计分析和描述互动，有利于提高学生的数学语言表达能力，获得语言智能的发展。

二、以"问题解决"为核心，培养"数理逻辑智能"

数理逻辑智能主要是指数学逻辑思维能力，包括运算和推理能力。问题是数学的心脏，是思维的源动力，数学问题解决是小学数学综合实践活动课程的核心。而综合实践活动中的数学问题解决体现一种"数学化"的过程，即从一个问题开设，由实际问题到数学问题，由生活元素到抽象符号，由解决问题到更进一步应用的数学教学过程。在此过程中，学生经历"阅读问题—建立模型—探究问题—解题策略—解答模型—验证反思"。思维总是由问题所引发，在分析问题、解决问题的过程中进行。问题可以揭示学生认识上的矛盾，可以对学生的心理智力产生刺激，教学过程就是以"问题"为中心的一个不断发现问题、提出问题、分析问题、解决问题的发展过程。培养学生的逻辑—数学智能，数学教学有着绝对的优势。逻辑—数学智能的构成要素主要有计算能力、逻辑推理能力、发现问题和解决问题的能力等，这些都是数学教学中必须且强调的。需要说明的是，培养学生的思维能力，需要教师先充分了解学生的思维发展水平和特点，再充分挖掘教材，精心组织教学内容，并采用多元化的教学手段，并不只是简单地依靠习题训练和测试就能够真正做到的。

三、在情境中展现身体语言，培养"运动智能"

基于多元智能理论以及日常的观察，学生在数学中所展现的身体—运动智能可能具备如下特征：探索环境和物体，喜欢亲自去接触；喜欢在活动过程中学习，对于动手做过的事记忆深刻，而通过说看的方式学习的知识往往记忆不深；不喜欢坐在教室里学习，而喜欢具体的学习经验；身体动作中显露平衡感、协调性，动手能力强。不过不是每位学生都表现出这些特征，虽然某些特征可能带有天赋色彩，但在学习中多让学生去体验、去尝试，必能有所提升。教师在教学中应该尽量寻找一些机会，使学生可以利用身体—运动智能来学习，增加知识的新鲜性、动态性，这有利于学生对数学知识的掌握。例如，在学习一些立体图形时，可以让学生通过触摸立体模型，以及制作立体图形的模型，来感受相应图形的概念和性质，不用死记硬背。教师还可以鼓励学生动手制作教具。例如，教师鼓励学生制作小抽屉、卡片，通过演示来学习有关概率知识。此外，还可以通过身体接触或运动，让学生实地感受事物的大小、方位、速度等概念，形成感性认知。

四、开展研究性学习，培养"人际关系智能"

学习中的人际关系智能主要指学生与他人沟通、合作与交流的能力。现在的学生大多为独生子女，常以自我为中心，大部分都比较内向，不懂得如何跟其他人沟通，协同合作的能力不强。而在"综合与实践"中的一系列合作探究过程都强调集体协同合作。小组合作交流增加了学生获取信息的渠道，使每个学生都能发挥自己的优势，都有表现机会，在交流中感受伙伴间的友谊，充分培养学生相互沟通、理解和支持的价值观。所以，设计者应多开展小组合作，同时要求教师随时观察和引导学生的活动。在培养交往——人际关系智能的教学中，教师一定要注意如下事项：一是注重师生之间的情感沟通；二是尊重学生的个体差异；三是要培养学生的多元价值观。

教师在教学中，应该适当引入合作学习，让学生在课堂上分组讨论，敢于发表不同意见和想法，得出不同的解题方法，以触发学生的发散性思维。在设计开放性的任务或难题时，小组成员分工协作，积极动手探索，"在做中学"，让每一个学生都能平等地积极参与学习过程。

五、利用信息技术和实物展示，培养"空间智能"

视觉——空间智能是对结构、空间、色彩、线条和形状的感悟能力，包括用视觉手段和空间概念来表达情感和思维的能力。培养学生空间智能最直接的手段就是走进真实空间或利用实物展示进行直观教学。如多媒体有利于将运动变化的题型用动态的形式展现；板书结构有利于学生形成知识结构；知识结构网络图有利于学生的直观认知，有助于知识的重整。总之，形象化的辅助教学，有助于激活视觉——空间智能，并且容易提高学生学习的兴趣，取得更好的学习效果。教师在平时教学中可以利用多媒体教学设备来辅助教学。多媒体教学设备包括影视资料、图片资料、模型、雕塑等，利用这些工具辅助教学，形象化的展示有助于学生空间智能的激活。通过教师的问题引导，激发学生观察物体从而去探索问题的能力，有助于学生自然观察者智能的培养。

六、设计课后反思，培养"内省智能"

自我——自省智能体现在对所学的知识进行总结和反思，找到带有规律性的东西，找到新旧知识的联系，使知识条理化和系统化。每一节课结束我们都会带领学生进行总结反思，但形式都过于简单化，如提问学生"你今天有什么收获？""我们今天学了什么知识？"

之类，学生的回答也都是仅仅针对知识点进行回答。"综合与实践"课的学习往往不是简单学习一个知识点，所以设计者应结合不同学生的特长设计形式多样的课后作业，比如喜欢写作的学生可以写篇小论文；喜欢画画的学生把学习中印象最深刻的场面画下来，等等，所有这些都是帮助学生整理和反思学习方法和学习中存在的问题，培养学生的反思意识，提高学生的自我—自省智能，还有利于教师及时了解、指导学生，从而不断完善自己的教学方法和策略。

在教学中，教师指导学生整理、反思学习方法和学习中存在的问题，书写学习心得，有利于培养学生的反思意识，还有利于教师及时地了解学生在学习中遇到的困难，从而能够帮助他们解决问题。

七、融入音乐元素，提高学习效能

音乐能吸引学生的注意力；音乐能增强记忆；音乐能缓解紧张气氛，创设积极愉快的心理氛围，能使学生更加愉悦、自信和友爱地进行学习。

我们可以在教学的环节中适时地设计一些音乐的播放，来吸引学生的注意，同时能提高学生的音乐 - 节奏智能。

（1）预备铃后准备阶段。预备铃响后到正式上课的 2 ~ 3 分钟，教师在教室播放一些舒缓的音乐，让学生们受到这种气氛的感染而很快安静下来，从而为上课创造很好的心理气氛。

（2）复习知识。上课正式开始，在播放节奏缓慢、匀称而庄严的音乐时，教师引导学生复习以前学过的知识，可以有提问、小测验、叙述、比赛、竞答等形式，尽量使学生全员参与。

（3）新知识学习。可以播放节奏缓慢、深沉而有激情的古典音乐，但是声音一定要低，不至于误引学生只听音乐不听知识。伴随着音乐节奏，有声有色地讲授教学内容。学生动手操作时，可以播放激励性的音乐，让他们增强自信，并提高操作速度。

（4）巩固新知识。运用多种形式，如练习、讨论和小结，帮助学生掌握新学的知识。音乐的选择也可以多元化，以适应不同学生的不同要求。比如，在小组讨论时，播放曲调活泼、节奏稍快的音乐，可以创造自由的心理气氛，鼓励学生大胆发言。

（5）课堂小结。让学生归纳小结或师生共同小结，使已学的知识系统化、条理化。此时可以播放较欢快的乐曲。

八、密切联系生活实际，培养"自然观察智能"

每个学生都是天生的自然观察者，虽然其能力有强弱之分，他们天生就喜欢接触自然、回归自然，对自然万物的变化非常敏感，有着很强的观察力。而具有较强特质的学生，在生活中会呈现出敏锐的观察力与强烈的好奇心，喜欢亲身体验自然界的奇妙，并对事物有特别的分类、辨别、记忆的方式，所以我们要多提供学生接触自然的机会，尊重他们的体验和感受。在教学中要培养孩子的自然智能，一定要多提供机会，让他们接触自然，比如实物的展示，影像的播放，最好的方式就是能走出教室，走进大自然去教学，而"综合与实践"就是需要进行自然教学的课程，我们需要走进农田，走进果园，走进校园……同时在接触和了解自然的过程中，需要学生有一颗平和而豁达的心态来观察和体验，在和谐的氛围中培养并提高学生的智能。

九、鼓励学生参与，提升存在价值感

课程是一个动态化的过程，需要教师和学生的参与、交流和体验。课程的实施必须以学生为主，离不开他们积极、有效的参与，应体现学生在教学中的活泼、民主和自由。在数学教学中，教师既要提供适宜、丰富、有趣的活动内容让学生参与，又要创设一个民主和谐、自由宽松的课堂氛围，同时还要保证充分自由的时间和空间，使知识与技能、过程与方法、情感与态度达到真正的和谐统一，让学生在活动中学习、求知和探索，提高参与数学学习的积极性和有效性，从而提高课堂教学效率。在整个教学活动中，学生都全身心参与其中，有问答，有练习，有讨论，有交流，有操作……他们知道自己不是教室的摆设品，能感觉到自己的存在，知道自己在教室中是有价值的，从而提高学生的存在智能。学生是教学过程中的绝对主角，所以在教学中首先应该确立学生的主体地位，而不是进行填鸭式教学，让学生自主探索，自己动手操作，总结经验，得出结论，提高学生的学习自信心，明确自己在课堂中的价值，培养存在智能。

第二节 小学数学综合实践活动课程的设计原则

一、综合性原则

小学数学"综合与实践"是一个综合性很强的学习领域，这一领域内容的学习重点不是让学生掌握知识或熟练技能，而是让学生运用所学的知识与技能提出或解决现实情境中的问题。综合性体现在以下三个方面：第一，学习空间上要求结合课内和课外；第二，学习内容上要在数学内容中穿插自然、美术、品德与生活等学科的内容；第三，活动方式上需要学生进行观察实验、操作、推理、交流等活动，需要与他人交流、合作、竞争，需要运用各类知识、各种方法去实践、探索。例如：四年级下册的《我们去春游》的案例设计。该案例中，一方面既有数学的整数乘法、时间及小数加减法的知识，又穿插了语文的调查知识、地理的看地图技能等，体现了学科知识的综合性。另一方面，学生首先要了解景点之间的路线图及乘车时间、车型选择、租车等信息，再通过讨论，确定解决这些问题的方式与手段，体现了学习方式的综合性。所以，教师在活动主题的选择上，以及具体活动阶段的设计上要注重综合性原则。

二、现实性原则

学生学习和研究的小学数学"综合与实践"的内容都是生活中的数学问题，所以在设计时应结合学生的生活经验。现实性原则包括两方面的含义：一方面，在设计之前，应先了解学生的社会实际和社会生活的方方面面，从而使学习内容的设计更贴合学生的社会实际和社会生活的问题，使学习活动来源于学生的生活，再运用到他们的现实生活中去；另一方面，在活动中让学生灵活运用自己的方法学习数学，把数学知识应用到自己的生活中去，并从中体验到数学来源于生活，生活中处处有数学，提高应用数学知识解决实际问题的意识，从而体验数学应用于生活的乐趣。

三、趣味性原则

趣味性是针对儿童的年龄特征而提出的。小学生的学习在一定程度上还依赖兴趣，学生感兴趣就会全神贯注，不感兴趣就会心不在焉。而如果是发生在他们身边的事，熟悉的生活场景或是学习过程中能够动手操作、动脑思考的也是他们最感兴趣的，也最能激发其探究的欲望，更容易促进课堂的互动生成。学生是"综合与实践"活动的不二主角，因此对于案例的设计者而言，设计的教案要能够适应小学生天真率直的特点，能够让他们有参与的积极性。因此，设计上的趣味性应尽情呈现，主要体现在以下三个方面：一是形式上的活泼，这应从活动的组织方面多多考虑，不能仅仅在教室中通过看一看、读一读来学习，而要根据课题的内容组织形式多样的活动，比如四年级下册"美妙的'杯琴'"可以设计为小组合作，动手操作探究，五年级上册的"了解我们周围的家庭"可设计为一次校外的调查活动；二是场所的生动，小学生们都特别喜欢体育课，而常态下的数学课都是在教室内进行的，对于"综合与实践"来说，它本身有很多内容就应该设置在课堂外，甚至在校外进行，在一个生机勃勃的天地里，自然会激起孩子强烈的参与欲望，如一年级上册的"丰收的果园"是最佳活动地，三年级上册的"农村新貌"走进新农村是最佳选择等；三是激励的促进，这是一个激励机制的问题，小学生天生有一种争强好胜的品行，所以在活动中应给孩子们精神或物质上的激励，进一步激发他们的积极性；另外，可以引进竞赛机制，让他们在小组的合作和竞争中不断进步。

四、开放性原则

开放性主要是根据小学数学"综合与实践"的性质而定的。首先，它的内容来源是开放的，学生有较大的自主选择余地，可以满足学生的各种需要，所以设计者在选题时应面向学生的整个生活世界和社会生活，帮助学生从自己的生活世界中选择感兴趣的主题和内容，帮助学生感受和体验生活，让学生广泛接触社会生活，主动与他人交往，获得最新信息，使学校教育、家庭教育、社会教育紧密结合在一起，扩大数学教育的空间，使学生充分感受数学与社会的联系。其次，小学数学"综合与实践"的学习形式也是开放的，活动可以打破班级授课制的局限，不仅可以在室内进行，还可以在室外、校外进行，广泛采取"走出去、请进来"的方式，把社会、家庭作为活动的空间。这就是设计者应该给学生提供的学习环境。最后，小学数学"综合与实践"的结果也是开放的，所以对于设计者来说，不是设定好每个环节，而是应该给予学生活动的建议，并关注学生在活动过程中所产生的学习体验和创造性表现，在整个活动中要始终体现学生的自主性，并且在活动过程中随时关注学生所得的成果和出现的问题，肯定得到的结果并及时解决问题，以帮助学生进一步去探究。

第三节　小学数学综合实践活动课程的多元设计

基于多元智能理论和不同年级学生的认知发展水平，分别设计课程结构体系、课程教学模式、课程评价方法，以推进小学数学综合实践活动课程的有效实践。

一、课程结构体系设计

小学数学综合实践活动课程体系是以实践创新能力发展为目标，以"实践—思维—创新"三层进阶课程结构为核心，对应开发"生活数学""数学游戏""数学文化""高阶思维""科技创新"等螺旋上升型课程内容。在设计该课程体系时，需要遵循循序渐进的原则，即随着学生年级的递增，数学综合实践活动的课程内容会不断深化。

具体而言，关于生活数学教学内容的开发，在低年级中，该领域的内容主要是生活中的现象；中高年级后，则涉及的是解决生活中实际的数学问题。数学游戏教学内容的开发，在低年级阶段，主要涉及简单且容易理解的游戏，如七巧板；中高年级的数学游戏内容则变得复杂，如数独。数学文化教学内容的开发，在低年级阶段，主要开发童趣内容，如动物会认数吗？在中高年级阶段，数学文化内容主要涉及一些抽象的概念，如数学与通信技术。高阶思维教学内容的开发，针对低年级阶段的学生，主要关注内容的理解，如说题意；而中高年级阶段则关注问题的解决、统筹问题等。科技创新内容的开发，低年级的学习内容主要是简单操作系列，如数学绘画；而随着年级的上升，科技创新教学内容则强调问题创编、数学实验、创意搭建以及发明创造。

二、课程教学模式设计

针对小学数学综合实践活动课程体系，设计"双结合"教学模式，确保课程实施和目标实现。整体而言，"双结合"是主线，是指在教学模式的选择与开发中，既要结合具体的数学综合实践活动教学内容的属性，又要结合不同年级阶段对应的认知发展特点。具体来说，根据小学数学综合实践活动课程结构体系的五类课程内容，"双结合"教学模式又内隐五种不同的教学策略。

首先，"双结合"生活数学教学模式，主要针对数学综合实践活动课程中的生活数学这一内容，以不同年级阶段学生的不同生活经验为背景，开发相应的教学策略。具体包括如下步骤：观察发现—自主探究—交流讨论—总结提升。在具体的教学情境中，这四个环节会根据不同年级阶段学生的认知水平特点设置不同的要求，如总结提升环节，低年级阶段只需做口头总结，而高年级阶段则需要撰写反思日志。其次，"双结合"数学游戏教学模式，以游戏为媒介，以不同阶段学生的兴趣爱好为根本，通过如下教学流程开展教学活动：观情境—释规则—试方法—玩游戏—作评价—溯根源。在这几个环节中，对不同阶段的学生具有不同的要求，如"玩游戏"中，要求低年级阶段的学生完成一个图文结合的游戏总结，而高年级阶段则需用思维导图等工具进行概括。第三，"双结合"数学文化教学模式，主要针对数学综合实践活动课程中的数学文化内容，一方面，以数学知识与文化加以整合为关键点，设置如下教学环节：独学—交流—小结—创作；另一方面，根据不同年龄段学生的数学知识与文化的不同储备情况，在四个教学环节的具体操作中也存在差异，如在低年级阶段中"独学"环节中，引导学生能听懂"数学"文化素材，而高年级阶段则鼓励其自主阅读相关材料。第四，"双结合"高阶思维教学模式，主要针对数学综合实践活动课程中的高阶思维教学内容。由于高阶思维教学内容强调问题解决的过程，因此该教学模式流程彰显该属性，具体包括如下环节：自主探究—交流互动—质疑问难—评价反思。同时，在这四个教学环节中，教师需要考虑到不同年龄阶段学生在问题解决中的特点，分别设置不同的活动或任务要求，如在自主探究环节，针对低年级阶段，要求学生根据提供的材料进行探究活动；而中高年级阶段，通过分小组让学生分析问题，然后制定探究计划。最后，"双结合"科技创新教学模式，是实施数学综合实践活动课程中科技创新教学内容时所采用的，以科技主题为桥梁的教学模式，其教学流程具体包括自主探究—合作交流—归纳概括—应用创新。同时针对不同阶段学生的科技素养，各个环节的开展略有不同，如应用创新，低年级主要引导其能够以绘画的方式呈现科技创新作品，而高年级阶段的学生，则需开展系列调查活动，形成调查报告、撰写小论文等。

三、课程作业评价模型设计

小学数学综合实践活动课程的开设能否提升学生的实践创新能力，其关键因素在于教学评价，根据不同课程内容和学生水平，设计多元立体作业评价模型。在学生实践创新能力评价中，教师以多元立体的方式开展，将形成性评价与终结性评价加以整合，既可以了解学生在一段时间学习后的实践创新能力的发展成效，也可以关注其日常的实践创新能力表现。

"多元"主要体现在内容和形式层面，作业评价从单一内容考察走向多元内容评价，设计的数学综合实践活动课程作业具有多样性，即结合各种具体的内容，分别布置算、读、讲、画、做、测、查、实验等形式的作业，各种形式的作业与各年级各模块的知识有机结合并各有侧重。"立体"主要体现在作业的"持续性"和"层次性"。在"持续性"上，分别布置课前自主探究型作业，设计课中任务型作业，设置课后拓展型作业。其中，课前自主探究型作业是针对即将学习的综合实践活动课程内容，布置相关的预习作业，并在课程伊始，检查学生的自主学习情况，为学习新内容做准备。课中任务型作业是在课堂课程的学习过程中，对综合实践活动的特定课程内容设置任务，根据学生任务的完成情况，教师能及时了解学习进展。课后拓展型作业，是对课堂知识的拓展，通过特定形式作业的布置，鼓励学生应用所学知识，其形式往往是综合性的任务，如调查报告、作品制作等。"层次性"是指根据不同学生在数学知识基础、兴趣程度、学习能力等方面的差异，分别布置相应的作业，已形成四种层次的作业，分别是基础题、提高题、拓展题、挑战题。在布置作业方面，改变过去只做练习题的习惯，尽量使作业形式多元化、生活化，如"数学小日记""数学童话""生活数学采集""思维导图""生活中的数学小调查""小发明作品"等，培养学生喜欢数学、热爱数学的情感，以及探究精神和创新意识。学生对这类作业感兴趣，能做到"学以致用"。

第十章 面向逆向思维培养的小学数学微课设计

第一节 逆向思维基本知识与理论基础

一、基本知识

（一）逆向思维

国内外诸多学者都对逆向思维进行了深入的研究与探讨，在对逆向思维的内涵进行界定时，多数学者都认为逆向思维是与常规思维是相对的，从常规思维的对立面去寻找解决问题的新思路。在诸多定义中，我国学者黄希庭所给出的定义被广泛认可，他认为："逆向思维是颠倒常规的思维方向，从对立的方面去寻找解决问题的办法的思维"。本研究所提及的逆向思维是指：以原有的常规思考问题的思维方式为基础，将思考出发点设置为原有思维方式对立的方面，追本溯源，进行思考的过程。

（二）小学数学逆向思维

小学数学逆向思维在本研究中指学生在遇到数学问题时思考解决问题的一种思维方式。具体来讲就是敢于突破常规，在运用常规思维进行思考比较困难或无法继续进行时，从对立的角度去思考和解决小学数学学习中遇到的问题的思维过程。在小学数学学习中，这种思维方式往往会帮助学生解决许多难题，从而增加学生学习数学的兴趣和信心。小学数学逆向思维具有以下三个特点。

1.小学数学逆向思维的生活性

小学数学逆向思维是生活化的思维，实用性强，解决的很多问题都是源于生活。小学数学的逆向思维也将对学生日常思考问题、解决问题的方式产生影响。

2.小学数学逆向思维的广泛性

小学数学逆向思维是面向多数人的思维方式，而不是精英思维。小学数学逆向思维作为基础教育数学思维培养的一部分，其所传授的知识与方法会考虑到所有人的需求。

3. 小学数学逆向思维的初始性

根据皮亚杰的相关理论，小学儿童逆向思维能力发展处于起步阶段，在小学数学学科培养学生的数学逆向思维能力也是学生数学逆向思维发展的初始阶段，在小学阶段对学生进行系统科学的数学逆向思维培养，将为其日后的数学学习打下坚实的思维基础。

二、理论基础

（一）认知发展理论

皮亚杰是 20 世纪伟大的心理学家，他的认知发展理论在儿童认知发展理论界有着广泛的影响：在皮亚杰之后有诸多学者都继承和发展了皮亚杰的理论，罗比·凯斯以皮亚杰的理论为重要基础，在吸收了经验论和历史文化派独有的一些概念之后，提出了"过程—结构"理论；费舍把皮亚杰的认知发展理论同斯金纳的新行为主义理论进行了融合，把环境的作用提到了与儿童自身建构同等重要的位置；卡米洛夫·史密斯试图把先天论与皮亚杰理论进行融合来完善皮亚杰理论等。

皮亚杰通过对儿童个体认知发展的不断认识与研究，将认知发展分为了四个阶段：感知运动阶段、前运算阶段、具体运算阶段和形式运算阶段，这四个阶段都各自有其鲜明的特点。在具体运算阶段之前，大多数儿童思考问题的方式比较单一，思维的方向不可改变。在具体运算阶段，儿童年龄为 7 ~ 11 岁，与前两个阶段相比，这个阶段儿童思维具有守恒性、脱自我中心性和可逆性，守恒性和可逆性是这个阶段思维的重要特征。四年级学生处于 10 ~ 11 岁这个年龄阶段，正是学生思维可逆性形成和发展的重要时期，在这个阶段对学生进行逆向思维的训练和培养，将对学生的思维发展产生非常重要的积极影响。

（二）最近发展区

苏联心理学家维果斯基曾提出一个著名理论——最近发展区理论。他认为学生的发展具有两种水平，一种是学生现有的能力和水平，具体一点来说就是学生不借助任何人的帮助，独立进行活动时所能达到的水平；另一种是学生潜在的发展水平，也就是借助旁人的帮助所能达到的解决问题的水平。这两个水平之间的差距，也就是学生借助旁人帮助所能达到的解决问题的水平和现有水平之间的差距，维果斯基称之为最近发展区。最近发展区理论作为指导教学的一个重要理论，在全世界教育领域都产生了深远影响。

本研究的一个重要目的在于培养四年级学生的逆向思维，在进行微课的设计与教学时，需要考虑学生当前的逆向思维发展水平，确立好学生的"最近发展区"，做好教学内容的设置与安排，这样才能使学生能够同化所学到的知识，才能使微课产生良好的教学效果，进而达到培养学生逆向思维的目的。

（三）支架式教学

支架式教学，简单来说就是，学习者在他人的帮助下完成学习者无法独自完成任务的一个过程。当学习者无法独自完成任务时借助他人提供的帮助，在他人指导下进行学习任务，指导者的帮助随着任务的进行逐渐减少，直至学生可以独立完成学习任务。支架式教学将监控学习和探索的责任由指导者向学习者转移。

为了引导学生形成对逆向思维整个过程的认识，在设计微课时对解决问题的思考过程进行分解，分解为学生适合四年级小学生认知特点的步骤，通过图片与动画展示启发学生对每一步的理解，加上录屏讲解的引导，逐步使学生明白每一步思考的目的。之后要求学生在没有讲解说明的帮助下，根据对每一步的思考列出算式，在列出算式时出示相关多媒体素材并说明算式所要表达的含义。

第二节　小学生数学逆向思维培养现状

一、学生方面现状分析

（一）对数学和逆向思维的兴趣

从调查结果可以看出，大部分学生对数学学习感兴趣，他们学习数学也非常积极主动，能够经常在课前主动预习数学知识，少部分学生对数学缺乏兴趣，做不到主动预习数学知识，缺乏学习数学的积极性和主动性；只有不到五分之二的学生喜欢或者比较喜欢从问题的反方向思考，说明平时教师在这方面对学生的引导较少，学生的思维缺乏训练，导致学生思维的灵活性较差；对开放性的数学题，大部分学生都比较感兴趣，都喜欢自己动脑去思考解决难题，说明大多数学生还是愿意思考并锻炼自己的思维能力的。这些分析表明，虽然学生自己可能意识不到，但是大部分学生具有提升自己的数学能力和训练自身的数学思维的意愿。

（二）数学学习的习惯和方法

从调查结果可以看出，只有部分学生课堂上有不同想法，会主动向教师说明并提问，这部分学生上课时思维比较活跃，能跟上教师的思路并主动思考问题，另外一部分学生在课上有想法也不会说出来或者没有想法，这部分学生缺乏主动思考的习惯或者说课上注意力不够集中；有部分学生在做题时尽量从不同的角度思考，寻找最简单或者最适合自己的解题方法，持相反态度的学生人数不到总人数的一半，他们几乎不会去多角度考虑问题，还有一部分学生是因为题目难度而放弃思考，说明一半以上学生在思考问题时的思路还是比较单一，思路较窄，没有形成灵活多维的数学思维，需要在今后的学习中勤思考多练习；在学生会多种解题思路的前提下，大部分学生会比较各种方法，从而寻找最适合自己的，说明绝大多数学生还是会主动寻找最优解，不寻找其他的解法主要还是因为思路较少，形成了一定的思维定式，思维受到了局限；在面对是否愿意通过做思维训练题来提高自己的思维能力时，大部分学生表示喜欢或者比较喜欢，少部分学生表示一般或者不喜欢，说明学生对数学学习的兴趣和探索好奇心还是很丰富的，只要加以良好有效的引导，学生的思维将会得到很大的提高。

（三）逆向思维的认识和运用

在涉及对逆向思维的认识方面，认为从问题的反面来思考感觉困难和容易的学生几乎各占一半，但是对逆向思维了解的学生不到十分之一，绝大多数学生对逆向思维并不了解或者说只了解一点；在涉及逆向思维的运用方面，只有四分之一的学生经常或者比较经常地对难以直接解决的应用题进行逆向推导，从而尝试获得解题新思路。四分之三的学生在遇到这个情况时没有逆向推导的意识，这说明教师在平时的教学中对这方面的引导还不够，学生的思维还是"单向车道"，直来直去的思维，没有形成"条条大路通罗马"的多角度思维方式；大部分学生都认识到了学习数学需要训练多角度思考问题的能力，因为数学学科尤其是小学数学学科，学生在学习时没有繁多的公式和定理的辅助，必须依靠思维的灵活性，这也是小学数学所独具的特点，不能只依靠记忆公式和定义来学习数学，还必须学会灵活思考。

（四）教师培养逆向思维的意识和学生对视频教学方式的态度

从数据结果可以得知，仅有十分之三的学生反映自己的数学教师教过他们有关逆向思维的习题，大部分学生没有接触过这方面的知识训练，说明教师在培养学生逆向思维方面缺乏相应的重视，学生无法接受优质有效的逆向思维训练；在教师是否鼓励学生多方法解题的问题上，五分之三的学生表示自己的教师经常鼓励他们这么做，但仍有五分之二的学生反映自己的教师并不鼓励学生多方法解题，这些教师中许多人认为"掌握一种解题方法就足够了，学习再多方法考试也用不上，白费力气"，耽误学生的思维发展，影响学生数学逆向思维的培养，进而影响学生良好数学思维的形成；在学生对视频教学的态度方面，绝大多数的学生接受并且喜欢从视频中学习知识，有超过一半的学生还在遇到问题时主动从网络上寻找视频教学资源来解答自己的疑惑，说明多数学生认可和喜欢视频教学资源，也从另一个角度印证了学生对微课这种现代化的视频教学手段的接受程度较高，这也为之后的微课教学奠定了良好基础。

二、教师方面现状分析

（一）教师对逆向思维的了解

有些教师了解一些，但是了解的不是很多，对逆向思维的了解也是从数学习题中发现的，碰见这类题目他们会简单向学生讲解一下，虽然感觉这些内容很有用，但是感觉教这些东西也对学生的成绩产生不了多大的效果，而且因为工作较忙，也没时间去研究这些内容。

有些教师专门了解过逆向思维，看过一些逆向思维的相关文章，在教学过程中也会有意识地向学生传授这种思想，但限于本人教学任务和其他条件的约束，没有专门就逆向思维组织过专门的练习。

多数教师表示了解一些，但是了解得不是很多，对逆向思维的了解仅限于几个数学习题，有时碰见这类题目会简单向学生讲解一下，对逆向思维的解释也是一带而过，只有少数教师表示自己看过逆向思维的相关文章也在教学过程中渗透着这种思想，但也没有专门就逆向思维组织过专门的练习，从访谈得到的结果来看，实习学校的逆向思维培养现状并不乐观。

（二）对培养学生的逆向思维能力的认同

所有教师都认为应该培养学生的逆向思维能力，但是部分教师认为虽然数学学习是培养学生数学思维的过程，可理想和现实总是有差距的，作为数学教师，要关注的是学校布置的学习任务和学生成绩的提高，专门培养学生的各种思维，在目前的这种教学环境下很难实现，而且他们也并不知道如何去做。

还有部分教师认为学生思维能力提高势必对学生学习产生积极的影响。但要在繁忙的教学任务中抽出时间来专门培养学生的思维，恐怕很难实现，除非学校大力支持，提供各方面的便利条件。

虽然教师都认为有必要培养学生的逆向思维，但是他们的想法只停留在思考的阶段，大多数教师并没有付诸实践，只有少数教师在教学中穿插渗透着向学生传递一些逆向思维的知识，带有"顺带着"的意味，并没有专门针对逆向思维来进行专门的培养教学。

（三）引导学生从不同角度展开思路进行分析和解答

部分教师会经常引导学生多角度思考，也比较注重学生多方法解题的能力，碰到相关习题会积极引导学生用多种方法来解题，有时也针对这类习题开设专门的习题课，培养学生多法解题的能力。因为一题多解在小学数学中还是比较常见的，培养学生这方面的能力，也会使学生以后学习数学时有更好的基础。

部分教师认为学生会一种解题方法就足够，没必要会太多种解法，考试也用不上，对于学生提升成绩也没有太大的帮助，考试只要能解出答案就可以得分，一题多解更适用于学习成绩比较好的学生，学有余力的时候他们可以提升自己，对于许多学生来说，一种做法都学不会，让他们学习一题多解确实有困难。

一半的教师比较注重学生多方法解题的能力，碰到相关习题会积极引导学生用多种方法来解题，会针对这类习题开设专门的习题课，培养学生多法解题的能力，大约四分之一的教师有时会教学生一题多解，其余的教师表示学生会一种解题方法就足够，没必要会太多种解法，考试用不上，这三种态度基本代表了教师对一题多解的看法，从访谈得到的结果来看，教师对学生数学思维培养的意识还不够，需要加强。

（四）在工作、学习和生活中对逆向思维的应用

部分教师虽然应用过，但是在用的时候并没有意识到，他们在遇到问题的时候并没有时间考虑用的是什么思维啊，而且感觉很正常，就是平常解决问题的正常方法。例如空城计、司马光砸缸、反其道行之这些都告诉我们有些事需要逆向思维。

多数教师表示自己应用过逆向思维来解决工作学习和生活中的问题，但是在解决问题的时候，很少有教师会意识到自己使用了逆向思维，思考与解决问题完全是一气呵成，可见，逆向思维是存在于他们意识之中的，大部分教师应用过这种思维模式来解决问题。

（五）在小学数学教学中培养学生逆向思维能力的困难

有教师认为，就目前来看，大家的教育理念还没有发生什么根本性的变化，检验学生是否学好一门课的最好方式就是看他的考试成绩，这种评价方式也对教师有着很深的影响，有心教学生一些数学思想，训练学生的数学思维，但是教学任务实在是繁重，课时也有限，批改学生的作业也需要不少的时间，学校也不能提供相应的支持，这些都是现实存在的困难。

有教师认为，在现在这个环境下进行专门化的逆向思维培养不太现实，因为涉及的东西太多，比如对教师能力的要求，对教师时间的要求，对学校和年级的各种要求，等等。目前最好的培养学生逆向思维的方式就是在课堂中慢慢渗透这类知识，使学生潜移默化地接受这种训练，从而增长他们这方面的能力。

虽然数学学科在小学课程中属于比较重要的科目，也深受学校和教师的重视，但目前情况是学校仍然将知识的传授视为重中之重，对学生各方面能力的培养缺乏相应的重视。许多教师认为在小学数学教学中培养学生的逆向思维能力最现实的方法就是在教学过程中有意识地穿插这类的知识，对学生进行潜移默化的影响，开设专门的逆向思维培养课程实在是不太现实，因为教师的课时有限、精力有限、能力也有限，也没有学校和年级对相应做法的支持，这些困难都限制了逆向思维培养的"专门化"。

（六）在教学中使用微课的情况

部分教师并没有将微课真正意义上用于课堂，制作与使用微课更多是迫于各种活动，参加各种比赛，想拿奖为自己以后评职称提供帮助。

部分教师有过相关的尝试，认为自己制作微课进行教学，课堂效果和教学效果都不错，能够吸引学生的兴趣，学生的课堂表现也比较积极，以后如果时间充足还会进行类似的尝试。

我国属于引入微课较早的国家。对于这个问题，所有的教师都表示自己接触过微课，只不过多数教师制作微课的目的在于参加比赛而不是用于课堂，只有两名教师表示自己

课上使用过微课而且取得了很好的效果，以后还会进行类似的尝试，这两名教师在谈及使用微课的感受时都提到了微课简洁明了、能够吸引学生的注意力，提高课堂的参与度。

第三节　逆向思维培养的微课设计

一、设计原则

（一）微原则

微课的一个十分突出的特点就是"微"，它所表示的含义为言简意赅、短小精悍、重难点突出，所以说微课更能吸引学生的注意并能产生良好的教学效果。体现在微课的设计中的"微"主要包含以下两个方面。

1. 微课教学内容的选取

在设计微课之前要对微课的教学内容进行选择与安排，这里要突出"微"。一节微课所要传授的知识不能太多、太杂，最好以一个知识点、一个方法（技能）为主，否则太多的知识量会冲击学习者的大脑，造成学习者无法有效地接受微课视频中所要传递的知识或者技能，给人混乱而没有条理的感觉，微课设计的意义也就不复存在。在小学数学微课选取教学内容时，最好把课程内容进行仔细的划分，分成许多单个的学习内容，这些单个的学习内容尽可能地只包含一个知识点，之后把这些知识点分别做成微课并串联起来，形成一个完整的知识体系。

条厘清楚、种类划分明确的知识更有利于逆向思维的培养。并不是所有的问题使用逆向思维都能够解决，有些适用于常规思维解决的问题，使用逆向思维进行思考反而比较困难甚至行不通，因此在内容上要选择恰当的知识点，每一个知识点都反映一个逆向思维解决实际问题的方法或者思路，使学生融会贯通，达到培养和训练学生逆向思维的目的。

2. 微课制作时长的安排

微课的教学时间也是体现微课之"微"的另一个重要方面。当前对微课的设计基本上都有一个共识——微课的时间最好不要超过 10 分钟。因为多数小学生课上注意力集中的时间不是很长，他们对一件事物集中注意力很难超过十分钟，甚至更少。因此，在微课时间的安排上，也要着重体现微课之"微"，将微课的时间进行精简，微课中的内容都是经过设计者精心的安排，不能出现浪费时间的情况。在对小学数学微课进行设计时，要充分考虑学生的注意力集中时间，因为学习者尤其是孩子，注意力在集中的时候学习效率是最高的。注意力集中更有利于学生的思考，在自我头脑中不断地发生认知冲突，在这些认知冲突过程的解决中逐渐形成自己的逆向思维能力。

（二）学习者中心原则

美国教育家约翰·杜威提出的"新三中心"论对近代教学产生了深远的影响，其中就包括教学要以学生为中心。微课也属于课程的一种，只是表现形式区别于传统课堂。其实无论是哪种教学方式，都要以学习者为中心来进行教学。从学习者的角度去思考教学、去设计教学，了解学生的思维发展水平、学习兴趣和需要都将对教学产生积极的影响。当前的小学生正处于我国现代化的高速发展时期，他们对各种现代化的电子产品与教学工具的接受能力也较强，兴趣也高，使用微课也契合了他们对现代教学技术手段的需求。

教学面向的是整个班级而不是某一部分学生，在小学数学微课设计过程中，要考虑学生的知识背景，考虑不同学生接受知识的能力，要使绝大部分同学能够接受微课视频中所要传递的教学内容，进而达到使他们同化这些知识的目的。另外，在设计微课时也要考虑学生的兴趣，按照需要设计场景类的动画，充分调动学生学习的积极性和主动性，让他们对教学内容产生更深的理解，从而达到更好的教学效果。思维更容易在现实的问题情境中得到训练，逆向思维也不例外。在微课设计的过程中加入情境化的现实问题更有利于激发学生的思考，在教学中让学生做学习的主人。微课主要用来启发学生，引导学生进行思考，逐渐使学生掌握解决问题的整体思路，进而培养学生的逆向思维。

（三）循序渐进的问题驱动原则

由于本书设计的微课主要是为了培养和训练小学生的数学逆向思维能力，为了使学生的思维能力得到发展，就必须不断地让学生自主思考，去发现，进而达到思维能力培养和训练的目的。这就需要在微课的教学中不断地设置问题，根据维果斯基的最近发展区理论，在设置问题上遵循循序渐进的原则，每次学生完成一个问题后又提出一个相较于上一个问题难度更大的问题，不断对学生的思维进行刺激，锻炼他们思考问题的能力。当然，由于微课的教学内容和时间有限，学生对于新知识新技能的接受能力有限，问题的设置也要考虑这些因素，问题的难度和数量都要与微课的教学和学生的接受能力相适应。

二、逆向思维学习过程模型

逆向思维学习过程模型是由美国加州理工大学的著名学者多林·尼尔森教授最早提出的基于设计的操作模型，传统的教学是顺向思维模式，往往重视知识而忽略实践能力。多林·尼尔森提出的"逆向思维学习过程"强调把"先做"的理念融入教学，变被动接受为主动获取，通过设计、实践，再设计、再实践的迭代过程，不断挑战任务同时获取"知"，在达到学习目的的同时也培养了学生的创造性思维和实践能力。该学习方法的主体是学生，激发学生的学习兴趣和引导学生主动学习是逆向思维学习过程学习的目的，其重点不是关注学生的考试成绩，而是学生的创造力和解决陌生问题的思考方法，这也是学生缺乏的思维方式。

尼尔森教授设计的学习过程模型步骤为：第一步，需要教什么？确定基础课程的一个主题或概念；第二步，从课程中找出问题；"1/2步"，把问题转为一个"从来没有碰到"的挑战任务；第三步，根据课程的目标和内容设计评估标准，制作两张表单"不需要的"和"需要的"；第四步，让学生"试试看"；第五步，教授传统的指导课程；第六步，学生修改设计。尼尔森教授的逆向思维学习过程模型思想对本研究微课的设计有许多的启示。

结合本研究的实际情况，提出了微课设计的基本流程：

第一步，确定恰当的教学内容（选取知识点）；

第二步，根据教学内容和学生的知识背景设计现实的问题情境（设置挑战任务）；

第三步，设置引导学生对问题进行思考环节，鼓励学生提出自己的想法；（给学生时间去检测自己想法的可行性，让学生试着去解决问题）

第四步，根据问题情景设计相应的解决问题的简要思路，并设计思路引导素材（使学生明白此步骤的作用），引导学生自己思考解决问题的思路；

第五步，设置任务，让学生根据第四步观看的思路引导，写出解决问题的全过程，并写出自己每一步的思路；

第六步，回顾并总结对问题思考的整个思维过程，展示完整的解决问题思路。

与尼尔森教授的逆向思维学习过程模型相比，以上微课设计流程第一步是相同的，都是确定教学内容（知识点），在第二步的设置环节，受学习过程模型的"二分之一步"——陈述一个从未见过的挑战的启发，微课在这一步根据教学内容和学生的知识背景设计现实的问题情境为学生设置挑战，明确要解决的任务；第三步与模型中的第四步有着相同的作用，让学生自己思考（动手）并验证自己的想法；第四步的引导环节与学习模型中的第五步教师指导相对应；第五步设置任务让学生对问题进行再思考，使学生独自体会解决问题的思路，并自己做出答案，与学习模型中的第六步学生反思设计，重新建立模型相对应；第六步，由于教学内容的特殊性，以学生体验思考解决问题的思路为目的，将整个问题解决的思路进行回顾，加深学生的印象。

尼尔森的逆向思维学习过程模型主要为了改变传统顺向思维背景下重视知识而忽视实践能力的培养的现状，本书根据尼尔森教授的理念与学习过程模型所设计的微课设计流程主要是为了改变传统课堂重视知识传授而忽视学生思维能力培养的现状，二者有很多相似的地方，但又不能一概而论，所以在设计流程上有许多不同之处，但核心部分是相似的，逆向思维学习过程模型通过设计、实践，再设计、再实践的迭代过程，不断挑战任务同时获取"知"，在达到学习目的的同时也培养了学生的创造性思维和实践能力。

微课设计流程是通过学生思考、实践，再思考、再实践的过程对学生的思维进行不断地刺激，使学生逐渐掌握逆向思维的思考方式，进而达到培养学生逆向思维能力的效果。

三、教学分析

（一）学习者分析

教学面对的对象是小学四年级的学生，一般为 10 ~ 11 岁，这个年龄的学生思维正处于高速发展时期，好奇心较强。2011 版义务教育数学课程标准将义务教育分成了三个学段，每三年为一个学段，四年级学生处于第二学段的开始阶段，在经过第一学段三年的数学学习之后，学生具备了：

（1）独立思考的能力并且能够表达自己的想法，也能够根据自己的观察与思考提出一些简单的猜想；

（2）了解分析问题和解决问题的基本方法，也知道同一问题可以有不同的解决方法；

（3）能够简单地回顾解决问题的过程并进行反思。

（二）教学内容分析

教学目标为培养和训练学生的逆向思维，将四年级数学中可用逆向思维解决的问题内容进行归类整理，按照应用情景的复杂程度分成了两类：一类是逆向思维的基础应用，用于较简单的问题中，包括概念、定理、公式、法则的逆向推导与应用，体现在题型上多为填空、选择、计算；另一类则是逆向思维的高级应用，用于较复杂的情景化问题分析之中，体现在题型上多为应用题，本研究以倒推法（还原法、分析法）在分析数学问题中的运用为例。在这里所提到的基础应用与高级应用均是以四年级学生为参照对象。另外，这里教学的内容均在四年级上册所学范围内。

对于第一类的概念、定理、公式、法则的逆向推导与运用，一般来讲，是学生逆向思维培养的初级阶段，主要培养学生的逆向思维意识，让学生明白问题的思考是有多个方向的，让学生在正向（常规）思维方式和逆向（非常规）的思维方式之间搭建起一座桥梁，在面临常规思维无法解决或者解决起来非常困难的时候，能够有转变思维方式的意识，换个方向去思考，这也就是我们在数学里常说的"正难则反"；对于第二类倒推法，也有人称为分析法、还原法的运用，一般来讲，是对学生逆向思维培养的高级阶段，主要培养的是学生逆向思维能力，也可以称为逆向思考的能力，让学生在面对问题时能够尝试着从正反两个方面去思考问题，对于情景化较复杂的问题，从正（顺）向解决起来过程烦琐且容易出现错误时，能够用逆向思维的方式去尝试着思考问题、进而达到解决问题的目的。

以培养学生的逆向思维为出发点，结合小学数学四年级教学内容，选取的教学内容为四舍五入法的逆用以及一个经典逆向思维情景应用题，设计并制作了两节微课应用于教学。

前者也就是四舍五入法的逆用属于第一类教学内容，之所以选取这个知识点，有以下两点原因。

（1）教学对象是小学四年级学生，正处于四年级上学期，四舍五入法正是学生在此学期学习的重要内容；

（2）根据对学生逆向思维能力培养现状的调查，多数学生对逆向思维的认识不够充分，运用逆向思维的能力也较弱，所以选取这个相对而言比较简单的知识点来进行教学，加深学生对逆向思维的认识，注重学生对逆向思维的体验。

后者也就是经典逆向思维情景应用题属于第二类教学内容，选取这个应用题有以下原因。

（1）在经过之前的四舍五入法逆向运用体验之后，学生加深了对逆向思维的认识，也初步具备了一些逆向思维运用的能力。在这个基础上，为了使学生能够体验和学习更为复杂的逆向思维运用，选择了一道情景应用题来进行教学。

（2）这道应用题是比较经典的逆向思维情境应用，许多一线教师都进行过相关的教学，而且可以一题多解，可以运用常规思维法和逆向思维法来解决，但逆向思维法相对而言更为简单易懂，可以突出逆向思维的优势，使学生获得更好的逆向思维解决问题的体验，对学生之后的学习能够产生良好的促进作用。

四、微课脚本设计

根据小学四年级学生的心理与思维发展特点——思维从形象思维向抽象思维过渡，所以微课在设计时充分考虑并应用了这些特点，微课设计融合了动画元素与文字讲解。微课设计还要注重培养学生在思考问题时对自己思路的认知，提倡学生在解题时写出自己的想法，写出自己在做每一步时的意图，强化学生的思路意识，期望达到训练学生思维能力的目的。

第四节 逆向思维培养的微课制作

当前微课的制作有多种类型，如"录屏式""动画式""卡通动画式"等，也有在一个微课中使用多种制作手法的混合型，本研究对逆向思维的培养微课就是采用了混合式微课制作手法。由于培养学生逆向思维的微课在设计时考虑到了学生的抽象思维与形象思维发展现状，在微课的制作上采取了静态和动态结合的画面，加入了动画场景元素，激发学生的兴趣，吸引学生的注意力。软件主要使用了万彩动画大师、Camtasia

Studio、Adobe Photoshop 等。

一、前期对教师的培训

前期对教师开展微课系列知识培训，不仅可以提高教师对微课程的认识，还可以提高教师讲课的质量，达到事半功倍的效果。通常，教师在开展微课教学实践中，其认识只是将 40 分钟的授课时间压缩到 20 分钟以下，只要精简授课内容就可以。这种普遍的初步认识极大地影响了微课教学的内涵质量。因此，在教师参加微课程比赛准备期间，我们开展多次微课知识讲座与培训。

首先，重点就课程的选题与设计、授课内容与形式、课堂互动等环节进行案例式讲解，观摩获奖的微课视频，加深教师对微课教学的认识程度。

其次，在讲座中结合微课视频案例，将讲授型、解题型、答疑型、实验型等常用的教学手段进行分析，主要围绕讲授型与实验型常用的授课类型开展培训。比如：讲授形式以学科知识点的重点、难点、考点为主，要有完整的课程结构，包括开始、授课、互动等。实验型特点是针对教学实验进行设计、操作与演示，必须依据课程本身的规律准备内容，以多少学时比例分配实验等。

特别提示教师要设计好前 2 分钟开场白，这是微课程最关键的要抓人眼球，吸引学习者。

再次，对部分教师的课件进行分析评价，利用现有的教学资源库平台，支持教师尽量使用多媒体动画、视频来展示课程内容，使参加培训的教师受益匪浅。在场教师认识到，微课教学是帮助学生破解教科书中的抽象理论及其难点，为继续学习下一阶段的内容打下基础，而不是把教科书内容事无巨细的泛泛讲一遍，让部分学生止步于难点，影响下一阶段的学习。

除此之外，我们还将录播教室的录像环境及录制形式，以图文并茂的画面现场讲解，让在场教师对录制过程有感性认识，并讲述录制过程应注意的事项。比如：讲错了，不要紧张，停顿一下，接着重讲，如果对整段讲课不满意，也可以从整段的开头重新讲解；鼠标不用时先放到一边，需要时再动鼠标，避免鼠标在屏幕上滑来滑去，分散学习者的注意；结束的内容，最好有总结式课后练习题，等等，使教师在录制微课程的前期对课程授课形式与内涵有了计划与心理准备。

最后，向教师介绍微课录制抓屏软件的功能与应用，录制前需要在教师笔记本电脑中安装抓屏软件，便于实时抓屏。平时教师在家中也方便录播练习，检验授课内容与效果，计算授课时间，也能够减少现场录制时不必要的差错。

二、素材准备

素材准备阶段，混合式微课由于要用到多种素材，因此素材准备环节任务量比较大。素材需要根据教学主题需要以及学生的心理、年龄等特点选取，绝不是简单的拿来主义原则。由于是面向小学生的微课视频制作，因此在素材的选取上，必须遵循科学性、时代性、生活性、艺术性等原则。科学性原则，选取的素材必须是科学合理的，不选用存在争议的或者会对知识点产生误解的素材；时代性原则，随着时代的进步，选取的素材也应该与时俱进，滞后性的素材往往无法吸引学生的兴趣；生活性原则，源于生活的素材更符合学生的认知水平，更贴近学生的实际生活，学生在这些素材的影响下更容易获取知识和技能；艺术性，微课制作的表现还是视频的制作，必须遵循艺术性，具有艺术性的教学素材能够更好地引起学生美好的感受和情感的共鸣，进而达到更好的学习状态，另外，美好的教学素材展示也利于培养学生的审美能力，促进学生的全面发展。

（一）图片素材的选取

对于要用到的图片素材，可以根据教学需要和选取原则在互联网上找相关图片，或者在没有可用图片的情况下用 Power Point 或者 Photoshop 软件进行合成，根据需要运用软件对图片进行编辑、合成、校色调色以及功能色效制作，还可以对图像做各种变换如放大、缩小、旋转、倾斜、镜像、透视等；也可进行复制、去除斑点以及修补、修饰图像的残损等。

（二）音频素材的选取

对于所需要的背景音乐或者音效，可以根据微课主题及选取原则在互联网上搜索下载相关音频文件，或者在没有现成素材的情况下，可以使用 Camtasia Studio 9、手机录音功能进行录制。在进行音乐素材的选取或者制作时，要尽量避免带歌词的素材、流行的歌曲纯音乐版或者学习者熟悉的音乐，因为学习者听到此类旋律的歌曲容易不由自主地将注意力从认知任务或者学习任务中转移到音乐信息上，而造成学习效率的下降；也要避免选取节奏较快的背景音乐，要选择节奏舒缓、较慢的音乐素材，因为慢节奏背景音乐对学习者的顿悟问题解决能力，发散思维流畅性、灵活性、独创性产生积极的、正向的影响作用，而快节奏背景音乐则不能。根据主题或者场景的需求，对获得的素材进行剪辑与合成。

（三）动画素材的制作

由于动画素材比较特殊，互联网上很难找出合适的素材。因此动画素材主要是运用软件进行制作。本书主要使用万彩动画进行制作，将需要的画面、动作、人物、音乐进行搭建，达到展示教学画面的效果。

在有些情况下，还需要录屏并加入自己的声音，这类录屏素材的制作使用 Camtasia

Studio 9 软件，录制需要的内容。点击录制按钮，播放将要讲解的课件，便开始了录制。教师讲解时应根据录音设备的灵敏度来调整麦克风与口唇之间的距离。微课视频中需要着重提示的地方，可以使用注释。将所有字幕一次性添加进项目，随着播放点取文字，将字幕添加到相应的时间点。

三、视频合成

视频合成阶段，导入视频、音频、图片等各种素材，进行视频的编辑。Camtasia Studio 9 自带的库中有音乐、背景、图标、动态图片等素材，可以直接使用制成片头、片尾。主界面中有时间轴和轨道，按照微课脚本的设计，将制作好的各类素材按照时间的顺序依次排列好，打开 Camtasia Studio 9 将素材依次拖入各轨道，如制作教师与背景互动形式的视频，则需添加"删除颜色"效果，将视频中背景墙的颜色删掉，然后将视频合并到新的背景视频或者背景图片中即可。最后在两个视频相接的部分加上适当的过渡，最后预览并生成视频，并保存项目文件。

四、修改完善

修改完善阶段，在微课初次制作完成之后，请一线数学教师观看，让他们在观看后提出自己的想法，指出微课中存在的问题与不足，参照他们提出的建议进行修改。打开之前保存的项目文件，按照给出的建议进行修改，之后再生成微课视频。用生成的微课视频进行教学，课下听取学生对微课的感受，总结微课的优点与不足，再进行修改，之后生成微课成品视频。到这里，微课制作完成并可以用于教学了。

参考文献

[1] 毕金明 . 基于学科核心素养的小学数学情境创设分析研究 [J]. 中文科技期刊数据库 (全文版) 教育科学 , 2023(3):4.

[2] 林婷 . 小学数学教学中运用画图策略提升学生的解题能力 [J]. 中文科技期刊数据库 (引文版) 教育科学 , 2023(3):3.

[3] 王申秋 . 小学高年级数学 "乐学善诱" 课堂提问策略——以《圆的面积》一课教学为例 [J]. 科学大众 : 智慧教育 , 2023(5):2.

[4] 莫延安 , 王涛 . 小学数学 "问题提出" 教学步骤解读 [J]. 教育研究与评论 : 小学教育教学 , 2023(2):8.

[5] 徐树军 . 智慧课堂环境下小学数学教学设计初探 [J]. 中国科技经济新闻数据库 教育 , 2023(3):4.

[6] 陈婷婷 , 黄晓学 . 中小学数学课堂走向 "五育融合" 的价值及策略 [J]. 教学与管理 , 2023(10):4.

[7] 王娟 . 小学数学课堂启发式教学例谈 [J]. 教学管理与教育研究 , 2023, 8(6):2.

[8] 李巧洁 . 培养小学生数学表达能力的探索与实践研究 [J]. 教学管理与教育研究 , 2023, 8(6):3.

[9] 魏亚军 . 小学数学课堂教学中如何创设有效情境 [J]. 进展 : 教学与科研 , 2023(2):2.

[10] 王丹 . 立足课堂提问 发展高阶思维——小学数学高年级教学的探索 [J]. 试题与研究 , 2023(3):3.

[11] 林振宇 . 浅议小学数学思想方法的培养——以 "数学广角" 教学研究为例 [J]. 试题与研究 , 2023(3):3.

[12] 钱志炎 . 转化思想在小学数学教学中的融入研究 [J]. 试题与研究 , 2023(3):3.

[13] 慕振亮 . 从操作到思考 , 从个数到思路—— "平行四边形的面积" 教学设计 [J]. 小学教学 : 数学版 , 2023(1):4.

[14] 卞静 . 让学生经历 , 体验统计的过程—— "数据的收集和整理 (一)" 教学设计 [J]. 小学教学研究 , 2023(9):3.

[15] 张东 . 大概念统摄下的初中数学单元整体教学设计——以"分式"单元为例 [J]. 中小学数学 : 初中版 , 2023(1):3.

[16] 靳颖 . 从"点 , 面"到"体"的自主跨越——"表面涂色的正方体"教学设计 [J]. 小学教学研究 , 2023(7):5.

[17] 冯淑玉 . 小学数学高段课堂教学中的提问技巧分析 [J]. 中文科技期刊数据库 (引文版) 教育科学 , 2023(2):3.

[18] 于云龙 . 提升小学生数学语言表达能力的教学策略 [J]. 试题与研究 , 2023(3):3.

[19] 胡晓敏 , 张维忠 . 在单元层面设计指向大概念的表现性评价——以人教版教材三年级上册"长方形和正方形"的单元评价为例 [J]. 教学月刊 : 小学版 (数学), 2023(3):4.

[20] 朱峜 , 金好茜 . 做实"动手做"育人功能 , 发展学生数学素养——苏教版六下"杠杆中的秘密"教学设计与思考 [J]. 小学数学教师 , 2023(1):6.

[21] 付小科 . 我校研究生在全国"田家炳杯"教学技能大赛中获佳绩 [J]. 集美大学学报 : 教育科学版 , 2023, 24(1):1.

[22] 陈爱叶 . 以核心素养为导向的小学数学教学设计 [J]. 教师 , 2023(3):3.

[23] 邹伟 . 重构小学数学结构化单元整体教学的路径——以"长方体和正方体"单元整体教学设计为例 [J]. 辽宁教育 , 2023(1):5.

[24] 胡玉凤 . 小学数学大单元教学设计研究 [J]. 基础教育论坛 , 2023(4):2.

[25] 刘双 . SOLO 分类理论在中小学数学教学设计中的应用 [J]. 甘肃教育 , 2023(3):6.

[26] 潘婷婷 . 基于新课标 重构小学数学课堂教学设计 [J]. 小学教学设计 , 2023(2):4.